Heimat bist Du grosser Töchter

Renate Wagner

Heimat bist Du grosser Töchter

Österreicherinnen im Laufe der Jahrhunderte

EDITION S

FÜR HEINER

Edition S
Verlag der Österreichischen Staatsdruckerei, Wien
1. Auflage 1992

Schutzumschlag: Atelier Schiefer, Wien,
unter Verwendung eines Gemäldes von Georg Ferdinand Waldmüller,
© Museen der Stadt Wien
Druck und Bindearbeit: Österreichische Staatsdruckerei
ISBN 3-7046-0321-X

Vorwort

Von vielen, von den meisten hat man schon gehört, kennt die Namen, verbindet eine mehr oder minder klare Vorstellung damit. Genaues weiß man in den seltensten Fällen – und kann es auch nirgends nachlesen.

Die Rede ist von den Österreicherinnen, von Frauen, die in diesem Land geboren wurden oder aus ihm hinausgingen, um anderswo ihr Schicksal zu suchen, von Frauen, die von anderswo kamen, um Österreicherinnen zu werden. Von weit mehr Frauen von Bedeutung, als wir es für möglich halten sollten – von Herrscherinnen, von Schriftstellerinnen, Malerinnen und Musikerinnen, von Politikerinnen, Wissenschaftlerinnen, Forscherinnen, Schauspielerinnen, Sängerinnen und Tänzerinnen, aber auch von Frauen, die „nur" die Gattin oder Geliebte von berühmten Männern waren ...

Als Traude Winkelbauer, die mittlerweise so tragisch verstorbene damalige Chefredakteurin des „Frauenblattes" mir vor nun schon sechs Jahren vorschlug, eine Serie über berühmte Österreicherinnen zu schreiben, reizte mich die Idee nicht übermäßig – Maria Theresia, die Ebner-Eschenbach, Bertha von Suttner, wer sonst? Als ich bei einigem Nachdenken fand, daß ich es vielleicht auf 20 bringen könnte, sagte ich zu.

Die Serie startete am 22. November 1986 und läuft noch immer. Das „Frauenblatt" hält bei über 300 Österreicherinnen, und es werden wohl noch mehr – dank der endlosen Geduld von Gerlinde Kolanda, nun „Frauenblatt"-Chefin und „Österreicherinnen"-Fan (wie viele ihrer Leser).

Wenn es nun galt, von über 300 bloß 40 Damen für eine Buchausgabe auszuwählen, war dies bestimmt nicht leicht. Die Situation hat sich allerdings, ich freue mich sehr, das feststellen zu können, in den letzten Jahren für die Österreicherinnen als Buchthema enorm verbessert: Jene, die nun in Biographien oder Sammelbänden ausführlich behandelt vorliegen, durften in unserer Auswahl fehlen. Neben dem interessanten und signifikanten Schicksal gab es als wichtiges Kriterium jenes der Internationalität: Königin von Frankreich und Fürstin von Liechtenstein, die Wiener Tänzerin, die in London triumphierte und dort blieb, die Fotografin, die in Paris eine zweite Karriere begann, die Schriftstellerin, die in Berlin und Hollywood Karriere machte, die Schauspielerin, die für das deutsche Theater unentbehrlich

wurde, die Forscherin, die Entscheidendes in Südamerika leistete, die Wienerin, die in Afrika „Löwenmutter“ wurde.
Ja, von vielen wußte man nicht einmal, daß sie Österreicherinnen waren – wer denkt daran, daß Goethes Muse, Marianne von Willemer, aus Linz stammte, daß besagte Löwenmutter Joy Adamson Österreicherin war?
Wer einmal beginnt, hinter den Österreicherinnen herzuforschen, kommt zu keinem Ende, stößt auf stets neue Namen und Schicksale, von denen allerdings viele, wenn überhaupt, nur mühsam über die Biographien der Männer zu erforschen sind.
Es gibt derzeit viele Recherchen über Österreicherinnen – dieses Buch ist nur ein kleiner, feuilletonistischer, aber auf genauem Quellenstudium basierender Beitrag dazu. Ich widme ihn – meinem Mann. Denn er war und ist in dieses Thema so verliebt, daß er in Bibliotheken und Archiven freiwillige und begeisterte Arbeit leistete und mir jeden neuen Österreicherinnen-Fund geradezu triumphierend präsentierte.
Dafür sage ich ihm Dank – und den Leserinnen und (nachgewiesenermaßen) Lesern des „Frauenblatts“ für ihre oft dokumentierte, unerschütterliche Anhänglichkeit an die Geschicke der „Österreicherinnen“.

Renate Wagner-Wesemann

Wien, Oktober 1992

Hemma von Gurk

980 – 1045

Die Landesmutter von Kärnten

Es dauerte nahezu 900 (!) Jahre, bis ihre Heiligsprechung erfolgte, aber fromme Menschen aus dem Volk hatten die Bestätigung des Vatikans nicht abgewartet: Schon unmittelbar nach ihrem Tode war Hemma von Gurk nicht nur für ihre Kärntner Landsleute eine „Heilige“, zu deren Grab man pilgerte, von der man sich Wunderheilungen erhoffte (die auch geschahen).
Historisch ist ihre Bedeutung unumstritten, nicht nur als Klostergründerin und ungewöhnlich fromme Frau, sondern auch des tiefen sozialen Bewußtseins wegen, das sie lebenslang zeigte. Hemma von Gurk hat, wie ihr Biograph Adalbert Krause rechtens behauptet, für Kärnten und Österreich dieselbe Bedeutung wie etwa die Heilige Elisabeth für Thüringen.
Hemma kam rund um das Jahr 980 in Kärnten zur Welt. Eine ihrer Vorfahrinnen namens Imma, vielleicht die Großmutter, war eine bedeutende,

fromme Frau, die bereits für erste Klostergründungen verantwortlich zeichnete. Hemma sollte ihr darin folgen.
Hemma war die einzige Tochter des Grafen von Friesach, Zeltschach und Peilenstein und als solche eine reiche Erbin und junge Edelfrau von Rang. Dementsprechend genoß sie auch eine hervorragende Erziehung. Als beide Eltern früh starben, waren es der damalige Kaiser Heinrich II. und seine Gemahlin Kunigunde (die beide später heiliggesprochen wurden), die sich des jungen Mädchens annahmen. Vielleicht hat Hemma eine Zeitlang bei ihnen in Sachsen geweilt.
Mit dem Grafen Wilhelm von Sanngau, der reiche Güter in der Untersteiermark besaß, heiratete Hemma einen ebenbürtigen Gemahl. Das kaisertreue Paar erhielt große Gebietsschenkungen, die ihren Besitz bedeutend erweiterten. Rund um den Hauptbesitz Friesach waltete Hemma nicht nur klug und gerecht auf den Gütern, sie zeichnete sich schon damals durch besondere Wohltätigkeit aus. Kein Armer und Kranker, keine Witwen und Waisen, keine Bedürftigen und Notleidenden, die ohne Hilfe von ihrer Schwelle gehen mußten. Ihr Schloß wurde gleichsam zu einem karitativen Zentrum.
Hemma war eine große Marienverehrerin. Schwanger geworden, pilgerte sie zur Muttergottesstatue der Wallfahrtsstätte Maria Elend im Rosental.
Die Legende erzählt, daß Hemma zu schwach war, um zu der Kapelle auf dem Berg hinaufzusteigen. Auf ihre innige Bitte, ob sie nicht doch vor dem Marienbild beten dürfe, sollen Engel die Kapelle Unserer Lieben Frau im Elend vom Berg herabgehoben und zu Hemma ins Tal gestellt haben... Hemma gelobte daraufhin, in Friesach eine Muttergotteskapelle zu erbauen.
Hemma bekam zwei Söhne, Wilhelm und Hartwig. Beide wurden mit Liebe und Sorgfalt erzogen und widmeten sich vor allem der Verwaltung der elterlichen Erz- und Silbergruben. In den dreißiger Jahren des elften Jahrhunderts kam es zu einem Aufstand. Die rohen Bergknappen, denen nichts heilig war, belästigten immer wieder die Bevölkerung. Einmal wurde eine Bürgersfrau von einem der Knappen vergewaltigt. Wilhelm und Hartwig machten ihm den Prozeß und ließen ihn hinrichten. Daraufhin verschworen sich die anderen Knappen gegen Hemmas Söhne, lauerten ihnen eines Tages auf und erschlugen sie mit Keulen.
Das war nicht der einzige Schicksalsschlag für die gute und fromme Frau.

Lindenholzstatue von Hemma, um 1510

Wenig später sollte sie auf tragische Art und Weise den Gatten verlieren. Wilhelm von Sanngau war Zeit seines Lebens ein treuer Anhänger des Kaiserhauses, erst von Heinrich II., dann von dessen Nachfolger Konrad II. Aber nicht alle Fürsten der Gegend unterwarfen sich so willig dem fernen Herrscher.

Der Kärntner Herzog Adalberto von Eppenstein, mit dem Wilhelm anfangs sogar befreundet gewesen war, geriet in immer stärkere Konfrontation mit dem Kaiser und dadurch auch mit Wilhelm. Konrad lohnte Wilhelm die Treue mit weiteren Gebietszuwendungen und der Erhebung zum Markgrafen, was diesen in weitere Konflikte mit Adalberto verstrickte. Als Adalberto nicht zu einem Hofgericht in Bamberg erschien, ließ der Kaiser ihn absetzen und aller seiner Güter für verlustig erklären. Adalberto schritt zum Kampf, Wilhelm vertrat die Partei des Kaisers.

1036 mußte Hemma vernehmen, daß ihr Gatte von Adalberto mit eigener Hand ermordet worden war. Der Legende nach hat sie es geahnt. Als sie einmal zur Gurkbrücke kam und an ihren Gemahl dachte, sagte sie zu ihrem Gefolge: „Seht, wie hell und klar die Gurk dahinfließt! Wenn ihr sie trüb und schwarz seht, wird mein Gatte in der Ferne gestorben sein." Nach einiger Zeit kam sie wieder an die gleiche Stelle, und nun floß die Gurk dunkel und träge dahin, und kein Fisch war darin zu sehen. Da wußte Hemma, daß Wilhelm gestorben war.

Hemma war nun eine reiche, aber verzweifelte, kinderlose Witwe. Ihr einziger Trost bestand in der Idee, in Gurk eine Marienkirche und ein Nonnenkloster zu erbauen. Der Sage nach saß sie auf dem „Hemmastein", einem grünen Serpentinstein des Doms, und sah den Bauarbeitern zu. Noch heute setzen sich Pilger auf diesen Stein, der in der Krypta neben ihrem Grab steht, und sagen Hemma stumm ihre Bitten, weshalb der Hemmastein auch „Wunschstein" genannt wird: Fromme Wünsche, so heißt es, gingen in Erfüllung.

Eine andere Legende um den Bau des Gurker Doms besagt, daß Hemma, die persönlich den Kirchen- und Klosterbau überwachte, auch eigenhändig den Arbeitern ihren Lohn auszahlte. Als einige mehr forderten, ließ Hemma sie in ihren Geldbeutel greifen: Jeder solle nehmen, so viel er fassen könne, sagte sie. Aber so gierig sie auch hineingriffen, jeder bekam nur genau das, was er verdient hatte.

Hemma-Gemälde von Josef Ferdinand Fromiller, 1739

Am 15. August 1043 wurden Kirche und Kloster im Gurktal feierlich geweiht, und Nonnen aus dem Salzburger Benediktinerinnenstift Nonnberg zogen als erste Bewohnerinnen ein.
Hemma selbst wurde nicht Ordensfrau, wohl aber trug sie die Klostertracht bis an ihr Lebensende.
Vor ihrem Tod aber hatte sie noch eine Klostergründung vor: das Benediktinerstift Admont, das erste Männerkloster auf steirischem Boden. Hemma hat die Fertigstellung nicht mehr erlebt, aber sie hat es in Auftrag gegeben.
Hemma starb am 29. Juni 1045, tief betrauert von allen, die sie kannten. Boten trugen die Nachricht durch ganz Kärnten, die Totenbücher von Admont, Gurk, Salzburg, Ossiach und Seckau verzeichneten ihren Hingang. Man begrub sie zuerst im Klosterfriedhof von Gurk.
Schon bald nach ihrem Tod setzte eine große Hemma-Verehrung ein. Ihr Todestag, der 29. Juni, wurde zu einem Feiertag für die ganze Region, an

dem man nicht nur neue Kleider anlegte, sondern auch seine Dienstboten beschenkte, in Erinnerung an Hemmas nie versiegende Wohltätigkeit. Das Kloster Admont verteilte am Hemma-Tag, der später auf den 27. Juni verlegt wurde, Spenden für die Armen.

Im Jahre 1174 wurden Hemmas sterbliche Überreste in die Krypta des Gurker Doms überführt, und von da an galt dieses Grab als Wallfahrtsort. Man schmückte die Krypta mit Fresken, errichtete einen Hemma-Altar und feierte sie als Patronin von Gurk, Stifterin von Admont und Landesmutter von Kärnten. 1287 wurde sie selig gesprochen, Bergleute betrachten sie als ihre Patronin, besonders Augen- und Kopfleiden sollen von ihr geheilt werden, Frauen bitten um Kindersegen und glückliche Geburt, Sterbende rufen sie in ihrer Todesstunde an.

Ungewöhnlich langwierig gestaltete sich allerdings der Prozeß ihrer Heiligsprechung, der bereits im 15. Jahrhundert in Angriff genommen, aber damals nicht abgeschlossen wurde. Vierundneunzig nachgewiesene Fälle von Wundern an Hemmas Grab sandte man mit Beweisen nach Rom, aber die Zeiten waren zu unruhig, Glaubensspaltung, Türkenkriege ließen die Frage in den Hintergrund treten.

Im 18. Jahrhundert erlebte die Hemma-Verehrung rund um ihren 700. Todestag im Jahre 1745 einen neuen Höhepunkt, aber noch immer konnte sich Rom nicht zur Heiligsprechung entschließen. Mehrere Domherren von Gurk machten es zu ihrer Lebensaufgabe, diese Heiligsprechung durchzusetzen, aber erst Pius XI. war zu überzeugen, nachdem der damalige Fürstbischof Dr. Hefter im August 1933 die Sache in Rom persönlich vorgetragen hatte.

Am 5. Jänner 1938 erklärte Pius XI. Hemma von Gurk offiziell zur „Heiligen Hemma" und gab ihr damit ihren Rang unter den Heiligen der katholischen Kirche. Hemma bzw. Emma ist in ihrer Heimat Kärnten bis heute ein beliebter Taufnahme.

Markgräfin Agnes

1072 – 1141

Eine Kaiserstochter als babenbergische Stamm-Mutter

Sie war die Urenkelin, Enkelin, Tochter, Schwester, Mutter und Großmutter von Kaisern, in der Geschichtsschreibung ebenso als „äußerst fromme" wie „äußerst fruchtbare" Frau gepriesen. Es scheint aber auch, daß sich diese ungewöhnliche Agnes nicht mit der Rolle begnügt hat, die man einer Frau im Mittelalter zuteilte: Sie hat nicht nur Politik gemacht, indem sie Kinder gebar, sondern auch ihrerseits aktiv eingegriffen. Den Babenbergern, die ihre Nachfolger waren, brachte sie die kaiserliche Abstammung als Erbe mit – zu diesen Zeiten ein nicht unbedeutendes Argument in der Geschichte.

Geboren wurde sie im Jahre 1072 als Tochter des Kaisers Heinrich IV. und

der Bertha von Savoyen-Turin in der Ortschaft Waiblingen, nordöstlich von Stuttgart. Sie war ein Kind von erst fünf Jahren, als ihr Vater sie bereits verlobte: Herzog Friedrich von Schwaben war zwar ein tüchtiger Mann, aber fast 30 Jahre älter als sie, Witwer und bereits Vater zahlreicher Kinder.
Das hinderte ihn nicht daran, mit Agnes ein eheliches Leben aufzunehmen, als sie etwa 14 Jahre alt war, und tatsächlich währte diese Ehe knapp 20 Jahre, in denen Agnes ihre Pflicht tat und als schwäbische Herzogin, in der Burg von Lorch an der Rems lebend, 11 Kindern das Leben schenkte. Zwei ihrer Söhne, Friedrich und Konrad, sollten in der deutschen Geschichte noch eine Rolle spielen.
Auch die 34jährige Witwe Agnes war im Jahre 1105 noch dynastisches Kapital. Für den Babenbergerherzog Leopold III., von dem man nicht weiß, ob er ein wenig älter oder jünger war als sie, bedeutete die Kaiserstochter jedenfalls eine hochrangige Partie. Auch Leopold war Witwer, er hatte aus der Ehe mit einer Tochter des Walchun von Perg einen Sohn, Adalberg. Dieser sollte später als Vogt mehrerer Klöster, nicht aber, wie es ihm als Erstgeborenen zugekommen wäre, als Nachfolger seines Vaters wirken – und möglicherweise hat Agnes damit zu tun gehabt...
Zur Trauer gab man ihr keine Zeit, vielleicht nicht einmal dazu, ihre teilweise noch sehr kleinen Kinder zu versorgen, als sie wahrscheinlich schon im Todesjahr ihres Gatten aufbrechen mußte, um vielleicht noch Ende 1105, nach anderen Angaben am 1. Mai 1106, in Melk Leopold zu heiraten.
Die Geschichtsschreibung läßt tatsächlich völlig offen, was mit den Kindern aus erster Ehe geschah, ob man sie von ihr trennte, ob die Kinderleichen, die man später in der Nähe ihrer Grabstätte fand, Kinder aus ihrer ersten oder zweiten Verbindung waren. So vieles ist unklar, manches nicht glaubhaft in der Überlieferung – 18 Kinder soll sie Leopold in den folgenden 30 Jahren ihrer Ehe noch geboren haben. Immerhin, fünf Söhne und fünf Töchter sind unverrückbar verbürgt.
Leopold und Agnes haben es gewiß nicht nur von ihrem Rang her gut miteinander getroffen. Der Babenberger wird als rund 1,80 m großer, stattlicher Mann geschildert, kräftig, athletisch, bis ins Alter rüstig. Für seine Position sprach auch, daß man ihm im Jahre 1125 die deutsche Königswürde anbot, die er allerdings in seiner Bescheidenheit ablehnte.
Tiefe Frömmigkeit zeichnete beide Teile des Ehepaares aus, Leopold III. sollte später heiliggesprochen werden, und wenn Agnes auch nicht dasselbe

Leopold und Agnes mit einem Modell von Stift Klosterneuburg, Ende 14. Jh.

widerfuhr, so stellt man sie doch in eine Reihe etwa mit der Heiligen Elisabeth von Thüringen.
Bald nach der Hochzeit des Paares, das gemeinsam in der Burg am Kahlenberg lebte, soll sich jenes Ereignis zugetragen haben, das zu einer der bekanntesten Legenden der österreichischen Sagenwelt wurde: Die Geschichte von jenem Schleier der Agnes, der vom Söller herabwehte und jahrelang nicht gefunden werden konnte. Als Jagdhunde acht Jahre später den Schleier der Markgräfin aufstöberten, gelobte Leopold, an diesem Ort ein Kloster zu errichten: So soll Klosterneuburg gegründet worden sein.
Tatsächlich fand die Gründung des Klosters 1114 statt, aber auch die Gründungen von Heiligenkreuz und Kleinmariazell gingen auf das Konto des frommen Paares, dessen Güte, Mildtätigkeit und frommes Leben Zeitgenossen und Nachfolger nicht genügend rühmen konnten.
Wie populär Agnes im Andenken des Volkes war, wird dadurch bezeugt, daß man sie auch mit dem sogenannten „Agnesbrünnl“ in Verbindung brachte, das zu einem Wallfahrtsort für viele fromme Pilger wurde.
Doch Agnes war, wie erwähnt, nicht nur äußerst fromm, sondern auch äußerst fruchtbar. Ob sie im Jahre 1122, als ihr Sohn aus erster Ehe, Friedrich, sie zur Großmutter eines Buben machte, der einst als Friedrich Barbarossa eine der großen Gestalten der deutschen Geschichte sein sollte, 50jährig noch weiter Kinder gebar? Jedenfalls hatte sie schon Heinrich („Jasomirgott“ genannt), Leopold (als Nachfolger seines Vaters Leopold IV.), Otto (als Otto von Freisingen später nicht nur ein großer Kirchenfurst, sondern auch der wichtigste Geschichtsschreiber seiner Epoche) und wieder, wie in erster Ehe, einen Konrad zur Welt gebracht – dieser Konrad sollte später bei seinem Halbbruder Konrad III. als Hofkaplan wirken und dann die Stellung eines Bischofs von Passau und danach noch eines Erzbischofs von Salzburg einnehmen.
Auch für die Töchter des Markgrafenpaares gab es „Karrieren“, was damals noch gleichbedeutend mit politisch wichtigen Ehen war: Agnes heiratete den Herzog Wladislaw von Polen-Schlesien, Berta den Burggrafen Heinrich II. von Regensburg, Elisabeth den niedersächsischen Grafen Hermann von Winzenburg, Ita einen oberitalienischen Markgrafen, Wilhelm II. von Montferrat, und die jüngste Tochter Gertrud den Herzog Wladislaw II. von Böhmen – ähnlich wie später die Habsburger, überzogen die Babenberger

Ausritt des Hl. Leopold und seiner Gemahlin.
Gemälde von Rueland Frueauf d. J., 1505

Europa in alle Richtungen hin mit einem Netz von angeheirateten Verwandtschaften.
1136, nach 30 Jahren Ehe, starb Leopold III., vermutlich an einem Jagdunfall, wie sein durch einen Speerwurf zerschmetterter Unterkiefer vermuten läßt. Nun wäre von Rechts wegen sein ältester Sohn aus erster Ehe sein Nachfolger gewesen, oder, wenn man diesen schon übergehen sollte, Agnes' ältester Sohn Heinrich.
Aber ihn haben die Eltern, wie aus Dokumenten eindeutig hervorgeht, weniger geliebt, und sicher war Agnes die treibende Kraft, um ihrem zweiten Sohn Leopold das Erbe zu verschaffen. Welch ein Triumph muß es für sie gewesen sein, als ihr Sohn Konrad aus erster Ehe wenig später deutscher König wurde und seinen babenbergischen Halbbruder mit Bayern belehnte! Und welche Verzweiflung hat sie wohl erfaßt, als Leopold IV. seinem Vater schon nach fünf Jahren ins Grab folgte und nun doch die Herrschaft an den übergangenen Heinrich „Jasomirgott" ging...
Zwei Jahre später starb auch Agnes. Zweifellos auf eigenen Wunsch hat man sie über alle Maßen schlicht bestattet, ohne Schmuck, ja ohne Sarg, in ein Wolltuch gehüllt, in die bloße Erde gelegt. Sie ist 71 Jahre alt geworden.

Sandsteinporträts von Agnes und Leopold um 1470

MARGARETE MAULTASCH

1318 – 1369

DIE UNGLÜCKLICHE „BÖSE GRETEL“

Im Jahre 1318 wurde auf Schloß Maultasch in Tirol ein Mädchen geboren, das den Namen Margarete erhielt. Ihre Mutter, Adelheid von Braunschweig, starb bald, aber das bedeutete nicht, daß ihr Vater Heinrich II., Graf von Tirol und Herzog von Kärnten, die Hoffnung auf einen männlichen Erben aufgegeben hatte. Margarete war noch ein Kind, als Beatrix von Savoyen als neue Herrin im Schloß Tirol einzog, das sich durch besonders prunkvolle Hofhaltung auszeichnete: Jede Menge von Gesinde, vom Hofmeister bis zum Ofenheizer, vom Kämmerer bis zum Küchenmeister, sorgten für die Bedürfnisse des Herzogs und seiner Familie.
Aber als Beatrix nur Fehlgeburten erlitt, wurde klar, daß des Herzogs Erbe vermutlich doch seine Tochter Margarete sein würde, die der Volksmund später auch als „böse Gretel“ bezeichnen sollte.

„Maultaschin" wurde sie nicht nur wegen des Schlosses ihrer Geburt, sondern auch wegen ihrer Häßlichkeit genannt.
War sie es wirklich? Angesichts ihrer Erbschaft, die den Herrschern Böhmens, Bayerns und den Habsburgern gleichermaßen ins Auge stach, war das egal, und nach den Gefühlen eines jungen Prinzen, der heiraten sollte, um für seine Familie zu erben, fragte keiner.
König Johann von Böhmen tat einen geschickten Schachzug, als er seinen damals sechsjährigen Sohn Johann Heinrich von Luxemburg mit der damals neunjährigen Margarete verlobte. Als das Paar 1330 heiratete, war die Braut immerhin schon 12, der Bräuigam 9, aber ob die Ehe je vollzogen wurde, kann bezweifelt werden. Jedenfalls hatte Margarete von diesem hochmütigen Jungen, der nur französisch sprach und die Gattin verächtlich behandelte, nichts Gutes zu erwarten.
Solange ihr Vater lebte, genoß Margarete noch einigermaßen Schutz, aber Graf Heinrich II. starb 1335, und nun folgten unheilvolle Jahre, nicht nur, weil man ihr das Reichslehen Kärnten wegnahm und an die Habsburger gab. Europa war zerrissen durch die Machtkämpfe zwischen den Luxemburgern, die in Böhmen herrschten, den bayrischen Herzögen und den Machtgelüsten der Habsburger, die erst am Beginn ihrer Expansionspolitik standen, an deren Ende sie Tirol als eine der schönsten Beuten heimtragen sollten.
In Tirol, dem herrlichen Gebirgsland mit der unerschrockenen, aber auch eigenwilligen Bevölkerung, mußte Margarete nun an der Seite eines ungeliebten Mannes herrschen, der sich alle Sympathien im Land verscherzte, indem er überall seine Böhmen hinsetzte und die Einheimischen benachteiligte. Er und seine Leute trieben es so toll, daß sie sich den unversöhnlichen Haß der Tiroler zuzogen. Und Margarete rührte ihrerseits keinen Finger, als ihr Gatte und seine Leute 1341 vertrieben wurden.
Um einen neuen Freier brauchte sich eine Herrscherin, die ein solches Land besaß, gewiß keine Sorgen zu machen. Der deutsche Kaiser, Ludwig von Bayern, hatte einen Sohn, drei Jahre älter als Margarete und praktischerweise kürzlich verwitwet: Die Dänenprinzessin, die man ihm als Kind angetraut hatte, war bald gestorben. Keine Frage, daß der 27jährige Ludwig von Brandenburg sich sofort bereit zeigte, die 24jährige Margarete Maultasch zur Frau zu nehmen. Bloß gab es da ein winziges Hindernis: Sie war ja nun eigentlich mit Johann Heinrich von Luxemburg verehelicht...

Margarete Maultasch, Phantasieporträt aus dem 16. Jahrhundert

Was interessierte dergleichen die Machtpolitiker! Wozu war Ludwigs Vater schließlich Kaiser, wenn er nicht imstande sein sollte, Margaretes Ehe unter der Begründung, sie sei nie vollzogen worden, am 8. Februar 1342 zu scheiden, damit sein Sohn zwei Tage später durch Ehe Tirol erwerben konnte?
Und diesmal war Margarete mit der Wahl des Gatten zufrieden. Sie brachte vier Kinder zur Welt, von denen allerdings nur eines, der Sohn Meinhard, überlebte. Und sie hat diesmal wohl die Augen zugedrückt, wenn auch der neue Gatte seine Leute nach Tirol mitbrachte (die alte Tiroler Abneigung gegen die Bayern stammt wohl aus dieser Zeit), wenn er sich oft in München aufhielt und weit mehr und mit festerer Hand „regierte", als sie es vielleicht gerne sah.
Das Hauptproblem der ersten Ehejahre bestand aber wohl darin, daß der regierende Papst starb und sein Nachfolger, Clemens VI., ein Gegner der Bayern und Freund der böhmischen Luxemburger war (so wie die Päpste Jahrhunderte hindurch ohne mit der Wimper zu zucken Politik machten). Daß er Margarete und ihren Mann (und auch gleich den deutschen Kaiser, ihren Schwiegervater) mit dem Bann belegte, traf sie im „heiligen Land" Tirol schwer. Es durften keine Messen mehr gelesen werden, man legte die Toten nicht mehr in geweihte Erde – und Margarete war in den Augen ihrer Untertanen schuld daran...
Sie hatte es nicht leicht, die Margarete Maultasch, sie stand auf der Seite des Volkes gegen die bayrische Herrschaft, aber sie liebte ihren Mann. Glücklicherweise wurde der päpstliche Bann nach einigen Jahren (und auf Intervention der Habsburger) aufgehoben. Und für ihren Sohn Meinhard stiftete sie eine günstige habsburgische Ehe mit Margarete von Österreich, der Tochter von Albrecht dem Weisen. Margaretes Bruder Rudolf, später Rudolf IV., „der Stifter" genannt, rückte so in nähere verwandschaftliche Beziehung zur Maultaschin, der Schwiegermutter seiner Schwester... Meinhard kam auch, sehr zum Leidwesen seiner Mutter, als Zehnjähriger an den Hof in Wien, um dort einige Jahre heranzuwachsen: Sie besuchte ihn und ahnte wohl nicht, daß sie damit die Stadt betrat, in der sie dereinst sterben würde...
1359 heiratete das junge Paar und blieb in Tirol. Von da an aber hatte das Schicksal kaum mehr Gutes für Margarete Maultasch bereit. 1361 starb ihr Mann in München. Die Tiroler Stände akzeptierten zwar den knapp 18jähri-

gen Meinhard vorerst als den „Dritten“ als Herrscher, verlangten aber von Margarete entschieden Mitspracherecht über das weitere Schicksal des Landes (vor allem wohl, um nicht endgültig zur bayrischen Provinz zu werden). Aber zwei Jahre später, am 13. Jänner 1363, starb Meinhard plötzlich und unerwartet nach einem lebhaften Fest.
Rudolf von Habsburg, Herzog von Österreich, verlor keine Zeit, nach Tirol zu eilen – und das keinesfalls nur, um seine verwitwete Schwester zu trösten. Er setzte zu einem Coup ohne Beispiel an, und niemand weiß genau, wie er es gemacht hat: Aber jedenfalls überschrieb Margarete Maultasch am 26. Jänner die Herrschaft über Tirol für alle Zeiten den Habsburgern, die Tiroler selbst und ihr Mitspracherecht wurden durch Verträge ausgetrickst.
Rudolf nahm die Verwitwete mit nach Wien, wo sie als „alte Tante“, die nichts mehr zu vererben hatte, bis zu ihrem Ende sechs Jahre später, am 3. Oktober 1369, dahinlebte – in einem Vorort der Stadt, der später als Bezirk „Margareten“ ihren Namen tragen sollte.
Margarete Maultasch wurde in der Minoritenkirche begraben, aber sie beauftragte ihre Getreuen, ihr Herz in ihre einzig geliebte Heimat zu bringen, nach Tirol.

Das Siegel der Margarete Maultasch

Salome Alt

1568 – 1633

Die treue Gefährtin ihres „gnädigsten Herrn“

Mitte des 16. Jahrhunderts gab es in Salzburg mehrere sittsame Möglichkeiten, wo Männer und Frauen einander begegnen konnten. Vielleicht in der „Alten Stadttrinkstube“, wo sich Bürgerschaft, Edelleute und Klerus gelegentlich zu Festmälern zusammenfanden, etwa nach dem Fronleichnamszug. Auch bei großbürgerlichen Hochzeiten fand sich die Familie von Wilhelm Alt meist geladen, denn er war schließlich Ratsherr, Kaufmann, Hausbesitzer.

Man konnte einander bei der Sonntagsmesse sehen, wenn man ein Domherr und eine junge Bürgerstochter war – oder der Domherr Wolf Dietrich von Raitenau mochte in den Laden von Wilhelm Alt gekommen sein und dort süßen Wein, Moschus oder Lavendel bestellt haben. Irgendwann um 1585 ist der stattliche junge Mann, der in seiner Kleidung sein kirchliches Amt am

liebsten nicht zu erkennen gab, der jungen Salome Alt begegnet.
Es gibt ein immer wieder reproduziertes Bild von ihr, das er machen ließ, und es läßt ahnen, daß sie ungewöhnlich schön gewesen sein mag: schlank, mit rotbraunem Haar und grauen Augen, gar kein „einfaches Mädchen“, sondern eine, die als die Schönste der Stadt galt und auch einem Mann auffallen konnte, der Gelegenheit hatte, weibliche Reize in Großstädten wie Rom kennenzulernen.
Wolf Dietrich von Raitenau wurde im Gebiet des heutigen Vorarlberg geboren: am 26. März 1559 kam er als erster Sohn von Helena und Hanns Werner von Raitenau zur Welt, in Lochau, das diesem als Lehen gehörte. Die Mutter stammte aus dem Geschlecht der Emser, mütterlicherseits wiederum aus einer Mailänder Nebenlinie der Medici.
Wolf Dietrich war früh zum Geistlichen bestimmt worden und studierte in Rom unter der Aufsicht seines Verwandten, Mark Sittich von Hohenems. Auch ein Kleriker mußte in diesen Zeiten einen Job finden – der Onkel war wieder behilflich: Er versicherte sich der Fürsprache von Kollegen in Salzburg, um Wolf Dietrich dort die Stellung eines Domherren zu verschaffen. Es gab zwar Herren, die über den jungen Mann den Kopf schüttelten, denn er galt nicht nur als ungewöhnlich gescheit, sondern auch als anmaßend und herrschsüchtig. Aber als der Neffe und Schützling des Hohenemser Kardinals konnte Wolf Dietrich 1584 in Salzburg sein Amt antreten, auch wenn man ihn nicht gerade mit offenen Armen empfing. Als Domherr des Salzburger Kapitels war er mit 1000 Gulden jährlich nicht übel bestückt.
Als Wolf Dietrich 1587 mit sieben von dreizehn Stimmen, der knappestmöglichen Mehrheit, zum neuen Erzbischof von Salzburg gewählt wurde, war Salome Alt längst seine Geliebte. Und wenn sie auch anfangs als „Pfaffenliebchen“ verhöhnt wurde, so steht doch eines fest: Die „böse“ Verführerin, die den Mann Gottes vom rechten Weg abgebracht hat, war sie nicht, im Gegenteil. Wolf Dietrich und Salome Alt verband eine lebenslange, tiefe, wahre Liebe, die auch von allen Feinden des Erzbischofs (und er hatte viele) anerkannt wurde. Und es ist auch wahrscheinlich, daß sich Salome nur zögernd in die „sündige“ Beziehung eingelassen hat, vielleicht in der Hoffnung, daß jene Priesterehe, die Martin Luther eingeführt hatte, auch für einen katholischen Priester möglich werden könnte…
Daß Salome, das fünfte und letzte Kind von Wilhelm und Magdalena Alt,

geb. Unterholzer, einst kein bürgerliches Schicksal erleben sollte, war durch nichts vorgezeichnet. Besonders hübsch, sehr liebenswert und außerdem noch reich, war sie eine begehrte Partie.
Ihre Schwestern waren auch schon bestens unter die Haube gebracht: Sabina hatte Maximilian Steinhauser geheiratet, den Erben des größten Salzburger Handelshauses, Katharina bekam sogar einen Adeligen aus der Familie der Fabrici von Klesheim, Barbara nahm immerhin noch einen ehrenwerten Herrn Ritz zum Mann, der in erzbischöflichen Diensten stand: Salome hatte also vor Augen, welche „Karriere" man als Frau erheiraten konnte. Und auch als sie 17jährig den Vater verlor, blieb der Wohlstand der Familie, die dann von ihrem Bruder Samuel geleitet wurde, erhalten.
Wie Wolf Dietrichs Biographin, Eva Stahl, annimmt, muß „die Werbung des jungen Domherren kurz und heftig gewesen sein. Kein Hohenemser, kein Medici und nicht einmal der Raitenauer hat sich je mit langem Schmachten nach einer Weibsperson aufgehalten." Man lebte im Zeitalter der Renaissance, die Herren der Kirche nahmen es mit der Moral nicht so genau. Und Salome hat gewiß auf die Ehedispens gehofft – oder darauf, daß Wolf Dietrich ihr zuliebe den geistlichen Stand verlassen würde.
Das Erstaunliche an diesem Wolf Dietrich ist, wie unbekümmert er sein offizielles Amt und sein Privatleben trennte, als hätte das eine nichts mit dem anderen zu tun. Das Amt des Erzbischofs war seine berufliche Laufbahn, und er liebte die Macht und ihre Möglichkeiten. Aber er liebte auch Salome, die er zu sich holte, damit sie als seine Frau bei ihm lebte. Der Bruder tobte natürlich, denn Salome brachte „Schande" über die Familie, und er mußte es ausbaden, er lebte schließlich unter den Menschen, die über sie die Nase rümpften. Später hat sich die Familie wieder versöhnen lassen – Salome war ja immerhin nicht mit einem Dompfarrer davongelaufen, sondern die offizielle Geliebte des Erzbischofs. Das machte ja doch einen Unterschied...
Bald nach Wolf Dietrichs Wahl zum Erzbischof bekam Salome ihr erstes Kind, den Sohn Hannibal. Von da an sollte sie jahrelang ständig niederkommen, die Überlieferung nennt zwischen zehn und zwölf Nachkommen. Sie sollten Helena, Euphemia, Maria Salome, Eusebia, Zäzilia, Anton, Wolf Dietrich, Viktor, Eberhard und Susanna heißen. Und Kinder geistlicher Würdenträger waren in der Gesellschaft von damals keine Paria – auch Wolf

Dietrich gelang es, die seinen allesamt in den Adelsstand erheben zu lassen, so wie ihre Mutter…

Bemerkenswert, wie es Salome Alt schaffte, der bösen Nachrede der Zeitgenossen zu entgehen. Wenn Chroniken sie erwähnen, so schreibt Eva Stahl, „lag darin weder Mißachtung noch Böswilligkeit. Eher mischten sich dabei Verlegenheit mit Rücksichtnahme. Denn diese schöne Frau, die dem Raitenauer im Glück wie im Unglück treu verbunden blieb und seine Kinderschar zur Achtung und Liebe für den Vater erzog, übertrat nie die Grenzen der von ihr gewählten Lage. Ohne die Anmaßung, Forderungen und Intrigen, welche so viele Fürstenmätressen zu ihrer Absicherung für nötig hielten, blieb sie bescheiden im Schatten des Mannes, der bis zu ihrem Lebensende für sie ‚mein gnädigster Herr‘ war.“

Wolf Dietrich war ein gewaltiger Bauherr, der der Stadt Salzburg ihr großartiges barockes Gepräge gab. Aber er ließ nicht nur eine Residenz errichten, nicht nur den Sebastiansfriedhof anlegen, wo er einmal seine letzte Ruhestätte finden würde, nicht nur den Grundstein zu einem neuen Dom legen,

Wolf Dietrich von Raitenau und Salome Alt in höherem Alter

Schloß Mirabell

er vergaß auch auf Salome nicht. Schloß Altenau, heute Schloß Mirabell, erbaute er 1606 für seine Geliebte. Seinen Untertanen gegenüber aber war er mehr Despot als milder Vater, so fortschrittlich er im Rückblick auch erscheinen mag.

Salome mußte erleben, wie die Maßlosigkeit schließlich zum Untergang des geliebten Mannes führte, der ihr immer, daran gibt es wenig Zweifel, der beste Gatte gewesen ist. Im Streit um den Salzhandel ließ er sich mit dem Bayernkönig auf eine Konfrontation ein, die für ihn schlecht ausging. Als Gefangener mußte er zurücktreten und erleben, daß sein Verwandter, Markus Sitticus von Hohenems, zu seinem Nachfolger gewählt wurde. Und ausgerechnet dieser sollte es sein, der Wolf Dietrich in lebenslanger Gefangenschaft hielt.

Auch Salome und ihre Kinder wurden gefangengenommen, aber letztlich wollte niemand dieser Frau, die 1609 von Kaiser Rudolf II. als „Frau von Altenau“ in den Reichsadelsstand erhoben worden war, etwas Böses. Man ließ sie frei, aber natürlich konnte sie nicht länger in Salzburg bleiben. Sie suchte Zuflucht bei Verwandten in Wels – eine Kusine von ihr war dort mit dem reichen Kaufmann Christoph Weiss verheiratet, der Salome und den Kindern nun beistand.

Der neue Erzbischof von Salzburg war ihr zwar nicht wohlgesinnt, was sie an ihrer finanziellen Situation merkte, aber sie hatte Reserven an Schmuck und Bargeld. Ihre Söhne erhielten eine ordentliche Erziehung, ihre Töchter eine entsprechende Ausstattung. 1622 kaufte Salome Alt ein Haus am Welser Stadtplatz, Nr. 22.

Nicht nur, daß Salomes Hoffnung, noch einmal im Leben mit ihrem Wolf Dietrich vereint zu werden, fehlschlug, sie mußte auch 1616 ihren ältesten Sohn Hannibal (er war nur 23 Jahre alt geworden) begraben. Sie trug noch für ihn Trauer, als sie, verspätet, erfuhr, daß Wolf Dietrich am 16. Jänner 1617 gestorben war. Von da an trug sie schwarz bis an ihr Lebensende. Nach und nach verheiratete sie ihre Töchter und einen Sohn, zwei Söhne wurden Geistliche – Eberhard erwarb sich in Kremsmünster den Ruf eines bedeutenden Wissenschaftlers.

Salome von Altenau starb am 27. Juni 1633 im 65. Lebensjahr in Wels. Während mehrere ihrer Kinder in der Welser Pfarrkirche begraben wurden, ist ihr Grab heute nicht mehr aufzufinden. Markus Sitticus, der Schloß Altenau in „Mirabella“ hatte umtaufen lassen, überlebte den Vetter, dem er so viel Böses tat, nur um zwei Jahre.

Anna von Österreich, Königin von Frankreich

1601 – 1666

Für sie fochten die Musketiere

Spaniens Habsburger versuchten stets (und notgedrungen), „doppelte" Politik zu betreiben. Einerseits waren sie durch engste, immer wieder neu geknüpfte verwandtschaftliche Bande mit dem österreichischen Teil der Familie verbunden, andererseits war ihr unmittelbarer, mächtiger und unzweifelhaft bedrohlicher Nachbar Frankreich. Das Haus der Bourbonen nun mit Ehebündnissen zu „sichern" und friedlich zu halten, stand gleichfalls auf dem Wunschzettel der Diplomatie. Daß Ehen unter Umständen jedoch gar nichts fruchteten, daß die ins andere Land verheirateten Töchter und Schwestern von Königen ihrer neuen Heimat weit mehr Loyalität erwiesen als der alten – dafür war der Fall Anna von Österreich ein Beispiel. Sie wurde im fremden Land zu einer großen Frau und zur Mutter des bedeutendsten Königs...

Am 22. September 1601 in Madrid geboren, war sie eine Tochter des Königs Philipp II. von Spanien und dessen österreichischer Gemahlin, Erzherzogin Margarete. Als älteste Tochter stellte sie das wichtigste Heiratsgut dar und wurde folglich für die wichtigste Verbindung bestimmt: Sie sollte den französischen König heiraten, während ihre jüngere Schwester Anna dann wiederum für den österreichischen Cousin, Kaiser Ferdinand III., bestimmt wurde.

Daß die spanischen Habsburger den Bourbon aber nicht nur eine Königin geben wollten, sondern bereit waren, eine von ihnen zu nehmen, erweist die Tatsache, daß eine Doppelhochzeit arrangiert wurde. So heiratete die erst 14jährige Anna den gleichaltrigen Ludwig XIII., der schon im Alter von neun Jahren König geworden war, und Annas Bruder, der zehnjährige Kronprinz Philipp, wurde mit Ludwigs elfjähriger Schwester Isabella von Bourbon vermählt. Immerhin spielte auch in diese Heirat „Habsburgisches" hinein, denn Maria de Medici, Frankreichs Königin und Mutter von Ludwig und Isabella, war ihrerseits Tocher einer habsburgischen Mutter, der Johanna von Österreich, Tochter von Ferdinand I. und von Anna von Ungarn und Böhmen...

„Anne d'Autriche", Anna von Österreich, lautete der Hoftitel des jungen Mädchens, das – blond, hübsch, unternehmungslustig – nach Frankreich kam, wo sie eine in zahllose Intrigen verstrickte Schwiegermutter vorfand (Kardinal Richelieu, dem es gelang, für Ludwig XIII. zu regieren, sollte schließlich für ihre Verbannung sorgen) und einen Gatten, der sich grundsätzlich wenig aus Frauen machte. Für seine liebenswürdige habsburgisch-spanische Braut hat er sogar, wie es heißt, eine ziemliche Abneigung gehegt.

Jedenfalls kostete es unendliche Mühe, ihn dazu zu bewegen, die Ehe überhaupt zu vollziehen. Als das junge Paar 17 war, verfiel man auf die verzweifelte Idee, Ludwig in das Schlafgemach seiner Halbschwester einzuladen. Und nachdem er durchaus mit Interesse zugesehen hatte, was da vorging, regte man an, er möge mit der Königin das gleiche tun – es würde ihm guttun.

So einfach war es aber doch nicht. Tatsächlich hat einer seiner vertrauten älteren Freunde Ludwig XIII. eines Tages kurzerhand gepackt und in das Schlafzimmer Annas getragen, das der junge Gatte sonst immer gemieden hatte. In dieser Nacht wurde dann die Ehe vollzogen. Und von Zeit zu Zeit muß es der jungen Königin gelungen sein, ihren desinteressierten Gatten, der viel lieber tischlerte oder jagte, als die Gesellschaft von Frauen zu suchen, zum Beischlaf zu bewegen, denn mit 20 wurde sie erstmals schwanger. Es wurde eine Fehlgeburt, eine weitere erfolgte, als Anna 29 war, aber dann konnte sich Ludwig jahrelang nicht mehr entschließen, mit seiner Frau zu schlafen. Alle Welt hielt bereits einen jüngeren Bruder für den Thronerben. Was tut eine junge Fremde, die sich so sehr bemühte, eine gute Königin von Frankreich zu sein? Sie bestand darauf, Ohrringe in Form der französischen Lilie zu tragen, sie war einverstanden, ihr spanisches Gefolge in die Heimat zurückzuschicken und sich mit Franzosen zu umgeben, sie ging, als einfache Frau verkleidet, nach Paris und verteilte Almosen unter das Volk.
Aber das alles konnte einer von ihrem Mann sträflich vernachlässigten Frau, die intelligent, aufgeweckt und interessiert war, nicht genügen. Allein die Tatsache, daß sie Interesse an politischen Fragen zeigte, reichte Kardinal Richelieu, um hier eine Feindin zu ahnen. In Europa war seit 1618 jener Krieg ausgebrochen, den man später als den „Dreißigjährigen" bezeichnen sollte, und Frankreichs Diplomatie sah hier (der habsburgischen Heirat ungeachtet) Möglichkeiten, sowohl gegen die spanische wie gegen die österreichische Seite des Hauses Habsburg Partei zu nehmen. 1625 klagte man Anna an, sie habe ihrem Bruder, König Philipp IV. von Spanien, geheime Informationen geliefert und sei folglich eine Verräterin: Für Richelieu war dies eine gute Gelegenheit, sie zu demütigen, und Ludwigs ewiges Mißtrauen gegen die Gattin bekam neue Nahrung.
Weit schlimmer jedoch war die „Affäre" der Königin mit dem englischen Gesandten, dem Herzog Buckingham. Natürlich bedeutete dieses galante Abenteuer der vernachlässigten jungen Frau gar nichts: Wer kann es ihr verdenken, daß sie den Blick auf den eleganten, feurigen Engländer warf, der ihr nach allen Regeln der Kunst den Hof machte und es sogar wagte, sie in den Gärten von Amiens einmal in die Arme zu nehmen? Anna war zu klug, um hier nachzugeben, erlitt (oder simulierte) einen Nervenzusammenbruch und kam noch einmal davon. Buckingham gab aber nicht auf, erkämpfte

sich noch einmal den Weg in ihr Schlafzimmer, um ihr dort romantisch vor die Füße zu stürzen und seine Liebe zu erklären...
Mehr ist mit Sicherheit nicht geschehen, aber eine Geschichte wie diese, die natürlich nicht unbekannt blieb, entflammte die Phantasie. Nicht zuletzt die eines berühmten Romanciers: Kernstück des weltberühmten Romans „Die drei Musketiere" von Alexandre Dumas ist die Romanze Annas mit Buckingham und der Versuch der Musketiere, ein verhängnisvolles Schmuckstück rechtzeitig zurückzubringen, um die Königin vor einem Skandal zu retten. So ist Anna von Österreich in der Literatur (und im Kino, zuletzt in Gestalt von Geraldine Chaplin) unsterblich geworden...
Tatsächlich hat sie sich ihre Unsterblichkeit noch anders verdient, indem es ihr doch noch gelang, schwanger zu werden und einen Jungen zur Welt zu bringen, der ein großer König werden sollte. Aber der Zufall mußte helfen, damit sie im Alter von 37 Jahren Mutter werden konnte: Ihr Gatte war in ein Unwetter geraten, es war zu weit, in das (noch kleine) Schloß Versailles zurückzukehren, wo er wohnte. Der Louvre hingegen, wo Anna allein lebte, war nahe. Ludwig wollte eigentlich nicht bei seiner Gattin unterschlüp-

König Ludwig XIII, und Königin Anna von Frankreich

fen – sie esse so spät zu abend und gehe so spät ins Bett, wandte er ein. Aber die Höflinge witterten Morgenluft, sahen die Möglichkeit, doch noch zu einem Thronfolger zu kommen, und ließen nicht locker: Die Königin werde in diesem Fall sicher gern ihre Gewohnheiten ändern, versicherten sie. Also ließ sich Ludwig XIII. seufzend davon überzeugen.
Anna von Österreich wußte genau, was an diesem Besuch alles hing, aber sie war unbefangen und bezaubernd, aß herzhaft, plauderte angeregt und ging gleich nach dem ausnahmsweise frühen Abendessen ins Bett. Und tatsächlich teilte Ludwig in dieser Nacht mit ihr das einzig bequeme, schöne, große Bett des Schlosses – ihr mit Vorhängen versehenes Himmelbett. Und so wurde, nachdem das Paar sieben Jahre nicht mehr miteinander geschlafen hatte, in einer stürmischen Dezembernacht Ludwig XIV., „der Sonnenkönig", gezeugt...
Im März 1638 wurde die Schwangerschaft der Königin offiziell gemacht, was nach einer zweiundzwanzigjährigen, kinderlosen Ehe eine Sensation darstellte. Dennoch – Zweifel über die Vaterschaft gab es mit Sicherheit nicht. Man überwachte die Gesundheit der königlichen Mutter mit einer Akribie, als sei noch nie ein Kind geboren worden. Alle Hoffnungen Frankreichs ruhten auf dem Kind, das Anna von Österreich erwartete.
Und tatsächlich brachte sie, als Sonntagskind, am 5. September 1638 einen starken, schönen Knaben zur Welt, der auf den Namen Ludwig getauft wurde. Und für kurze Zeit war sie nun wohl glücklich – nicht nur als leidenschaftliche Mutter, sondern weil ihr Gatte auch etwas Interesse an ihr nahm. Bald war Anna wieder schwanger, und ziemlich genau ein Jahr nach dem ersten Kind brachte sie wieder einen Sohn zur Welt, der Philippe genannt wurde. (Seine Gattin würde einst die berühmt-berüchtigte Liselotte von der Pfalz sein.) Stolz und geradezu fassungslos nahm Ludwig XIII. das späte Vaterglück hin.
Er sollte es aber nicht lange und nicht ungetrübt genießen (so war es zu schweren Auseinandersetzungen mit Anna gekommen, weil er ihr vorwarf, sie entfremde ihm absichtlich seine Söhne). Bald nach Richelieu, dem vielleicht einzigen Menschen, dem er vertraute, starb auch Ludwig XIII. im Jahre 1643.
Anna war 42 Jahre alt, der Thronfolger Ludwig noch ein Kind von kaum fünf Jahren. Ludwig hatte große Ängste gehegt, daß Anna die Regentschaft

Königin Anna mit ihrem ältesten Sohn, dem späteren Ludwig XIV.

an sich reißen würde, aber wie wollte er es von jenseits des Grabes verhindern? Endlich konnte Anna von Österreich ihre Entschlossenheit ausleben: Sie wurde Regentin im Namen ihres minderjährigen Sohnes.
Wäre Anna dermaßen „Habsburgerin“ und „feindliche Ausländerin“ gewesen, wie man ihr gern nachsagte, hätte sie den Krieg mit Spanien beendet:

Aber Anna und ihr Günstling, der Kardinal Mazarin (ein eleganter Höfling, der ein wenig an den Herzog von Buckingham erinnerte), machten Großpolitik allein im Interesse Frankreichs. So entschieden wie in der Politik verhielt sich die Königin auch ihrem Sohn gegenüber, der ihr allerdings mit seiner ausgeprägten Persönlichkeit das Leben schwermachte: Man sagt, daß sie ihm den Hintern versohlt hat, wenn sie sich nicht anders zu helfen wußte. Und der Junge konnte es gar nicht erwarten, groß zu sein und selbst die Herrschaft zu übernehmen...

1654 wurde Ludwig XIV. in Reims gesalbt. Elf bewegte Jahre hatte Anna für den Sohn die Herrschaft geführt, hatte nicht nur Krieg geführt, sondern auch bürgerkriegsähnliche Unruhen im eigenen Land bändigen müssen. Nicht weniger als fünf Jahre hatte der Fronde-Aufstand gewütet, in dessen Verlauf Anna mit ihren Kindern in eisiger Nacht hatte fliehen müssen – ein einprägsames Erlebnis für den damals elfjährigen Ludwig, der mit dem Phänomen des „Volks von Paris“ daraufhin nicht mehr gut zurechtkam.

Immerhin wurde er ein König, der sein Amt verstand, und das bedeutete auch, daß er den Einfluß seiner Mutter (zumal nach dem Tod Mazarins) ziemlich energisch ausschaltete. 1660 erlebte sie den Einzug ihrer Nichte Marie Therese (Tochter ihres Bruders Philipp) als Königin von Frankreich: Die Ehe der 16jährigen mit Ludwig beendete den Krieg mit Spanien.

Anna mußte allerdings auch mitansehen, wie ihr Sohn seine junge Frau mit der schönen Louise de La Valliere betrog, und das führte zur letzten schweren Verstimmung der beiden. Wenn auch politisch ohne Einfluß, so war Anna von Österreich immer noch die Königinmutter und eine Frau, an der man kaum vorbeigehen konnte. Als sich herausstellte, daß sie Brustkrebs hatte, kümmerte sich Ludwig rührend um sie, schlief bis zur letzten Nacht an ihrem Bett und wurde ohnmächtig, als er begriff, daß es mit seiner Mutter zu Ende ging.

Anna von Österreich starb am 20 Jänner 1666. Ihr Herz wurde in der Kirche Val de Grace beigesetzt, die sie einst aus Dank für die Geburt des Thronfolgers hatte errichten lassen.

Katharina Elisabeth von Galler

um 1608 – 1672

Reich, streitbar, mächtig

Als die große „Hexen"-Ausstellung auf der steirischen Riegersburg stattfand, erinnerte man sich an eine ungewöhnliche Frau, die lange Jahre hindurch Besitzerin dieser Burg gewesen war, einer Frau, deren Schicksal auch in späterer Zeit, als die Frauen mehr Entfaltungs- und Entwicklungsmöglichkeiten hatten, als ein besonderes erschienen wäre. Denn sie setzte ihren Willen gegen Männer und Instanzen mit ungewöhnlicher Tatkraft durch, und wäre sie nicht so reich gewesen, hätte man ihr wahrscheinlich das Schicksal einer „Hexe" nicht erspart. Aber die „Gallerin", mit der sicher nicht gut Kirschen essen war, behauptete sich.
Katharina Elisabeth, die ein paar Jahre nach dem Beginn des 17. Jahrhunderts in eine reiche Radkersburger Kaufmannsfamilie hineingeboren wurde, bekam den Adelstitel, den ihre Familie erworben hatte, schon in die Wiege

gelegt. Es war ein Jahrhundert, da man viel früher starb als heute – einen nach dem anderen raffte es die männlichen Verwandten weg, Katharina Elisabeth erbte und wurde eine enorme „Partie", wie man so zu sagen pflegt. Ein bißchen über 20 und viel Geld – Hans Wilhelm von Galler griff zu. Das Paar heiratete 1630. Galler, der um Jahrzehnte älter war als seine Frau, machte Karriere: Er wurde Präsident des Innerösterreichischen Hofkriegsrates. Das Paar bekam eine Tochter, aber nur treue Gattin und Mutter zu sein, dazu war die „Gallerin" nicht geboren. Als sie 1637 die Riegersburg kaufte, die in sehr schlechtem Zustand war, da war es ihr ebenso eine Aufgabe wie eine Freude, die Burg restaurieren zu lassen, bis sie als ein Schmuckstück in der Landschaft stand.

So vergingen die zwanzig Jahre ihrer ersten Ehe. Nachdem ihr Gatte gestorben war, offenbarte die „Gallerin", die in der Volkssage später als „schlimme Liesl", als zänkische und gewalttätige Frau weiterlebte, ein paar ihrer schlechteren Eigenschaften. Sie war, wie es im Katalog zur „Hexen und Zauberer"-Ausstellung auf der Riegersburg heißt, „ehrgeizig, von maßlosem Selbst- und Standesbewußtsein erfüllt, rachsüchtig und in zahllose Rechtshändel verstrickt, aber auch eine großzügige, für die Nöte ihrer Untertanen aufgeschlossene Standesherrin."

Wenn die Gallerin streiten wollte, machte sie vor ihrem eigenen Kind nicht Halt: Nach dem Tod des Gatten führte sie jahrelang Prozesse gegen ihre Tochter und ihren Schwiegersohn um das Erbe. Ihr besonderer Zorn galt aber dem Hauptpfarrer der Riegersburg, Wolfgang Strobl. Dieser meinte, als Frau stünde ihr das Patronatsrecht über ihre Untertanen nicht zu. Sie wiederum zeigte ihm handgreiflich, wer über ihre Bauern zu bestimmen hatte, als sie Männer mit Hellebarden vor die Kirche stellte, um die Leute vom Kirchgang abzuhalten.

Nun war die Gallerin damals eine Frau in den besten Jahren, die ihre Witwenschaft nicht vertrauerte, sondern ein Verhältnis mit ihrem Verwalter hatte, was ein offenes Geheimnis war. Demzufolge zeigte Strobl sie wegen „skandalösen Lebenswandels" bei der Regierung an. Die Gallerin war nicht faul und führte Klage gegen den Pfarrer, den sie der verschiedensten Schandtaten bezichtigte. Die Pfarrersköchin, die einen Schippel unehelicher Kinder hatte, schickte sie gar auf die Folter. Und es hieß auch, daß sie ihre eigene Tochter Margarethe eine Zeitlang in einem Keller ihrer Burg festhielt.

Die Gallerin besaß damals nicht nur die Riegersburg, ihr gehörte auch die Festung Stain und die Burg Liechtengkh, und sie hatte alles fest in der Hand. Natürlich wurde sie heftig umworben, auch von ihrem Verwalter, Urban von Grattenau, aber sie dachte nicht daran, mit ihm eine Ehe einzugehen, so sehr er auch darum bat. Als sie ihn dann zu ihrem Geliebten machte, begann er, frech und herausfordernd zu werden und Ansprüche zu stellen – was ihr gar nicht paßte. Und als die Gallerin hörte, daß er sich vor den Leuten, vor Jägerkollegen, beim Trunk, seines Verhältnisses mit ihr rühmte, da war der Spaß für sie zu Ende: Sie jagte ihn weg.

Immerhin, sie wurde älter, verlor ihr gutes Aussehen, verlor auch die Freude an Jagd, Ballspiel, Reiten und Unterhaltungen. Der „Balgerei mit jungen Purschen“ war sie, wie es in einer zeitgenössischen Quelle hieß, mittlerweile überdrüssig – gerade eine selbstbewußte ältere Frau wie die Gallerin merkte genau, wenn sie sich demütigte, und als der Heiratsantrag eines würdigen Herren kam, nahm sie an: Etwa 1660, mit über 50 Jahren, ging sie mit dem Oberst Detlef von Kapell ihre zweite Ehe ein.

Es war die Zeit der Türkeneinfälle (1683 sollten sie zum zweiten Mal vor Wien stehen), und wehrfähige Männer mußten in den Kampf gegen die ununterbrochen im Osten nachdrängenden Feinde. Auch der Oberst von Ka-

Die Riegersburg

pell war dabei. Am 1. August 1664 fand bei St. Gotthard-Mogersdorf, am Fluß Raab, eine große Schlacht statt, die der Gatte der Gallerin nicht überlebte. Er war von Türkensäbeln so in Stücke gehauen worden, daß es schwer fiel, alle Teile für ein Begräbnis zusammenzubekommen...
Das Unglück traf die Gallerin tief, aber sie war nicht der Mensch, sich unterkriegen zu lassen. Zwei Jahre später aber passierte ihr etwas Unvorhergesehenes. Zum ersten Mal in ihrem Leben verlor sie – nun bereits am Ende ihres fünften Lebensjahrzehnts – die Kontrolle über sich und ihre Gefühle. Wie blind verliebte sie sich in ihren Nachbarn, den Besitzer der Herrschaft Kornberg, Freiherr Hans Rudolf von Stadl. Er war um einiges jünger als sie, ein jähzorniger Mann, von dem es hieß, daß er seine Untertanen und sein Gesinde mißhandelte, aber Liebe macht blind, zumal wenn sie einen in höheren Jahren trifft und noch einmal das Gefühl vermittelt, jung zu sein. Und so heiratete die alte Gallerin den jüngeren Mann, der wahrscheinlich damals schon ahnte, daß diese Ehe – an der ihm natürlich nichts lag – für ihn ein gutes Geschäft sein mußte. Damals konnte er sich ja noch ausrechnen, die reiche Gattin in absehbarer Zeit zu beerben. Daß eine Frau, und zumal eine ältere, sich nicht alles gefallenlassen würde, was man ihr leichten Herzens antat – damit hätte Hans Rudolf von Stadl angesichts des Rufes seiner Gemahlin, die lebenslang keinem Streit aus dem Weg gegangen war, rechnen müssen. Vermutlich aber war er von seiner Macht über sie allzu überzeugt... Tatsache war, daß sich die Gallerin kurz über lang betrogen sah (und daß jene, die sie nicht mochten – es waren viele! – über sie spotteten). Sie wehrte sich nach Kräften: Als sie entdeckte, daß ihr Gatte der Küchenmagd Katharina Paph nachstieg, verbannte sie diese in den Saustall. Aber er fand auch dorthin den Weg, und die Gallerin, der manchmal die Galle hochkam, mußte mitansehen, wie unter ihrem Dach ein Bankert ausgetragen wurde.
Eine Frau, die all die Jahre selbständig gelebt und gewaltet hat, die klug ihren Besitz vermehrte und sich überall Respekt zu verschaffen verstand, sah sich nun, im Alter, gedemütigt und verhöhnt. Der erste Liebesrausch war bald vorüber und wich einer entsetzlichen Ernüchterung.
Eine andere Frau, die weniger Energie und Selbstbewußtsein gehabt hätte, hätte sich nun mit christlicher Ergebenheit in ihr Schicksal gefügt. Nicht die Gallerin. In einem letzten Aufbäumen ihres gewaltigen Willens kam sie um die Scheidung ein – zur allgemeinen Verblüffung, auch der des Gatten. Der-

gleichen war damals wirklich nicht die Regel. Nur die Gallerin hatte die Nerven, diesen Kampf auszufechten, um 1669 wieder frei zu sein. Scheidungen sind offenbar immer nach demselben Schema verlaufen: Sie kosten Geld. Hans Rudolf von Stadl forderte und bekam das Schloß Johnsdorf von seiner Ex-Gattin. Und zwei Weingärten mußte sie noch draufgeben...
Als die Gallerin im Jahre 1672 starb, stand einer der größten Hexenprozesse der Zeit bevor, der im Jahr darauf rund um die Riegersburg seinen Ausgang nehmen sollte, der Feldbacher Hexenprozeß. So manch einer wird die Gallerin im Laufe ihres Lebens als „Hexe" verflucht haben: Aber es war ihr Geld, es war ihre Macht, die sie schützten, die ihr auch einen Lebenswandel jenseits der geltenden Konventionen ermöglichten.
Als bedeutendste Leistung der Gallerin wird in der Geschichte angesehen, „daß sie die Riegersburg innerhalb weniger Jahre aus eigener Initiative und auf eigene Kosten zu einer der größten Festungen des Landes ausbauen ließ. Dies ist um so höher zu bewerten, als viele ihrer Standesgenossen es bei Feindesgefahr vorzogen, in die sicheren Städte zu flüchten, und ihre Untertanen im Stich ließen. Die Nutznießer der Bautätigkeit der Gallerin waren daher die Untertanen der Herrschaft Riegersburg, die vor den Türken und Ungarn in der Festung Schutz fanden."

Hexenszenen in Holzschnitten des 17. Jahrhunderts: Regenzauber (links) und Teufelsbuhlschaft

Kaiserin Margarita Teresa

1651 – 1673

„...WIE WIR EINANDER GELIEBT“

Sie verdankt es einem berühmten Maler, daß sie als eine der süßesten kleinen Mädchen im Bewußtsein der Nachwelt verankert ist: Diego Velasquez malte die spanische Infantin Margarita Maria Teresa mehrfach im Alter zwischen zwei und acht Jahren.

Drei der Bilder hängen im Kunsthistorischen Museum in Wien, denn für Wien waren sie bestimmt: Hier wartete ein Bräutigam lange und ausdauernd auf das Heranwachsen des süßen Kindes zu seiner Frau. Interessanterweise hat der Gatte (damals noch Bräutigam) von Margarita Teresa, Kaiser Leopold I., unsere Begeisterung für die Bilder des Velasquez nicht geteilt, denn er schickte seinen eigenen Hofmaler nach Spanien, als wollte er noch genauer wissen, wie die Zukünftige aussah. Was aus den Bildern des Hofmalers geworden ist, wissen wir nicht...

Margarita Teresa, in vier Lebensaltern gemalt von Velasquez

In der Ehe zwischen Leopold und Margarita Teresa erlebte der Inzest zwischen dem spanischen und dem österreichischen Zweig der Familie Habsburg einen neuen Höhepunkt. Seit dem Brüderpaar Karl V. und Ferdinand I. hatte noch jede Generation untereinander geheiratet, wobei man immer wieder auch „gesprungen“ war – Onkel und Nichte war eine mehrfach vorhandene Ehekombination. Aus der Ehe Philipps II. von Spanien mit seiner österreichischen Nichte Anna stammt Philipp III., der seine österreichische Cousine Margarete heiratete. Als deren Sohn Philipp IV. verwitwete, schickte man ihm wieder eine österreichische Nichte – Maria Anna, die Tochter seiner Schwester.

Als Maria Anna 1648, gerade 15 Jahre alt, nach Spanien reiste, ließ sie ihren achtjährigen Bruder Leopold – den späteren Leopold I. – zurück. Und bei allen ehemäßigen Verfilzungen, die bei den Habsburgern möglich waren, wird sie sich wohl nicht vorgestellt haben, daß ihre erste Tochter 18 Jahre später die Gattin dieses Bruders sein würde...

Doch genau das brachte die Habsburgische Heiratspolitik mit sich. Zuerst schien Leopold, da er „nur“ der zweite Sohn war, den spanischen Verwandten keine erstrebenswerte Partie, aber nach dem Tod seines Bruders Ferdinand war er der mächtigste Mann. Und weil man die ältere spanische Infantin an Frankreichs Sonnenkönig vermählt hatte, blieb nur die jüngere, die am 12. Juli 1651 geborene Margarita Teresa – die Tochter seiner Schwester. Als man 1660 die Verlobung beschloß, war sie allerdings ein Kind von neun Jahren, und Leopold mußte sich auf eine längere Wartezeit einrichten.

Man kann sich vorstellen, daß ein junger Mann, der begierig darauf ist, zu heiraten, an Kinderbildern (und seien sie noch so bezaubernd) wenig Freude hatte. Leopold schickte also einen Vertrauten an den spanischen Hof, um sozusagen aus erster Hand Berichte zu empfangen. Als die Hochzeit dann näherrückte, kam es zu den üblichen Querelen um die Mitgift und den Ehevertrag (der Margarita Teresa übrigens zusagte, daß sie nach Spanien heimkehren dürfe, sollte sie Witwe werden – aber das war vom Schicksal für sie nicht vorgesehen). Leopold versuchte, die Zahl von Margarita Teresas spanischem Hofstaat zu drücken, denn er kannte die Probleme, die eine spanische Invasion am Wiener Hof mit sich brachte: Seine spanische Mutter Maria Anna hatte mit ihrer Belegschaft für jede Menge von Problemen gesorgt...

Dennoch erwartete Leopold ungeduldig seine Braut, während der spanische Hof immer wieder zögerte, die Ehe perfekt zu machen. Vielleicht hat der Tod von Philipp IV. die Ereignisse eher beschleunigt und Maria Anna dafür gesorgt, daß die Tochter endlich nach Wien fuhr – in Maria Annas ehemalige Heimat, zu Maria Annas Bruder...

Am 25. Mai 1666 fand in Madrid die Hochzeit per procurationem statt, drei Tage später brach die noch nicht 15jährige Margarita Teresa auf: Es sollte mehr als ein halbes Jahr vergehen, bis sie dann ihrem Gatten erstmals gegenüberstand.

Die spanische Infantin und künftige Kaiserin reiste, begleitet von 282 Personen, mit ungeheurer Prachtentfaltung, die man sich von seiten der Spanier leistete. Als die letzten Wochen ihrer Fahrt nach Wien nahten, schickte ihr Leopold täglich einen persönlichen Boten – und schließlich fuhr er ihr entgegen: „Inkognito" zwar, aber es war dafür gesorgt, daß die „Gattin" ihn erkannte.

Am 5. Dezember 1666 zog Margarita Teresia feierlich in Wien ein, am gleichen Abend wurde die Heirat in der Augustinerkirche nochmals bestätigt – und dann zogen sich die Hochzeitsfeierlichkeiten bis zum Februar des nächsten Jahres über nahezu drei Monate dahin. Es war eine kaum abreißende Folge von Banketten, Jagden, Feuerwerken, festlichen Gottesdiensten, Theater- und Opernaufführungen und was man sich an Vergnügungen mehr ausdenken konnte. Das sogenannte „Rosseballett", am 24. Jänner 1667 veranstaltet, ist eines der herausragenden Ereignisse in der Geschichte österreichischer Barockspektakel.

Aber so sehr die hübsche junge Kaiserin, deren Gatte ganz offensichtlich höchst verliebt war, auch im Mittelpunkt aller Vergnügungen stand, so vergaß man nicht, daß ihre Funktion ausschließlich darin bestand, dem Kaiser Kinder zu schenken. Möglichst viele auch noch, wenn man die Kindersterblichkeit der Zeit bedachte. Es besteht kein Zweifel daran, daß Margarita Teresa in ihren kurzen Ehejahren indirekt durch die Forderung umgebracht wurde, ununterbrochen schwanger zu sein. Das hat ihre Gesundheit völlig unterminiert.

Aber tatsächlich fand Leopold inmitten aller Feste Zeit für die ehelichen Pflichten (und wohl auch Freuden), und als Margarita Teresas 16. (!) Geburtstag prunkvoll gefeiert wurde, war sie bereits schwanger. Und anfangs

schien das Glück dem jungen Paar voll zu leuchten: In nur vier Stunden (was für Erstgebärende gewiß ein glücklicher Umstand ist) brachte Margarita Teresa am 28. September 1667 einen Sohn zur Welt, der Ferdinand Wenzel getauft wurde. Damit war, nach nur zehnmonatiger Ehe, der ersehnte Thronfolger da – und die Situation hätte nicht rosiger erscheinen können.
Dazu kam, daß das junge Paar wirklich glücklich schien, wenngleich Margarita Teresa die seltsame Gewohnheit hatte, den Gatten mit „Onkel" anzusprechen (was er ja als Bruder ihrer Mutter auch war). Die Umgangssprache am Wiener Hof war übrigens Italienisch, und Deutsch hat Margarita nie gelernt (es blieb auch kaum Zeit dazu). Sie war viel mit dem Gatten zusammen (vielmehr suchte er ihre Gesellschaft bei jeder Gelegenheit), war sehr glaubenseifrig wie viele Spanier, liebte aber auch Musik und Theaterunterhaltungen und sorgte dafür, daß am Hof einige Werke von spanischen Dichtern gespielt wurden.
Die Harmonie wäre vollkommen gewesen, hätte nicht Margarita Teresas spanischer Hofstaat (immerhin 42 Personen hohen Ranges waren bei ihr in

Leopold und Margarita Teresa traten auch als Schauspieler in Hofaufführungen auf. Gemälde von Jan Thomas

Wien geblieben, von dem einfachen Personal ganz zu schweigen) so viel Unruhe verursacht: Besonders die einzelnen Damen lieferten einander Kämpfe, und Leopolds Ärger steigerte sich, weil die Besoldung für die Spanier oft nicht eintraf und von ihm bestritten werden mußte.

Das Glück des jungen Paares, das ungetrübte, währte nur kurz: Der kleine Kronprinz starb mit dreieinhalb Monaten am 13. Jänner 1668, trotz der 12 Ärzte, die der Kaiser an sein Krankenbett gerufen hatte. Im Februar brannte dann ein Teil der Hofburg, desgleichen ein Trakt des Lustschlosses Favorita. Wahrscheinlich hat man versucht, die dunklen Wolken zu verscheuchen, als im Juli 1668, anläßlich Margarita Teresas 17. Geburtstag, das größte Opernereignis stattfand, das Wien je gesehen hatte: Die Aufführung der Oper „Il pomo d'oro", die Theatergeschichte geworden ist.

Zu diesem Zeitpunkt war Margarita Teresa wieder schwanger, und als sie am 18. Jänner 1669, diesmal in einer schweren Geburt, wieder ein Kind zur Welt brachte, war es ein Mädchen: Maria Antonia war das einzige Kind dieser Ehe, das überleben sollte, ein Kind, das die Mutter kaum kannte und mit vier Jahren Waise werden sollte. Und doch hat diese Habsburgerin, die nach Bayern heiratete, ihre Mutter nie vergessen und in ihrem Testament bestimmt, in Wien, in der Kapuzinergruft „ihrer Mutter beygelegt zu werden"…

Was nun folgte, war nichts als Qual. Wenige Monate später war Margarita Teresa – die 18jährige – wieder schwanger und erlitt im Februar 1670 eine Fehlgeburt: Es war ein Sohn. Es ging der Kaiserin miserabel, aber niemand kam auf die Idee, ihr Erholung zu gönnen: Wenige Monate später kam es zur nächsten Schwangerschaft, die diesmal nach kurzer Zeit zu einer Fehlgeburt führte. Im März 1671 erlitt sie die dritte Fehlgeburt innerhalb eines Jahres. Die Anstrengungen, die ihrem Körper damit auferlegt waren, führten zu einer Fehlfunktion der Schilddrüse und einer Kropfbildung. Der Kaiser suchte Ärzte, diese zu behandeln, aber niemand wagte sich daran.

Man hat Margarita Teresa nachgesagt, daß sie die treibende Kraft des Judenpogroms war, das Leopold im Jahre 1671 durchführen ließ, aber ist das wirklich glaubhaft? Eine junge Frau, die nie politischen Einfluß genommen hat, immer nur in schlechter körperlicher Verfassung, sollte sich plötzlich damit beschäftigen, in katholischem Glaubenseifer die Juden verfolgen zu lassen? Eine junge Frau, die zudem mit dem Problem des Kropfes und verlorener Schönheit kämpfte, die die Feindseligkeit des Hofes spürte, wo man die Spanierin los sein wollte und auch schon die nächste Braut für Leopold wußte, nämlich Claudia Felicitas aus dem Tiroler Zweig der Familie? Schwer vorstellbar, daß sie in ihrem nun permanenten Unglück noch das Unglück anderer verursachen sollte...

Außerdem war Margarita Teresa bald nach ihrer dritten Fehlgeburt wieder schwanger, und die Tochter, die am 9. Februar 1672 zur Welt kam, lebte und wurde Maria Anna genannt. Konnte man nun endlich auf ein glückliches Ende hoffen, war der Fluch der Fehlgeburten gebannt? Aber das Unglück hatte noch nicht genug, und die kleine Tochter starb im Alter von zwei Wochen, was Kaiser Leopold den seltsamen Satz entlockte: „...ein Madl kann man leichter verschmerzen."

Im Jahr darauf sollte er noch mehr zu verschmerzen haben. Margarita Teresa, die ihrer Pflicht als kaiserliche Gebärmaschine vermutlich ohne Murren nachkam, war wieder schwanger, als sie sich zu Beginn des Jahres 1673 schwer erkältete. Die Krankheit wurde schnell schlimmer, und die junge Frau – sie war 21 Jahre alt – machte ihr Testament, nahm Abschied von Mann und Kind, empfing die letzte Ölung und starb. Sie hatte in den sechs Jahren ihrer Ehe unendliche Mühe auf sich genommen, um einen Thronfolger zu gebären. Die Ärzte ließen es sich nicht nehmen, ihre Leiche zu öffnen, und stellten fest, daß das Kind, das sie in sich trug, ein Sohn gewesen wäre...

Leopold, den sie auch in ihrem Testament als „Onkel" bezeichnet hatte, war über den Tod von Margarita Teresa ehrlich verzweifelt und klagte, „wie wir einander geliebt!" Dennoch benötigte er nicht viel mehr als ein halbes Jahr, um wieder zu heiraten – genau diese Claudia Felicitas von Tirol, mit der der Hoftratsch ihn längst zusammengebracht hatte. Leopold mochte sie gern, „aber ach", wie er einmal klagte, „nicht wie meine einzige Margaretha..."

Eva Maria Veigel-Garrick

1724 – 1822

Wiener Veilchen an der Themse

In Schloß Windsor hängt ein Ölgemälde von William Hogarth, das den damals berühmtesten Shakespeare-Schauspieler seiner Zeit, David Garrick, mit seiner Gattin, der Tänzerin „Madame Violetta", zeigt. Diese war aber nicht, wie ihr Name vermuten ließe, Italienerin, sondern stammte aus Wien, wo sie am 29. Februar 1724 als Eva Maria Veigel im „Haus zum weißen Hasen" am Stephansplatz zur Welt gekommen war.
Daß sie dem Londoner Publikum, das ihr zu Füßen lag, und der großen Gesellschaft, die sie bereitwillig aufnahm, lieber nichts von ihrer Abstammung erzählte, lag daran, daß sie damit nicht eben prunken konnte: Ihr Vater, Johann Veigel, war nur Bedienter gewesen – ebenso wie der Vater einer anderen Tänzerin, die nach Eva Maria (und weit mehr noch als diese) für Wiener Anmut und Schönheit in der fernen Welt Ruhm ernten sollte: Fanny Elßler…

Eva Marias Vater kannte Hilverding, den Tanzmeister am Kärntnertortheater, und dieser nahm das Kind in die Schar der Balletteleveninnen auf. Sie war zehn Jahre alt, als sie als Psyche in dem Ballett „Amor und Psyche“ auftrat. Unter den Zuschauern befand sich auch Maria Theresia, damals noch Erzherzogin, die sich von der Kleinen entzückt zeigte: Sie nannte sie ein „Veilchen“. Eva Maria sollte sich daran erinnern, als sie Jahre später, nach ihrem Abschied von Wien, einen Künstlernamen suchte.
Die kleine Eva Maria wurde das Entzücken adeliger Damen, etwa der Gräfin Rabutin, in deren Salon sie bei privaten Soireen auftrat.
Als sie heranwuchs und bildhübsch wurde, stellte man ihrer Tugend nach allen Regeln der Kunst nach. Wenn der Haushofmeister des Prinzen Eugen, ein lüsterner Italiener, dies tat, konnte Maria noch mit einer Ohrfeige reagieren. Als sie Franz Stephan, dem Gatten Maria Theresias, ins Auge stach, ließ sich dies nicht so einfach beheben: Kaiserliche Huld von dieser Seite war ein eher zweischneidiges Schwert...
Also beschloß Eva Maria, deren Ruhm schon bis London gedrungen war, ein Angebot des dortigen Drury Lane Theaters anzunehmen. Da Tänzerinnen damals in der Regel Italienerinnen waren und Eva Maria ihre Herkunft ins Dunkel gehüllt wissen wollte (auch, weil sich solche Geheimnisse um Künstlerinnen immer sehr gut machen), nannte sie sich – eingedenk des „Veilchens“, als das man sie bezeichnet hat – „Violetta“.
Zu ihrem Auftreten im Drury Lane Theater erschien auch der englische König, das Entzücken war allgemein, Publikum und Zeitungen trugen sie auf Händen. London bekam in der anmutigen Fremden, die sich nicht als Wienerin bekannte, einen neuen Liebling.
Direktor des Drury Lane Theaters war damals David Garrick, sieben Jahre älter als Eva Maria, der berühmteste und angesehenste Schauspieler Englands, ein unvergleichlicher Shakespeare-Darsteller, über dessen Richard III. und Hamlet, Romeo und Macbeth, Jago und Lear Lobeshymnen geschrieben wurden. Der deutsche Schriftsteller Lichtenberg zählte zu seinen Bewunderern und hat der Nachwelt genaue Schilderungen von Garricks neuem Stil der „Natürlichkeit“ überliefert, der das Publikum fesselte.
Privat war Garrick fest in den Händen einer seiner Schauspielerinnen, der schönen Irin Peg Woffington – so lange, bis deren künstlerischer Ehrgeiz größer wurde als ihre Liebe. Als sie einfach nicht einsehen wollte, daß ja

doch David Garrick der Star Nr. 1 war, trennte man sich, und das nicht im Guten. Der Platz in David Garricks Herzen war frei geworden.
Eva Maria Violetta ist keineswegs umweglos hineingetanzt. Sie hatte in Lord Burlington einen großen Gönner gefunden – aber nicht so, wie alle meinen: Lady Burlington schätzte und liebte die schöne Tänzerin ebensosehr, so daß sogar das Gerücht auftauchte, ob sie nicht eine illegetime, sozusagen später adoptierte Tochter des Lords sei (der sich auch bei ihrer Verheiratung wie ein Vater verhalten sollte): Jedenfalls ist das eine Geschichte, die dem Publikum gefiel, Eva Maria wahrscheinlich auch, und die ihr im Fahrwasser der Burlingtons mühelos Einlaß in Londons adelige Kreise verschaffte: Wahrhaftig eine Karriere, die sich sehen lassen konnte.
Ihre Tugend wurde auch in der Fremde schnell so legendär wie seinerzeit in Wien. Als einer der Lords, der nicht und nicht bei ihr landen konnte, so weit ging, ihr 500 Guinees im Monat zu bieten, falls sie seine Geliebte würde, erfuhr ganz London, wie schroff Eva Maria ihn abwies. Und das hatte vielleicht noch andere Gründe als die der Tugend: Sie hatte sich nämlich, wie sie den Burlingtons gestand, unsterblich in ihren Direktor David Garrick verliebt...
In einer nicht alltäglichen Umkehrung üblicher Werbungsrituale unternahm es Burlington nun, mit behutsamen Andeutungen an Garrick heranzutreten, wobei es als die bekannteste (und neben seiner Eitelkeit als Schauspieler einzige) Schwäche des großen Mannes galt, daß er ein Snob war und ein Riesenfaible für den Adel hatte. Wenn immerhin Lord Burlington ihm von der Liebe Violettas sprach (die am Ende seine Tochter war?), dann sagte Garrick nicht nein, und die 10 000 Pfund, die der Lord Eva Maria als Mitgift gab, sollten dabei kaum eine Rolle gespielt haben, denn reich war Garrick selbst. Und es wäre wohl nicht eine der legendärsten, besten Ehen geworden, hätte er seinerseits Eva Maria nicht auch geschätzt und kurz über lang geliebt.
Am 22. Juni 1749 wurde geheiratet, und daß Londons erster Schauspieler sich mit der berühmtesten Tänzerin der Stadt vermählte, war ein Ereignis, das Publikum, Zeitungen und Klatschmäuler ausreichend beschäftigte. Wer aber meinte, zwei Künstlerpersönlichkeiten müßten früher oder später aneinanderkrachen und wieder auseinandergehen, wurde eines Besseren belehrt. Trotz ihrer Triumphe als Tänzerin ging Eva Maria von der Bühne ab und widmete sich nur mehr ihrem Mann, der mit der Dreifachfunktion des

Theaterdirektors, Schauspielers und auch noch Stückeschreibers mehr als ausgelastet war. Sie begnügte sich künftig damit, als Frau an seiner Seite verständnisvoll und liebevoll seinen Alltag zu regeln.
Die beiden wohnten in einem wunderschönen Haus in der besten Gegend von London, in Adelphi Terrasse, wo sich Shakespeare-Fanatiker Garrick ein ganzes Museum eingerichtet hatte und außerdem über eine vielbewunderte Bibliothek verfügte. Eva Maria gab sich den englischen Gartenfreuden hin, und noch als ganz alte Dame konnte man sie dabei überraschen, daß sie selbst die Zwiebeln schälte. Es wurde eine Ehe ohnegleichen, und David Garrick erklärte, er könnte es sich nicht vorstellen, auch nur einen Tag von seiner Frau getrennt zu sein.
Wie sehr Garrick um sein Glück, das sich auf dem Hogarth-Gemälde, wo Eva Maria mit liebevoller Geste hinter ihrem Mann steht, ausdrückt, bangte, zeigte sich, als er zwischen 1763 und 1765 mit ihr eine eineinhalbjährige Europareise unternahm. Man fuhr nach Frankreich, Italien, Belgien – nur Wien berührte er trotz Eva Marias Bitten nicht: Die Angst, ihr Heimweh könnte übermächtig werden und sie würde ihn womöglich verlassen, war einfach zu groß. So sah Eva Maria Veigel den Stephansplatz, wo sie geboren worden war, nie wieder…
David Garrick starb 1779 nach dreißigjähriger, ungetrübt-glücklicher Ehe. Eva Maria war damals 55 Jahre alt. Angst und Eifersucht des liebenden Gatten hielten über das Grab hinaus: Er vermachte ihr sein ganzes Vermögen mit der Klausel, daß sie es verlieren werde, wenn sie wieder heiraten sollte. Aber Mrs. Garrick dachte nicht daran. Sie lebte noch volle 43 (!) Jahre im liebenden Andenken an den Mann ihres Lebens, wurde alt und runzlig, blieb aber eine der angesehensten Persönlichkeiten der Londoner Gesellschaft, voll reger Anteilnahme am kulturellen Geschehen. Die Napoleonischen Kriege brannten am Kontinent vorbei, und eine andere Wiener Tänzerin, Fanny Elßler, schickte sich an, die Welt zu erobern. Eva Maria hingegen hatte ihre Karriere einst beendet, um nur noch Gattin zu sein, und sie hat es nicht bereut.
Sie war 98 Jahre alt, als sie am 16. Oktober 1822 aufbrechen wollte, um ins geliebte Drury Theater zu fahren. Vorher sollte es noch die obligate Tasse Tee geben, die sie einem ungeschickten Mädchen aus der Hand nahm und schnell hinuntertrank. Dann sank sie tot vom Sessel.

Eva Maria Garrick starb als reiche Frau. Da sie keine Kinder hatte, ging ihr Vermögen von 70 000 Pfund an Verwandte nach Wien. Sie selbst blieb jedoch in ihrer Wahlheimat, wo man sie gebührend ehrte: Die Österreicherin fand an der Seite ihres Gatten in der Begräbnisstätte der großen Engländer, in der Westminster Abtei, ihre letzte Ruhestätte.

Eva Maria Veigl und ihr Gatte, der Schauspieler David Garrick, gemalt von William Hogarth

Erzherzogin Maria Anna

1738 – 1789

DIE GELEHRTE ERZHERZOGIN

Prägt es ein Kind, wenn es schon bei seiner Geburt seinen Eltern eine Enttäuschung bereitet? Nichts war für Maria Theresia, die Tochter von Kaiser Karl VI., wichtiger, als in ihrer überaus glücklichen Ehe mit Franz Stefan von Lothringen einen Sohn zur Welt zu bringen.
Nach knapp einjähriger Ehe kam das erste Kind – eine Tochter, Maria Elisabeth. Maria Theresia ließ sich, wie man weiß, mit ihren Schwangerschaften keine Zeit. Eineinhalb Jahre später kam sie wieder nieder: Doch das Kind, das am 6. Oktober 1738 das Licht der Welt erblickte, war wieder eine Tochter. Sie wurde nach der einzigen Schwester Maria Theresias Maria Anna benannt. Die Wiener spöttelten, vor allem über den Vater – er bringt wohl keine Buben zustande, hieß es.
Im Zweifelsfall war Maria Theresia in erster Linie immer Herrscherin, dann

erst Mutter. Die ältere Tochter war zwei Jahre alt, Maria Anna gar erst ein halbes Jahr, als ihre Eltern Maria Theresia und Franz Stefan zu einer langen Repräsentationsreise durch Italien aufbrachen. Die Kinder übergab man Pflegern und Erziehern. Immerhin – diese wurden genau überwacht, ebenso wie die Entwicklung der Kinder. Es wurden nur bald zuviele, um sich einzeln um sie zu kümmern. Und als nach einer dritten Tochter endlich der ersehnte Sohn kam, richtete sich das Interesse der Mutter vor allem auf ihn. Von den drei erstgeborenen Töchtern blieb nur Maria Anna am Leben. Die Älteste zu sein, erwies sich jedoch keinesfalls als Privileg, denn bekanntlich erkor Maria Theresia jene Tochter, die nach Joseph, dem Thronfolger, zur Welt kam, zu ihrem absoluten Liebling: Marie Christine, genannt Mimi. Und die darauffolgende Tochter, Maria Elisabeth, wurde eine auffallende Schönheit. Maria Anna hatte also zwei jüngere Schwestern, denen es ausgesprochen leicht fiel, sie auszustechen. Und Maria Anna wurde von den gnadenlosen Kämpfen, die sich in den Kinderstuben Maria Theresias abspielten, besonders betroffen.

Da sie sehr klug war, hat sie die Schwierigkeit ihrer Situation, eine nicht besonders hübsche und nicht besonders geliebte Tochter zu sein, zweifellos stark empfunden. Frühe Berichte erzählen davon, daß sie versucht habe, sich bei jeder Gelegenheit in Szene zu setzen. Aber Aufmerksamkeit zu erringen heißt nicht, Liebe zu gewinnen. Vielleicht ist sich das Kind erstmals wichtig vorgekommen, als man für die Neunjährige Heiratspläne (mit dem Herzog von Savoyen) erwog. Aber dazu sollte es nicht kommen.

Wie die meisten ihrer Geschwister erkrankte auch Maria Anna an den Blattern, aber sie überstand die Attacke so gut, daß nicht einmal Narben zurückblieben (während ihre einst so schöne Schwester Elisabeth davon fürs Leben entstellt wurde und auch nicht mehr zu verheiraten war). Aber auch die Erzherzogin Marianne, wie sie genannt wurde, traf ein Unglück, das es unmöglich machte, sie im Rahmen der familiären Heiratspolitik einzusetzen: Sie war bereits 19 und versah im Hofleben sozusagen „erwachsene" Pflichten, als sie so schwer erkankte, daß man ihr sogar die Sterbesakramente verabreichte.

Zwar überlebte Marianne diese schwere Lungenentzündung (um die es sich wahrscheinlich gehandelt hatte), aber während ihrer Genesung kam es zu einer inneren Verwachsung, die sich im Laufe der Jahre in einer immer stärkeren Rückgratverkrümmung äußerte: Die älteste Tochter Maria Theresias war zum Krüppel geworden, was alle Raffinesse der Kleidung (von da an trug Marianne meist Spitzenüberwürfe und Schals) nicht völlig kaschieren konnte.

In der Folge bestand das Leben für Marianne aus Zurücksetzung. Die „gelehrte Erzherzogin", wie man sie nannte, weil sie sich im Gegensatz zu ihren oberflächlichen Schwestern für Wissenschaft und Kunst, Numismatik und Mineralogie interessierte, wurde durch die Heirat ihres Bruders Joseph mit Isabella von Parma aus ihrer Stellung als erste Dame am Hof nach ihrer Mutter verdrängt. Ihr einziger Halt war ihr Vater Franz Stefan, der eine gewisse Vorliebe für seine Älteste hegte.

Marianne war dabei, als der geliebte Vater 1765 in Innsbruck, wo man sich zur Verheiratung des Sohnes Leopold mit einer spanischen Infantin begeben hatte, plötzlich starb. Nicht nur für ihre Mutter brach eine Welt zusammen, auch für die älteste Tochter schien plötzlich alles zu Ende. Wie wollte sie, ganz ohne Halt und Stütze, ungeliebt von den Geschwistern, am Wiener Hof weiterexistieren?

Auch Maria Theresia erkannte die Problematik. Im Februar 1766 verfügte sie die Ernennung Mariannes zur ersten Äbtissin des Königlichen Damenstiftes auf dem Hradschin in Prag. Damit schien für eine 28jährige das „Leben" mehr oder minder zu Ende.

Allerdings ging Marianne keineswegs nach Prag. Sie blieb weiter in Wien, lebte allerdings nun sehr zurückgezogen, was ihr nicht schwerfiel, da sie nach dem Tod des Vaters kein großes Bedürfnis nach Gesellschaft mehr hatte. Sie war von Jugend an sehr fromm gewesen, und sie wußte sich auch zu beschäftigen. Wenn es nicht die Wissenschaften waren, so zeichnete sie, und sie war, wie auch andere Kinder Maria Theresias (vor allem Marie Christine), diesbezüglich sehr begabt. Die neugegründete Kupferstecher-Akademie nahm sie als Mitglied auf.

Auf der Reise nach Innsbruck hatte Marianne in Klagenfurt das Kloster der Elisabethinerinnen kennengelernt, dafür große Sympathie gefaßt und war mit den Damen in Kontakt geblieben. So wenig es sie nach Prag zog, so sehr wuchs der Entschluß, sich zu gegebener Zeit in Klagenfurt niederzulassen. Also ließ sie sich von dem Hofarchitekten Pacassi unmittelbar neben dem Kloster in Klagenfurt ein schönes kleines Schlößchen errichten.

Maria Anna (dritte von links) im Kreis ihrer Geschwister.
Gemälde von Martin van Meytens um 1750

Man weiß, daß Marianne, um die sich niemand in Wien mehr so recht kümmerte, 21 Jahre ihres Lebens lang beständig einen Mann liebte – man hat allerdings keine Ahnung, wer es war. Ein Happyend lag vermutlich gänzlich außerhalb jeder Vorstellungskraft und wurde von der Erzherzogin auch nicht erwartet. Sie kompensierte private Einsamkeit durch rege geistige Tätigkeit – was vermutlich im Rahmen ihrer Möglichkeiten die beste Art war, ihr Leben zuzubringen.
Ihre Münzensammlung, ihre naturwissenschaftlichen Studien (Ignaz von Born wurde mit der Ordnung ihrer Mineraliensammlung beauftragt) bewiesen, daß diese Erzherzogin keinesfalls eine adelige Dilettantin, sondern eine hochgebildete Frau war, die es sich leisten konnte, das Leben einer Wissenschaftlerin zu führen.
Als ihr Bruder Leopold 1778 den Wiener Hof besuchte, beobachtete er die Geschwister, die er lange nicht gesehen hatte, genau, und schrieb seine Beobachtungen über sie nieder. Was er über Marianne fand, klang eher trostlos: „Die Maria Anna hat keinen Einfluß, sie lebt ganz für sich zurückgezogen und sieht nur einige Personen ihres Vertrauens. Sie trägt große Frömmigkeit zur Schau… Wie die Kaiserin ist sie immer ernst, betrübt und melancholisch und fast immer krank. Sie hat viel Talent und Ehrgeiz, etwas zu gelten und sieht sich völlig verachtet und beschimpft bei allen Gelegenheiten, sowohl von der Kaiserin wie vom Kaiser (Joseph II.), die ihr niemals ins Gesicht sehen und ihr die ärgsten Kränkungen zufügen und ebenfalls von der Maria (Christine).
Sie… lebt für sich und geht nie aus, möchte aber doch immer die Neuigkeiten wissen, Protektionen gewähren und schreiben. Sie ist nur sehr befreundet mit der Schwester, die in Parma ist und mit der sie in Briefwechsel steht und mit keiner der anderen. Sie will immer von Geschäften reden und intrigieren, ist zu freigiebig und immer voll Schulden, die mehrmals die Kaiserin hat zahlen müssen, da sie Schulden bei Kaufleuten hatte und nie auskommt; und auch das hat die Kaiserin geärgert.
Sie ist mit niemandem von der Familie verbündet, ist voll Mißtrauen und Geheimnissen, lebt immer für sich allein mit ihrer Dienerschaft."
Es fiel Marianne nicht schwer, sich bald nach Maria Theresias Tod vom Wiener Hof zu entfernen: Sie war 42, als sie 1781 nach Klagenfurt übersiedelte, und es ist anzunehmen, daß sie recht froh war, alles hinter sich zu lassen und

quasi neu anzufangen. Nicht nur, daß sie dem von ihr geschätzten Kloster viel Gutes tun konnte, als Schwester des Kaisers konnte sie in ihrer neuen Umgebung eine Stellung einnehmen, wie sie sie in Wien nie gehabt hatte. Und so kam es auch. Marianne lebte (wenn auch nicht als Nonne) teils im Kloster, teils im Schloß, veranstaltete Festlichkeiten, sah den Adel Kärntens bei sich zu Besuch. Gelehrte und Dichter fanden sich ein, und sie protegierte im Andenken an ihren Vater die Gründung einer Freimaurerloge in Klagenfurt.

Ihr Gesundheitszustand war nie sehr gut: Lange Jahre litt sie an Migräne, oft an Grippe, später – wie ihre Mutter – an Atembeschwerden. Dennoch blieb sie unermüdlich tätig. Zu ihren letzten Projekten zählte die Unterstützung der archäologischen Ausgrabungen von Virunum bei Maria Saal. Wie wenig Standesdünkel sie kannte, bezeugte sie durch die feste Freundschaft mit der Oberin des Klosters, Xaviera Gasser, obwohl diese „nur“ eine Bürgerliche war...

Als Erzherzogin Marianne am 19. November 1789 starb, trug sie einen braunen Männerschlafrock, er hatte vermutlich ihrem geliebten Vater gehört. Auf eigenen Wunsch wurde sie wie eine schlichte Nonne des Klosters begraben. Eine der interessantesten Töchter Maria Theresias, die vom Schicksal zweifellos benachteiligt wurde, hatte das Beste aus ihrem Leben gemacht. Und bedenkt man, wie unglücklich ihre Schwestern in ihren königlichen Ehen wurden, hat Marianne es vergleichsweise gar nicht so schlecht getroffen.

In Klagenfurt hat man Maria Anna ein ehrendes Andenken bewahrt: Die Ausstellung „Erzherzogin Maria Anna und ihre Zeit“, im Sommer 1992 im Klagenfurter Europahaus gezeigt, hat liebevoll Exponate aus ihrem eigenen Besitz und Dokumente zu ihrem Leben zusammengetragen. Ein Katalog wurde im Stil einer „Klagenfurter Zeitung“ aus dem 18. Jahrhundert gestaltet.

Catarina Cavalieri

1755 – 1801

Die „geläufige Gurgel"

Mozarts Biographen bewegen sich zwischen Extremen: Während die einen in ihm den treuen Ehegatten sehen, der nur seine Constanze liebte und sich bestenfalls „Stubenmädeleien" (die er seiner Frau selbst gestand) zuschuldenkommen ließ, sind die anderen sicher, es bei ihm mit einem Mann zu tun zu haben, der nicht nur als Künstler leicht entflammbar war und für den sich die Bewunderung vor allem für seine Sängerinnen auch in engeren persönlichen Banden niederschlug.

So wären seine erste Konstanze in der „Entführung aus dem Serail" (Catarina Cavalieri), seine erste Susanna in „Die Hochzeit des Figaro" (Nancy Storace) und seine erste Pamina in „Die Zauberflöte" (Anna Gottlieb) Kandidatinnen dafür, Mozarts Geliebte gewesen zu sein... Stark vertritt diese These Heinz Gärtner in seinem fabelhaft recherchierten Buch „Folget der

Heißgeliebten“ (Frauen um Mozart) im Langen-Müller-Verlag.
Italien war damals und später in Wien modern – man erinnere sich nur an die Franzi in „Wiener Blut“ von Johann Strauß, die sich als „Signorina Cagliari“ bezeichnen läßt, obwohl ihr Vater nur ein Kutscher namens Kagler aus der Vorstadt ist. Ähnlich lag der Fall bei Catarina Cavalieri, Tochter des Joseph Carl Cavalier, Schulmeister und „Chorregent“ in Währing, was damals noch allertiefste Wiener Vorstadt war. Über die Mutter, Anna Maria Martinides, ist nichts bekannt.
Nichts Genaues weiß man auch über Geburtsort und vor allem Datum: Bloß, daß die Tochter eigentlich Franziska Helena Apollonia hieß, sich die „Catarina“ also vermutlich später aus phonetischen Gründen zugelegt hat, weil sie mit der Italienisierung ihres Namens am besten zusammenpaßte. Offiziell hat sie selbst 1761 als Geburtsdatum angegeben und war damit nicht die erste Frau, die sich jünger machte und damit durchkam – noch in ihrer Sterbeurkunde wurde sie als Vierzigjährige bezeichnet, obwohl sie sechs Jahre älter war: Das tatsächliche Geburtsdatum war, wie Heinz Gärtner herausgefunden hat, der 18. März 1755, womit sie ein Dreivierteljahr älter war als Mozart…
Der Papa hatte mit Musik zu tun, also verstand es sich von selbst, daß Töchterchen im Kirchenchor sang. Bei den Barnabitern horchte man angesichts einer ungewöhnlich schönen Stimme auf: Sie sang große Partien in den Kirchenkonzerten. Wien war damals noch nicht so groß, ein junges Mädchen mit einem ungewöhnlichen Sopran sprach sich herum, auch in professionellen Musikerkreisen. Nun trat Antonio Salieri in ihr Leben, damals schon einer der wichtigsten Musiker Wiens und ganz besonders anerkannt als Gesangslehrer.
Es gilt als ziemlich sicher – wenn auch Salieri-Biograph Volkmar Braunbehrens diese These nicht unterstützt –, daß Salieri das junge Mädchen aus der Vorstadt nicht nur als Gesangsschülerin unter seine Fittiche genommen hat, sondern auch, daß sie lange Zeit ihres Lebens, wenn auch mit Unterbrechungen, seine Geliebte war. Jedenfalls hat er viel für sie getan: Catarina Cavalieri verdankte ihm ihre besonderen Gesangskünste, und er förderte und protegierte sie, wo er konnte.
Daß ihm der Ruf, den Catarina bald genoß, auch zugute kommen würde, zeigte sich, als Salieri mit Mozart um die Stellung eines Musiklehrers bei

Hof (es handelte sich um die Gattin des späteren Kaisers Franz) rivalisierte: Als Joseph II. Salieri den Posten zuteilte, waren u. a. die Künste der Cavalieri ein lebendiges Beispiel für sein Talent als Lehrer...
Salieri brachte Catarina Cavalieri an das Opernhaus: Ab 1778 war sie hier für eine Gage von 1200 Gulden engagiert, was sehr viel war. Wien hielt sie für 17, aber auch wenn sie 23 war – mit der Schönheit der Jugend konnte sie das Publikum nicht überzeugen: Sie galt als häßlich, und immer wieder findet man den Hinweis, sie sei „einäugig" gewesen, allerdings ohne nähere Beschreibung, wieso und wie sich das geäußert hätte: Ein Aufführungsbild, das sie in dem Singspiel „Die Bergknappen" zeigt, gibt jedenfalls keinen Hinweis auf ihre Einäugigkeit.
Die Cavalieri wurde dennoch schnell ein Star in Wien, und das kann nur auf ihre ungewöhnlichen stimmlichen Fähigkeiten zurückzuführen gewesen sein. Sie stach nämlich eine Rivalin, die sie am Opernhaus (es war übrigens das damalige Burgtheater, wo Oper gespielt wurde) vorfand, relativ mühelos aus – und dabei handelte es sich immerhin um Mozarts Schwägerin Aloysia Lange, die als attraktiv und eine sehr gute Sängerin galt. Aber ihre Stimme war eindeutig kleiner als die der Cavalieri. In einem Punkt jedenfalls fanden beide keine Gnade bei gestrengen Kritikern: Als Schauspielerinnen auf der Bühne dürften sie sich nicht ausgezeichnet haben...
Mozart sah, wie wir aus einem Brief wissen, Catarina Cavalieri in einer Aufführung von Salieris Singspiel „Rauchfangkehrer", einem damals sehr erfolgreichen Werk. Die Cavalieri errang in ihrer Rolle wohlwollendes Lob des Kaisers, und das war damals wichtig. Man schrieb 1781, es war das Jahr, in dem Mozart nach Wien gekommen war und Interesse daran hatte, schnell Boden unter den Füßen zu gewinnen. Er schrieb „Die Entführung aus dem Serail", und für die Konstanze mußte er wohl an die Cavalieri denken, die beste vorhandene Sängerin, zumindest im deutschen Singspiel. Kein Wunder, daß er sich gerne dazu bereitfand, die Arien auf ihre „geläufige Gurgel", wie er in einem Brief an seinen Vater schrieb, zuzuschneiden, und es ist anzunehmen, daß die Cavalieri erfreut war.
Denn, wie Heinz Gärtner in seinem Buch um die Frauen um Mozart annimmt, sie setzte in doppelter Hinsicht auf Mozart: Mit Salieri scheint es zu Spannungen gekommen zu sein, privat und künstlerisch. Dem Italiener lag daran, in Wien wieder die italienische Oper zu etablieren, nachdem der Kai-

Das alte Burgtheater, Schauplatz der Uraufführung von „Die Entführung aus dem Serail"

ser die deutschen Singspiele so lange favorisiert hatte. Aber in den italienischen Opern besetzte Salieri die Cavalieri nicht – und Mozart gönnte er mit dem „Singspiel", das die „Entführung" nun einmal war, möglicherweise jeden Mißerfolg – und der (ungetreuen?) Geliebten wohl auch...

Wenn die Cavalieri Mozarts Geliebte war, dann muß es damals passiert sein, in jenen Monaten des Jahres 1782, als Mozart zwar schon in Constanze Weber verliebt war, aber noch viele Schwierigkeiten zwischen ihm und einer Ehe lagen. Wer weiß, welche Constanze er damals besang, die echte oder jene, die als seine Konstanze auf der Bühne stehen würde? Ein leicht entflammbarer junger Mann, eben aus den Fittichen des Vaters entkommen – ganz ausgeschlossen ist die Beziehung nicht; zu beweisen ebensowenig.

Daß Mozart jedoch für die Cavalieri wichtig war, steht außer Zweifel: Sein Erfolg mit der „Entführung aus dem Serail", die am 16. Juli 1782 am Burgtheater uraufgeführt wurde, war auch der ihre, und die Wunderkoloraturen, die er ihr in die Kehle gelegt hatte, haben Generationen von geplagten Sängerinnen Bewunderung für das Können der Cavalieri abgerungen.

Salieri war damals in Paris, nichts hätte die Cavalieri also abgehalten, sich mit diesem jungen Musiker Mozart, dessen ungewöhnliches Talent sie als Künstlerin wohl erkennen mußte, einzulassen. Was noch dafür sprach, nach Meinung von Heinz Gärtner, waren die lockeren Sitten, die damals in Wien allemal herrschten. Die „Galanterie zwischen beiden Geschlechtern" ging damals in der Kaiserstadt sehr weit, man übte „Großzügigkeit" in den Beziehungen – die Zeiten der sittenstrengen Maria Theresia waren vobei. Mozart hat der Cavalieri nicht nur ungewöhnlich schöne, sondern auch schwierige Musik geschrieben, die intensiv geprobt werden mußte...

Denoch, was immer zwischen ihnen geschehen ist, nach der „Entführung" war es zu Ende, denn Mozart hat wenig später seine „echte" Constanze geheiratet. Und Salieri war von seinem Auslandsaufenthalt heimgekehrt und hatte ein paar ausgezeichnete italienische Sänger nach Wien mitgebracht – unangenehme Konkurrenz für eine Sängerin, die so fest im deutschen Singspiel verankert war wie die Cavalieri. Und eine Kampfansage für Mozart, der allerdings schnell schaltete und mit seinen drei folgenden, mit Lorenzo da Ponte geschriebenen Opern zeigte, daß er es auch „italienisch" konnte.

Als davor allerdings, 1786, ein Werk entstand, das Mozart in unmittelbare Konkurrenz zu Salieri brachte, sein „Schauspieldirektor" nämlich, der gemeinsam mit Salieris „Prima la musica" in der Orangerie des Schlosses Schönbrunn uraufgeführt wurde, hatte er an die Cavalieri gedacht – und an Schwägerin Aloysia, die damalige Liebe: Ersterer hatte er als „Madame Silberklang", letzterer als „Madame Herz" eine Rolle auf den Leib komponiert, und beide blieben dabei, was sie waren, nämlich rivalisierende Primadonnen. Die kurz darauf beide in Mozarts „Figaros Hochzeit" nicht beschäftigt waren, wohl aber 1788, als der in Prag uraufgeführte „Don Giovanni" auch nach Wien kam und sie als Donna Anna und Donna Elvira auf der Bühne standen (aber nur Elvira-Cavalieri bekam dafür von Mozart eine eigene neue Arie hinzukomponiert...).

In diesen Jahren hatte die Cavalieri, obwohl noch jung und gewiß im Besitz ihrer künstlerischen Fähigkeiten, abgebaut: Die Wiener Oper war damals (und nicht nur damals) ein Intrigennetz. Es war nicht gut gewesen, es sich mit Salieri zu verscherzen, denn dieser brachte die Engländerin Nancy Storace nach Wien, wohl mit dem Hintergedanken, sie möge die Cavalieri aus dem Feld stechen – was auch prompt geschah. Und das möglicherweise

auch in der Rolle als Mozarts auserwählte Sängerin: Denn es war Nancy Storace, die die Susanne in „Figaros Hochzeit“ sang.
Doch Mozart war zumindest im künstlerischen Sinn ein „treuer“ Mann: Immer wieder hat er in all den Jahren mit der Cavalieri konzertiert, hat auch Konzertarien für sie geschrieben. Ob er, wie Heinz Gärtner annimmt, von ihr (wohl nicht dafür) die „Lustseuche“ übertragen bekommen hat, die bei ihm in diesen Jahren möglicherweise ausbrach und an der die Cavalieri später in verhältnismäßig jungen Jahren sterben sollte, das scheint ein wenig weit hergeholt. Spinnt man die Theorie aber weiter: Wenn Mozart daran gestorben sein könnte, daß er einen neuen Ausbruch der (von Cavalieri bekommenen) Krankheit unsachgemäß mit Quecksilber behandelt habe – ja dann wäre ihre Rolle in Mozarts Leben weit größer als angenommen…
1788 hat die Cavalieri letztmals mit Mozart zusammengearbeitet, als sie in einer von ihm geleiteten Aufführung von Händels „Acis und Galatea“ die weibliche Hauptrolle sang. Dann allerdings wurde sie das Opfer einer

Catarina Cavalieri in einer Szene des Singspiels „Die Bergknappen“

schweren Krise, mußte in der Oper „L'arbore di Diana" (nachdem man ihre Partie schon vereinfacht hatte) nach zwei Wochen durch eine andere Sängerin ersetzt werden.
Und von da an galt sie als ein höchst unzuverlässiges Ensemblemitglied, berüchtigt dafür, gern in letzter Minute abzusagen. Was mit ihr geschehen ist und warum es so plötzlich mit ihr bergab ging, ist nirgends verzeichnet. Damals allerdings muß sie sich wieder mit Salieri versöhnt haben, denn dieser war 1788 zum Hofkapellmeister ernannt worden und hatte die Macht, eine Sängerin auf ihrem Posten zu halten, die sonst sang- und klanglos hinauskomplimentiert worden wäre (was ja Aloysia Lange, Mozarts Schwägerin, passierte). Von Zeit zu Zeit bekam die Cavalieri also noch Rollen, allerdings setzte Salieri sie nicht in seinen eigenen Werken ein... 1789 durfte sie in einer Reprise von Mozarts „Figaro" die Gräfin singen, aber im Gegensatz zu später war diese Oper damals alles andere als ein Erfolgsstück.
Als Mozart 1791 mit der Uraufführung der „Zauberflöte" seinen letzten Erfolg und sein letztes Glück erlebte, waren Salieri und die Cavalieri jedenfalls so weit zusammen, daß sie gemeinsam die Vorstellung besuchten und dem Komponisten Komplimente machten – von ihrer Seite sicher echt empfundene (und eine Rolle wie die Königin der Nacht wäre ihr früher in die „geläufige Gurgel" geschrieben gewesen).
Mozart starb am 5. Dezember 1791, die Umstände sind letztlich noch immer ungeklärt, die Cavalieri erkrankte ein Jahr später, im Dezember, so schwer, daß sie um ihre Entlassung einkam: Es könnte sich auch hier um eine venerische Erkrankung gehandelt haben. Salieri jedenfalls ließ noch einmal seinen Einfluß zu ihren Gunsten sprechen und sorgte dafür, daß ihre Pension auf Lebensdauer ihrem Anfangsgehalt entsprach, das ja recht üppig gewesen war. Kaiser Leopold II., der Nachfolger Josephs II., hatte weder für Salieri noch für die Cavalieri, die ihm beide als große Intriganten galten, etwas übrig. Als er starb, war sein Sohn Franz großzügiger – die Geschichte der Rente der Cavalieri fällt schon in seine Regierungszeit. Und sie muß eine sparsame Frau gewesen sein, denn als sie 1801 starb, hinterließ sie ein stattliches Vermögen. Als Todesursache verzeichnet das Sterbeprotokoll „Faulfieber". Es war ein trauriges, unbeachtetes Ende.
Aber Mozart hat die „geläufige Gurgel" der Cavalieri verewigt, und in jeder Aufführung der „Entführung aus dem Serail" wird sie wieder lebendig.

Sophie Schröder

1781 – 1868

Sappho und Medea

Viele der Heroinnen des Burgtheaters, die dann „eingeösterreichert" wurden, kamen aus anderen Städten, aus andern Ländern nach Wien, die große Charlotte Wolter etwa aus Köln, die bedeutendste ihrer Vorgängerinnen, Sophie Schröder, aus Hamburg und anderen deutschen Theaterstädten, durch die sie vaziert war, bevor Wien ihre Heimat wurde.
Vielleicht wäre ihr Erscheinen am Burgtheater nicht so gewaltig aufgefallen, hätte sie nur die klassischen Rollen verkörpert, in denen sie Vorgängerinnen fand. Ihr Auftreten jedoch fiel mit dem des Dramatikers Franz Grillparzer zusammen, und indem sie seine Sappho, seine Medea kreierte, schrieb sie sich mit goldenen Lettern in die Wiener Theatergeschichte ein.
Sie wurde als die größte Tragödin ihrer Zeit erachtet, und diese Leistung ist umso höher zu bewerten, da Sophie Schröder weder bedeutenden intellek-

tuellen Hintergrund besaß, noch eine auffallende Schönheit war (als welche Charlotte Wolter auf der Bühne wirkte): Selbst Grillparzer, naturgemäß der größte Bewunderer der Schröder, erwähnte offen ihre Häßlichkeit, und Beschreibungen sprachen von ihrem „kleinen, gedrungenen, starkknochigen Wuchs", dem „robusten Gesicht mit kurzer Nase, vorstehenden Backenknochen und scharfem Kinn", weiters unregelmäßigen Zähnen. Nichts in diesem asymmetrisch wirkenden Antlitz strahlte klassische Reinheit und Ruhe aus, und nur die großen, geradezu „seelenvoll" leuchtenden Augen wirkten dem Gesamteindruck entgegen.

Es bedurfte einer längeren Anlaufzeit, bevor aus Sophie, der Tochter einer Schauspielerin und eines Predigers, der dann auch den Schauspielerberuf ergriff, „die Schröder" wurde. Als Sophie Bürger kam sie am 23. Februar 1781 während eines Gastspiels des Eltern in Paderborn zur Welt, und die ruhige Behaglichkeit des Bürgertums blieb ihren Jugendjahren versagt: Immer mit den Eltern unterwegs, später mit Mutter und deren zweitem Gatten, dem Schauspieler Keilholz, ergab es sich wie von selbst, daß das Kind Sophie auch auf der Bühne stand, wo man sie benötigte, erstmals angeblich in Petersburg, für die eben verstorbene Gattin des Direktors einspringend.

Dann heiratete sie den Theaterdirektor Johann Stollmers, 17 Jahre älter als sie. In den Jahren, die sie in Reval verbrachte, zwischen 1795 und 1798, spielte sie sozusagen alles, von der Emilia Galotti bis zu Mozarts Blondchen (denn singen mußte man damals auch können). Was Sophies später unstetes Ehe- und Liebesleben betraf, so ging ihr die Mutter mit „gutem" Beispiel voran, die in diesen Jahren immer wieder heiratete und sich scheiden ließ, den Sänger Heinze, den Sänger Zeibig.

Sophies Karriere wurde von häufigen Mutterschaften begleitet – sie war erst 15, als sie heiratete, 16, als am 4. September 1796 ihr erstes Kind, der Sohn Wilhelm, zur Welt kam. Daß Sophie Stollmers durch die Vermittlung des nach Wien berufenen Dramatikers August von Kotzebue schon 1798, als 17jährige, in 15 Rollen auf den Brettern des Burgtheaters stand, nahm das Publikum kaum wahr – noch war sie nicht die große Schröder.

Wien war für sie und ihren Gatten kein Erfolg, sie gingen sang- und klanglos nach Breslau. Dort zerbrach die Ehe mit Stollmers, Sophie bekam 1801 ein uneheliches Kind von einem Offizier, das bald starb, und wurde zur Strafe aus ihrem Vertrag entlassen, ihre Ehe wurde geschieden.

Danach fand sich Sophie Stollmers in Hamburg wieder, wo sie einige Jahre lang auf die Hauptrollen warten mußte – aber sie war ja gerade erst 20. 1804 heiratete sie hier den Sänger Friedrich Schröder, der den Beinamen „Don Juan“ hatte, nicht nur, weil er diese Rolle auf der Opernbühne verkörperte, sondern weil er auch nach den Prinzipien des Frauenhelden lebte. Auch dies wurde keine harmonische Ehe, obwohl fünf Kinder daraus hervorgingen, von denen die älteste Tochter, die am 6. Dezember 1804 geborene Wilhelmine, als Wilhelmine Schröder-Devrient eine der berühmtesten Sängerinnen ihrer Zeit sein würde. Als weitere Kinder folgten 1806 Elisabeth, 1808 Auguste, 1812 Alexander und 1814 ein Knabe, der bald darauf starb. Und obwohl Sophie Schröder zur Ehe offensichtlich keine Begabung hatte, ihren Kindern war sie eine gute Mutter.
In den Hamburger Jahren lernte Sophie Schröder, den eklatanten Mangel an Schönheit durch steten Fleiß und genaue Kontrolle ihrer schauspielerischen Mittel zu kompensieren. Die Rolle der Elisabeth in Schillers „Maria Stuart“

Szene aus „Sappho“ mit Sophie Schröder.

wurde zu einer ihrer glanzvollsten Leistungen, ähnlich eindrucksvoll war ihre Lady Macbeth, ihre Jungfrau von Orleans, dann auch die Titelrolle in der Maria Stuart. In den Trubel der Napoleonischen Kriege geraten, kam sie nach Prag, wo sie sich als „Tragische“ vollendete. Nun war sie reif für das Burgtheater.

Als sie nun 1815 wieder, als „Sophie Schröder“ auch erstmals, auf den Brettern der Burg stand, galt sie als „eine der allervorzüglichsten Künstlerinnen Deutschlands“. Die große Tragödin begeisterte, und als Josef Schreyvogel, der Leiter des Burgtheaters, sie zu einem Vertragsabschluß bewegen konnte, mußte er feststellen, daß ihr Engagement „sehr teuer“ kam – tatsächlich handelte sie sich zur Gage noch zahlreiche Zusatzvergünstigungen und Urlaube heraus und nützte ihre Stellung als Star weidlich aus.

Die Schröder interessierte sich aber nicht nur für die Klassiker, sondern auch für die damalige Gegenwartsliteratur – und da machte eben der junge Franz Grillparzer auf sich aufmerksam. 1817 spielte Sophie Schröder im Theater an der Wien die Bertha in seinem Stück „Die Ahnfrau“, und damit hatte der junge Dichter die wohl ideale Interpretin gefunden, obwohl sie schon Mitte 30 war; aber sie vermittelte noch ganz die zarte Mädchenhaftigkeit der Figur.

Es war selbstverständlich, daß die Schröder nun am Burgtheater Grillparzers „Sappho“ kreieren würde, zudem die nicht mehr ganz junge Schröder dann deckungsgleich mit der nicht mehr ganz jungen Sappho erscheinen würde, die den Geliebten an ihre junge Dienerin verliert.

Die Premiere verzögerte sich, weil Sophie Schröder erkrankte, aber sie hatte die Rolle neben dem Bett liegen „und scheint vor Begierde zu brennen, die Sappho, und dabei auch ein bißchen sich selbst zu spielen“, wie Grillparzer an einen Freund schrieb.

Die Premiere fand dann am 21. April 1818 statt. Grillparzer notierte, daß sein Stück „unglaubliche Sensation“ machte, und er wußte sehr wohl, daß er das zum nicht geringen Teil Sophie Schröder verdankte. Jahrzehnte später erst, als Charlotte Wolter die Rolle spielen sollte, wurde die Schröder durch deren größere „Leidenschaftlichkeit“ übertroffen...

Als drei Jahre später ein neues Werk von Franz Grillparzer zur Uraufführung bevorstand, seine „Argonauten“-Trilogie, hieß es allgemein, er habe die Hauptrolle der Medea Sophie Schröder auf den Leib geschrieben.

Was der Dichter trocken und nicht sehr galant dementierte: „Daß ich während der Arbeit auf sie gedacht (...), zeigt sich schon dadurch als lächerlich, weil ich mich in diesem Fall gehütet haben würde, in den beiden Vorstücken die junge und schöne Medea vorzuführen, indes die Schröder sich dem fünfzigsten Jahre näherte und nie hübsch gewesen war..."
Diese undankbare Feststellung in der Selbstbiographie ist der eitlen Schröder wohl nie zur Kenntnis gelangt, und wenn sie auch tatsächlich in den beiden ersten Teilen nur einen Achtungserfolg für das Stück errang, so wurde ihre Darstellung der rächenden Mutter Medea am 27. März 1821 dann wieder ein Triumph für sie und den Dichter: Wie aus einem Guß erschien die Gestalt in ihren widerstrebenden Gefühlen von Demut und Stolz, Schmerz und Hingebung, Hohn und Selbstgefühl. Es war das Wunder der Schröderschen Schauspielkunst, daß man die Mittelmäßigkeit ihrer Erscheinung und meist auch ihr Alter völlig vergaß, wenn sie auf der Bühne stand und wie durch Zauber als die Gestalt zu wirken begann, die sie darstellte.
Dabei waren die monumentalen Persönlichkeiten ihr Metier: Als sie wenige Jahre später, am 19. Februar 1825, bei der Uraufführung von Grillparzers „König Ottokars Glück und Ende" nicht, wie vorgesehen, die leidenschaftliche Kunigunde von Massovien spielte, sondern sich die verzichtende Königin Margarethe von Österreich erwählte, wurde diese Rolle kein Erfolg für sie.
1818 war Sophies Gatte gestorben, schon davor hatte sie ein in Wien vielbeklatschtes Verhältnis mit dem Maler Moritz Michael Daffinger angeknüpft und einen Sohn von ihm bekommen, den sie auch Moritz nannte. Daffinger hat sie einige Male porträtiert. Aber ihr Pech mit den Männern war konstitutionell, auch diese Beziehung währte nur kurz und war kaum glücklich. In ihrer Gunst folgten ihm der Theaterdirekor Carl und der junge Arzt Philipp Schmidt, Sohn des bekannten Hamburger Intendanten Friedrich Ludwig Schmidt, nach. Es ist zweifellos eine Pointe, daß Philipp Schmidt 1831 ihre Tochter Elisabeth heiratete und so ihr Schwiegersohn wurde... Unter den Bewerbern der Schröder befand sich auch der berühmte österreichische Schriftsteller Josef von Hormayr, aber diesen lehnte sie ab, weil er ihr zu alt war.
Ein junger Mann hingegen konnte sie faszinieren: Der Schauspieler Wilhelm Kunst, volle 18 Jahre jünger als sie, begegnete ihr im Jahr 1825, als sie Mitte

40 war. Ganz Wien lachte über die Schröder, die Kunst unbedingt am Burgtheater sehen wollte, was sie allerdings nicht durchsetzte: Man tat ihr vieles zu Gefallen, das nicht. Daß sie Kunst am 20. Dezember 1825 heiratete, konnte allerdings niemand verhindern...

„Schröder, sei' S' gescheit", soll Kaiser Franz, der lebhaftes und neugieriges Interesse am Privatleben aller hegte, gesagt haben, „lassen S' die dummen Heiratsgeschichten. Schaun S', ein altes Weiberl und so ein jung's Manderl!" In dem Fall haben es alle anderen besser gewußt als sie: Die verliebte Sophie, die als „Mad. Schröder-Kunst" auf dem Theaterzettel aufschien, mußte schon nach wenigen Wochen merken, daß sie und ihr junger Gemahl nicht recht zusammenpaßten. Täglich gab es Krach, vor allem ihrer Eifersucht wegen. Sie fuhren auf gemeinsame Gastspielreise, und als Bertha und Jaromir in der „Ahnfrau" hatten sie in Berlin gemeinsam großen Erfolg, aber dann trennten sie sich auch schon – ein halbes Jahr nach der Hochzeit. Sophie Schröder kehrte alleine nach Wien zurück und betrieb die Scheidung, weil Kunst bereits mit einer anderen Frau zusammenlebte.

Die großen Zeiten der Schröder waren danach vorbei. Die Direktion des Burgtheaters sah sich ständig mit ihren Launen und Forderungen nach Sonderkonzessionen konfrontiert. Sie wollte mehr Geld, mehr Urlaub, aber sie wollte die Rollen des „älteren Fachs", die nun logisch auf sie zugekommen wären, nicht spielen. Wenn ihr etwas nicht paßte, erklärte sie, sie sei krank. Schließlich ließ sie sich so viel zuschulden kommen, daß man sie 1830 entließ. Ihre 15 glanzvollsten Jahre als Schauspielerin lagen damit hinter ihr.

Anfangs vermochte sie aufgrund ihres Namens noch überall zu gastieren, obwohl die Kritiker Vorbehalte äußerten. Kurze Zeit kam sie in München unter, dann bat sie um eine Rückkehr nach Wien: Man gestattete es ihr erst, als sie sich zu allerlei Klauseln bereitfand, die ihr keinerlei Extravaganzen mehr erlaubten.

Aber die Zeit war nicht stillgestanden, das Burgtheater hatte in der jungen Julie Gley-Rettich einen neuen Liebling. In den „älteren" Rollen, die sie nun spielen mußte, zeigte die Schröder gelegentlich ein Aufblitzen ihrer einstigen königlichen Wirkung, aber es scheint doch, daß sie den Augenblick verpaßt hat, zur rechten Zeit von der Bühne abzugehen. Obwohl ihr zweiter Wiener Vertrag bis 1841 laufen sollte, entließ man sie 1839 – der „gute" Kaiser Ferdinand hatte für seine Schauspieler und deren Mucken weniger übrig als sein knochentrockener Vater Franz. Erst Franz Josef bewilligte ihr, ebenso wie einst der Bayernkönig, eine Pension, mit der sie angemessen leben konnte.

In ihren letzten Lebensjahren erlebte sie die Erfolge ihrer Tochter Wilhelmine als dramatische Sängerin, die von Richard Wagner bewundert und geschätzt wurde. Wilhelmine starb allerdings noch vor der Mutter, nämlich 1860, im Jahr darauf erlebte Sophie Schröder von allen Seiten Huldigungen zu ihrem 80. Geburtstag.

„Unvergänglicher Lorbeer in schnell verbleichender Locke, welch gewaltiges Bild menschlicher Größe und Kraft“, hat der Dramatiker Friedrich Hebbel über sie geschrieben.

Als Sophie Schröder am 25. Februar 1868 im Alter von 87 Jahren starb, war sie, nicht zuletzt als Grillparzers Sappho und Medea, ein Stück Theater- und Burgtheatergeschichte.

Sophie Schröder als Grillparzers Medea.
Dieses Gemälde von Josef Krafft hängt in der Ehrengalerie des Burgtheaters

Marianne von Willemer

1784–1860

Die ebenbürtige Dichterin

Elisabeth Pirngruber aus Puchberg bei Wels, aus einer kinderreichen Familie stammend, ging 1780 zum Theater. Als sie am 20. November 1784 ihr einziges Kind, eine Tochter namens Maria Anna Katharina Theresia, zur Welt brachte, erhielt diese zwar den Familiennamen Jung, aber eine Heiratsurkunde der Eltern würde sie, als man sie ihr zur eigenen Hochzeit von Amts wegen abforderte, nie beibringen können. Vermutlich hat es gar keinen Herrn Jung gegeben, und es war dies nur der Künstlername, den sich die übrigens nicht sehr erfolgreiche Mutter zulegte. Doch an das mutmaßliche Geburtshaus des Mädchens in Linz hat die Stadt Frankfurt später eine Gedenktafel anbringen lassen – denn das Schicksal meinte es mit Maria Anna, die ihrer Herkunft nach vom Leben nicht viel zu erwarten hatte, gut genug, um ihr eine nicht unbedeutende Rolle im Leben Goethes zuzuteilen.

Elisabeth Jung, wie sich die Mutter auf der Bühne nannte, machte keine Karriere – sehr bald war ihr Platz nicht mehr auf, sondern hinter der Bühne. Dort fungierte sie als Garderobiere und stickte nebenbei. Marianne half dabei. 1798 waren Mutter und Tochter in dieser subalternen Tätigkeit im Theater der Stadt Frankfurt beschäftigt. Und wohl zur Aufbesserung des Lebensstandards wirkte die mittlerweile 14jährige, dunkelhaarige und sehr reizend anzusehende Marianne in der Komparserie mit. Gelegentlich gab es auch eine Minirolle für sie, etwa als kleiner Harlekin in einer Pantomime.
Als solcher war Marianne so reizend, daß sie ein Männerherz entflammte. Der Betroffene sollte auch einmal seinen Rang im deutschen Dichtergarten beanspruchen können – es war Clemens Brentano. Seine Schwester Bettina würde Marianne später als Rivalin um die Gunst Goethes hassen lernen...
Aber auch einem anderen Mann sprang Marianne, das halbe Kind, in die Augen: Dem wohlbestallten, verwitweten Bankier Jakob Willemer, sozusagen ein Hausfreund von Goethes Mutter und wie alle reichen, bildungsbeflissenen Leute ein leidenschaftlicher Freund des Theaters.
Als Willemer beschloß, die 14jährige Marianne als Pflegetochter in sein Haus zu nehmen – hat er damals schon den Blick des künftigen Liebhabers und Gatten auf sie geworfen, oder wollte er dem Kind ein so elendes Dasein auf dem Theater ersparen, wie es der Mutter geworden war? Man weiß es nicht. Aber die Mutter nahm die angebotenen 2000 Gulden und reiste ins heimatliche Linz zurück. Marianne trat als Ziehtochter, also in einer viel besseren Stellung als die einer Bediensteten, in Willemers Familie ein: Einen glücklicheren Aufstieg hätte es für sie kaum geben können.
Bei Willemer fand Marianne vier Kinder vor, das älteste Mädchen so alt wie sie, der jüngste Sohn sechsjährig. Gegen alle Regeln gab es keine Rivalität, Marianne wurde vielmehr liebevoll und begeistert aufgenommen. Sie erwies sich als sehr klug und erhielt die beste Bildung, die einem Mädchen damals zuteilwerden konnte.
Sie wurde hübsch, sie wurde reizend, und Clemens Brentano vertiefte seine Blicke auf die Pflegetochter Willemers, in dessen Haus er natürlich verkehrte. Dennoch: Wenn jemand Marianne begehrte, so hatte Willemer selbst natürlich die bessere Ausgangsposition.
Er dürfte immerhin, und das ehrt ihn, zwischen fünf und zehn Jahre lang gewartet haben, bevor er Marianne, die längst wie eine Hausfrau sein Haus

führte, zu seiner Geliebten machte. Daß sich ganz Frankfurt über dieses Verhältnis den Mund zerriß, brauchte ihn angesichts seines Reichtums und seiner Reputation nicht zu stören. Und außerdem entzückte Marianne jeden, der sie kennenlernte: Willemer konnte, wie Pygmalion, stolz auf sein Geschöpf sein. 1810 reiste er mit ihr und seinen Kindern für längere Zeit nach Italien. Wieder in Frankfurt, verbrachte man seine Zeit zwischen dem Stadthaus und dem Landhaus, der Gerbermühle.
Und dort traf 1814 ein Gast ein, den Willemer mit allerhöchstem Entzücken empfing: Johann Wolfgang von Goethe. Der große Dichter war Marianne aus seinen Werken sehr wohl ein Begriff: Daß er nun wahrhaftig vor ihr stand, erschütterte die 30jährige, ungeachtet der Tatsache, daß Goethe immerhin bereits 60 war, tief.
Wenig später geschah etwas Sonderbares: Willemer heiratete, obwohl er es eigentlich nicht nötig hatte, Marianne. Kein Zweifel, daß sie ihn dazu gebracht hat. Warum? Um als verheiratete Frau, als Dame der Frankfurter Gesellschaft, zwangloseren Umgang mit Goethe pflegen zu können? Zweifel-

Johann Jakob und Marianne von Willemer

los dreht sich in den folgenden Jahren ihr ganzes Sinnen und Trachten um ihn. Willemer, der 1819 geadelt wurde, was sie als „Marianne von Willemer" in die Geschichte eingehen ließ, hatte in ihr bestimmt keine schlechte Ehefrau. Aber die große Liebe, die große Leidenschaft ihres Lebens wurde durch den alternden Goethe entflammt.
Zwischen Goethe und „der Kleinen", wie er Marianne nannte, entspann sich eine Romanze besonderer Art, denn sie wurde in Dichtung umgesetzt. Seit einiger Zeit beschäftigte sich Goethe mit einem persischen Dichterkollegen, dem im 14. Jahrhundert lebenden Perser Hafis, dessen Gedichte er in der Übersetzung des Wiener Orientalisten Josef von Hammer-Purgstall kennengelernt hatte.
Im Stil dieser orientalischen Dichtungen waren die Gedichte gehalten, die er an Marianne schickte – und sie sandte welche zurück. Er war Hatem, sie war Suleika. Und als Goethe später den „West-östlichen Divan" veröffentlichte, würde er, ohne sie zu deklarieren, Mariannes Gedichte neben den seinen

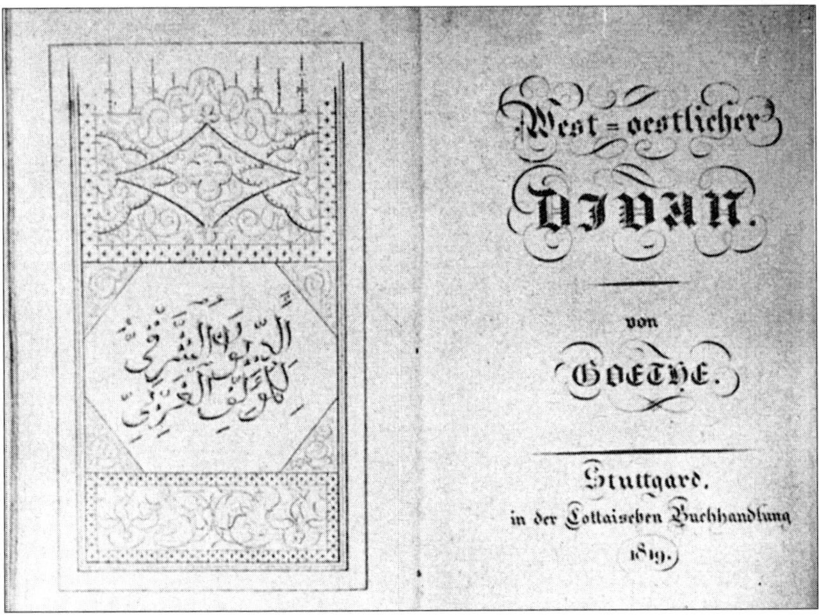

Titel zum West-östlichen Divan

darin aufnehmen, und niemand würde, da sie so vollkommen sind wie jene, die aus seiner Feder kamen, ahnen, daß Goethe in dieser Frau aus Österreich die einzige seines Lebens gefunden hat, die ihm – zumindest in den Sternstunden der Gedichte – in liebender Annäherung künstlerisch nahekam.
„Niemals", so schreibt Marcel Brion, „hat ein Dichter je seiner Liebe ein solches Denkmal gesetzt. Es trennt sie weder Stil noch Ton. Es scheint, daß für die beiden in Liebe verbundenen Wesen alles gemeinsam geworden ist: der Rhythmus, die Bilder, die Musik. Keines der Gedichte, von dem wir heute mit Sicherheit wissen, daß es von Marianne ist, wäre Goethes nicht würdig."
So sind Mariannes berühmte „Divan"-Gedichte „Hochbeglückt in deiner Liebe", „Wie mit innigstem Behagen", „Ach, um deine feuchten Schwingen", als die schönsten Liebesbriefe in die Weltliteratur eingegangen. Wie keine Frau seit Charlotte von Stein ist diese dunkelhaarige Marianne, mit der Goethe in der Gerbermühle verschwiegene Stunden verlebte (der ahnungslose, Goethe anbetende Gatte hatte keinen Verdacht), seine Muse. Er hat Gedichte für Lili Schönemann geschrieben und den „Werther" über und für Lotte Buff, er würde bis zu den „Marienbader Elegien", die Ulrike von Levetzow nachtrauerten, seine liebenden Gefühle stets in Dichtung umsetzen. Aber Marianne war die erste Frau, die ihm antwortete – und sie, indem er sie liebte und von ihr inspiriert wurde, ist die Ursache der Schöpfung des „West-östlichen Divans".
Freilich, in der Dichtung liebte Goethe bekanntlich weit wunderbarer als in Wirklichkeit, wo er sich früher oder später von jeder Frau löste, Flucht war ein charakteristisches Element seines Lebens. Das bekam auch Marianne zu spüren, als Goethe eines Tages weg war – und sie ihn nie wieder sah.
Das ist unbegreiflich und unbegreiflich grausam, aber ein nicht zu leugnendes Faktum. Marianne zerriß es fast das Herz, und sie wurde schwer krank. Aber mit der Vollendung des „Divan" hatte die Liebe zu Marianne für Goethe ihren Zweck erfüllt. Und es gab kein Zurück für ihn, auch nicht nach dem Tod seiner Gattin Christiane im Jahr 1816.
Lange Zeit noch schrieb Marianne Goethe herzzerreißende Briefe. Vielleicht bereute er, sie zurückgewiesen zu haben, als die 17jährige Ulrike keine Anstalten machte, den alten Mann, der sie sogar heiraten wollte, zu erhören. Etwa einen Monat vor seinem Tod 1832 machte Goethe Ordnung in

Zeichnung der Gerbermühle aus einem Stammbuch Mariannes

seinen Papieren und fand Mariannes Briefe. Er legte ein Gedicht bei und verschnürte alles zu einem Paket: Marianne erhielt es nach seinem Tod.
Marianne von Willemer war damals 48 Jahre alt, grauhaarig geworden, ein wenig korpulent. Vier Jahre später erlitt Willemer einen Schlaganfall und siechte bis zu seinem Tod im Jahr 1838 dahin. Sie mußte ihr Haus und die Gerbermühle aufgeben und eine Wohnung finden, die sie sich leisten konnte, um bis zu ihrem Lebensende mit ihrem Geld problemlos auszukommen.
Marianne überlebte den Gatten noch um 22 Jahre, und ihr wurde ein seltsames, spätes Glück beschieden. 1849 kam der 20jährige Herman Grimm, Sohn von Wilhelm und Neffe von Jakob Grimm, auch er Literaturwissenschaftler, nach Frankfurt. Die alte Marianne von Willemer wurde für ihn eine Quelle von Informationen über Goethe. Die gegenseitige Sympathie der beiden war so groß, daß Marianne Herman nicht nur zwei Briefe Goethes schenkte, sondern ihm auch ihr bestgehütetes, von Goethe nie preisgegebenes Geheimnis verriet: Nämlich daß gewisse „Divan"-Gedichte von ihr stammten (was sie auch beweisen konnte).
So trat sie durch diesen jungen Grimm, der das Geheimnis neun Jahre nach ihrem Tod (Marianne starb 1860) offenbar machte, ihren Platz in der Literaturgeschichte an. Unter den vielen Frauen, die Goethe geliebt hat, ist sie die besonderste gewesen.

Ida Pfeiffer

1797 – 1858

Die Sehnsucht nach der weiten Welt

Der wohlhabende Wiener Kaufmann Reyer war gewohnt, daß seine Frau ihm einen Sohn nach dem anderen schenkte. Fünf hatte er schon, als am 14. Oktober 1797 die erste Tochter zu Welt kam. Sie erhielt die Namen Ida Laura und wurde völlig wie die Buben erzogen, trug Bubenkleidung, spielte Bubenspiele, dachte wie ein Bub. Sie war neun Jahre alt, als ihr Vater starb und die Mutter ihre Erziehung in die Hand nahm. Erste Versuche, die temperamentvolle kleine Ida, die sich 1809, als die Franzosen Wien besetzten, als leidenschaftliche Patriotin und Gegnerin Napoleons erwies, zum Mädchen zu machen, scheiterten.
Eigentlich gelang es erst, sie in Röcke zu stecken und ihr, wenn auch unter Zähneknirschen, weibliches Benehmen anzugewöhnen, als ein junger Hauslehrer für sie engagiert wurde. Sie, die ihre Eltern stets mehr fürchten als lie-

ben gelernt hatte, hing an diesem jungen Herrn Trimmel mit schwärmerischer Zuneigung, und er tat für sie, was er konnte – und weil sie alles nur von ihm annnahm, brachte er ihr auch die weiblichen Tätigkeiten des Nähens, Stickens und Kochens bei…

Ida war ein junges Mädchen aus wohlhabendem Hause, und Ehen wurden damals nicht im Himmel geschlossen: Sie war 17, als ein reicher Grieche um ihre Hand anhielt, von der Mutter allerdings abgelehnt wurde, weil er nicht katholisch war. Ida erschrak zu Tode, als sie erkannte, welches Schicksal ihr bevorstand – und Trimmel nahm einen Anlauf, gestand ihr seine Liebe und hielt nun seinerseits um sie an.

Aber Frau Reyer mochte einen Hauslehrer schätzen, der ihrer Tochter „Weiblichkeit" beibrachte, würde jedoch nie dulden, daß Ida einen Habenichts heiratet: Von da an durfte Trimmel das Haus nicht mehr betreten, und auch daß Ida schwer erkrankte, erweichte das Herz der Mutter nicht. Sie dachte nur daran, die Tochter möglichst bald und gut zu verheiraten.

Da Frau Reyer dem jungen Mädchen das Leben regelrecht zu Hölle machte, nahm sie schließlich den nächsten Freier, auch wenn er um 24 Jahre älter war als sie: Aber möglicherweise betrachtete Ida es als eine der besten Eigenschaften des Advokaten Dr. Pfeiffer, daß er in Lemberg wohnte, also weit weg von der Mutter. Eine Woche nach der Hochzeit am 1. Mai 1820 reiste sie mit dem Gatten dorthin.

Die Ehe wurde alles andere als ein Glücksfall. Der Gatte brachte – obwohl mehr aus Ungeschicklichkeit als aus bösem Willen – Idas ganzes Vermögen durch, und sie, die reiche Tochter, die immer von der großen weiten Welt geträumt hat, war die nächsten beiden Jahrzehnte damit beschäftigt, mit ihrer Hände Arbeit die beiden Söhne aufzuziehen. Einige Zeit nach dem Tod ihrer Mutter im Jahre 1831 verließ sie den Gatten und übersiedelte mit ihren Söhnen nach Wien.

Einmal war sie nach Triest gereist, und der Anblick des Meeres hatte ihr gezeigt, daß es für sie nur eine Sehnsucht gab: in die Welt zu reisen. Sie war knapp 45 Jahre alt, die Söhne erwachsen und versorgt, als sich die kleine, hagere, zähe Frau ihren Herzenswunsch erfüllte. Als sie am 22. März 1842 allein und mit bescheidenen finanziellen Mitteln aufbrach, um ins Heilige Land zu reisen, muß das ihrer Umwelt als Verrücktheit erschienen sein.

Aber Ida Pfeiffer meisterte alles, was auf sie zukam, überstand Seekrankheiten und Schneegestöber, stieg in den Sattel, wo es nötig war, lernte bescheiden, aber entschlossen, die richtigen Leute kennen, um an mohammedanischen Festen teilnehmen zu dürfen, sie besichtigte Harems, Sklavenmärkte und Moscheen, geriet unter die Räuber und kam wieder frei, zog durch pestverseuchte Gebiete und nahm auf diese Art ein Dreivierteljahr lang den Weg von Konstantinopel über Beirut, Jaffa, Jerusalem, Damaskus und Alexandrien nach Kairo, um schließlich hoch zu Kamel Suez zu erreichen und glücklich nach Wien heimzukehren.

Was sie erlebte, notierte sie völlig unspektakulär und ohne Effekthascherei in ihrem Tagebuch, und dennoch sollte jedes Buch, das sie in der Folge aufgrund dieser Notizen veröffentlichte, ein Bestseller werden. „Die Reise einer Wienerin in das Heilige Land“ erschien 1844.

Künftig würde Ida Pfeiffer aus den Einkünften ihrer Bücher weitere Reisen finanzieren, und man würde sie noch mit hohen internationalen Anerkennungen überhäufen, obwohl sie nie wissenschaftlichen Forscheranspruch erhob. Sie reiste, weil sie nicht anders konnte, weil sie, seit sie Blut geleckt hatte, schlechtweg nie wieder damit aufhören wollte.

Auch vom Hohen Norden hat Ida Pfeiffer stets geträumt: Dorthin unternahm sie am 10. April 1845 ihre zweite Reise, die ein halbes Jahr dauerte, sie nach Island, Schweden und Dänemark führte und in dem Buch „Reise in den Skandinavischen Norden und der Insel Island“ beschrieben wurde.

Zeichnung von Ida Pfeiffer, tagebuchschreibend auf ihrer Orientreise in Syrien

Als nächstes aber mußte es nicht weniger als die ganze Welt sein: Als Ida Pfeiffer am 1. Mai 1846 Wien verließ, ahnte sie selbst nicht, daß sie erst in

Ida Pfeiffer in Reisekluft

zweieinhalb Jahren heimkehren (und dabei die März-Revolution von 1848 versäumt haben) würde...
Von Hamburg brach sie nach Brasilien auf, geriet in Rio de Janeiro (nicht zum ersten und nicht zum letzten Mal in ihrem Leben) in Lebensgefahr, umschiffte Kap Horn und kam nach Chile, überquerte von da den Pazifik und landete in China; von dort ging es über Singapur nach Ceylon und Indien, wo sie ebenso eine Tigerjagd miterlebte wie eine Witwenverbrennung, kam über Persien nach Mesopotamien, Georgien und Armenien und gelangte schließlich über Odessa, Konstantinopel, Griechenland und Triest nach Wien. Das Buch, das sie darüber schrieb, „Eine Frauenfahrt um die Welt", wurde ins Englische und Französische übersetzt.
Würde sie nun Ruhe geben? Knapp zwei Jahre hielt sie es in der Heimat aus, bevor sie – nun bereits mit einer offiziellen Reisesubvention der Regierung – wieder aufbrach, 54 Jahre alt und so voll Lust, die Dinge an sich herankommen zu lassen, daß sie noch gar nicht wußte, wohin es gehen sollte, als sie nach London fuhr.
Von dort reiste sie wieder nach Kapstadt, weiter nach Singapur (ungeheure Seereisen, zumal in der damaligen Zeit), sie besuchte Borneo, Java, Sumatra, wo sie an einem bösen Fieber erkrankte, sie drang im Urwald zu Menschenfressern vor, bevor sie in Richtung Amerika segelte, in Kalifornien landete, in Indianerwigwams schlief, nach Peru kam, wo sie in eine Revolution geriet und sich dann wieder nach Nordamerika wandte. Diese zweite Weltreise, in dem gleichnamigen Buch beschrieben, trug ihr höchste Bewunderung ein.
Wer immer ihr allerdings prophezeit hatte, daß ihre Art zu leben auf die Dauer nicht gutgehen könnte, sollte auf die traurigste Art recht behalten.
Ida Pfeiffers Reise nach Madagaskar, die sie im Mai 1856, schon ein Jahr nach ihrer letzten Rückkehr, antrat, sollte ihr zum Verhängnis werden. Von der Insel Mauritius aus wollte Ida Pfeiffer unbedingt das Europäern verschlossene Madagaskar kennenlernen und schloß sich einem französischen Abenteurer an. Aus dem Staatsstreich, der dort tobte, kam sie gerade noch mit heiler Haut davon, nicht aber aus den malariaverseuchten Sümpfen.
Ida Pfeiffer schaffte gerade noch die Heimreise, kam am 15. September 1858 in Wien an, aber am 27. Oktober, wenige Tage nach ihrem 61. Geburtstag, erlag die unternehmungslustige Frau der mitgebrachten Krankheit...

Anna Strauss, geb. Streim

1801 – 1870

Erfolglose Gattin, erfolgreiche Mutter

In einem Nachruf auf Anna Strauß hieß es, die „glänzende Laufbahn ihrer Söhne“ habe diese Frau entschädigt für so vieles Ungemach, das sie in jüngeren Jahren hatte erleben müssen: Tatsächlich war sie, wie Marcel Prawy es in seinem Johann-Strauß-Buch formulierte, eine „ungeliebte, erfolglose Gattin und eine erfolgreiche, vergötterte Mutter“.
Im Leben ihres Sohnes Johann war sie neben dessen Gattin Jetty Treffz bestimmt die zweitwichtigste Frau – wenn nicht überhaupt die wichtigste, denn sie hat um seine Musikerkarriere gekämpft. Und auch die Schicksale der Söhne Josef und Eduard hatte sie fest in Händen – als „Impresaria“, wenn auch nicht offiziell, aber doch als Frau, die Beschlüsse faßte, wenn es um die Musiker-Dynastie Strauß ging, als dominierende Persönlichkeit, die von ihren Söhnen voll akzeptiert wurde.

Anna Streim, geboren am 30. August 1801 in Wien als Tochter des Pächters Josef Streim und dessen Ehegattin Maria, war drei Jahre älter als jener Musiker Johann Strauß, der im Jahre 1825 im Gasthaus ihres Vaters, „Zum roten Hahn“ auf dem Thurygrund, zusammen mit Freund und Kollegen Josef Lanner konzertierte.
Wie die Liebesgeschichte der beiden im Detail verlaufen ist, wurde nie überliefert, aber Tatsache war, daß Johann Strauß in der damaligen Zeit um einen Reisepaß einkam, weil er von Wien weg wollte. Wer ihn zweifellos daran gehindert hat (und das mit gutem Grund), war Anna Streim: Denn schon drei Monate nach der Hochzeit am 11. Juli in Liechtental (der Schubert-Pfarre) kam das erste Kind des Paares zur Welt: Johann Strauß, geboren am 25. Oktober 1825. Anna Strauß, verheiratet mit einem Genie (was damals aber wohl noch keiner wirklich wußte), hatte einem noch größeren Genie, dem späteren „Walzerkönig“, das Leben geschenkt.
Die erste Adresse des jungen Paares war das Haus Nr. 76 in der Vorstadt St. Ulrich, wo auch Johann zur Welt kam, weshalb er auch in der Musiker-Pfarre St. Ulrich (wo beispielsweise Christoph Willibald Gluck geheiratet hatte) getauft wurde. Im Frühjahr 1826 hat Josef Streim, Annas Vater, das Haus Nr. 9 in Salmannsdorf gekauft, und dort, am Rande des Wienerwalds, hat die Familie bis Sommer 1834 glückliche Urlaubstage verbracht.
Im übrigen wechselte man einige Male das Quartier (hierin anderen Musikern, den Mozarts oder Beethoven gleich, die auch nicht zur Ruhe kamen): Das zweite Kind, der Sohn Josef, erblickte am 20. August 1827 das Licht der Welt im Haus Mariahilf Nr. 39. Zwei Töchter folgten, die 1829 geborene Anna und die 1831 geborene Therese (beide waren nie verheiratet und den Brüdern eng verbunden). Ein Sohn Ferdinand, 1834 geboren, starb gleich wieder, was allerdings nur ein geringer Tribut der Familie Strauß an die damalige Kindersterblichkeit war (sie betrug damals in Wien über 50 Prozent). Im Jahr 1834 zog die Familie Strauß dann in das riesengroße Hirschenhaus in der Taborstraße 17, wo am 15. März 1835 das letzte Kind, der Sohn Eduard, geboren wurde. Er sollte, als letzter der „Sträuße“, bis 1886 im Hirschenhaus bleiben, das seine Mutter bis zu ihrem Tod bewohnte – als der Gatte längst das Weite gesucht hatte.
Aber 1834 sah sich Anna Strauß von einer Riesenfamilie umgeben: In den 13 Zimmern, 4 Vorzimmern, drei Küchen und Gesindezimmern (es gab vier

Originalfotografie von Anna Strauß kurz vor ihrem Tode

getrennte Eingänge) lebten außer ihr selbst und ihren Kindern noch ihre Eltern, weiters Schwägerin und Schwager (Strauß' Schwester Ernestine und deren Gatte Karl Fux) und das Dienstpersonal. Hier waren die „Sträuße" bis zum Auszug des Vaters eine „Dynastie".

Anna Strauß hielt alles zusammen. Sie muß eine besondere Frau gewesen sein. Eine Familienlegende, die von Sohn Eduard überliefert wurde, trägt dem Rechnung. So wurde Annas Großvater Jean Martin Rober, seines Zeichens Zuckerbäcker, zu einem spanischen Granden erklärt, der wegen eines Duells geflohen und in Wien untergetaucht sei. Anna Streim mit ihrem schwarzen Haar und ihren mandelförmigen Augen hätte damit einen adeligen Vorfahren in die Familie gebracht...

Wahr war es wohl kaum, aber man genoß die Geschichte, und mindestens das spanische Instrument der Gitarre hat Anna Strauß hervorragend gespielt. Ganz abgesehen davon, daß sie sehr musikalisch war. Wenn sie diese Eigenschaften schon nicht als Musikergattin ausleben konnte, so doch in hohem Maße als Mutter von künftigen Musikern...

Anfangs war es mit dem Musiker Johann Strauß ja nicht weit her: Als er sich vom Kollegen Josef Lanner trennte und Schwierigkeiten hatte, selbst eine Kapelle auf die Beine zu stellen, war er eine Zeitlang (wie es der bürgerliche Schwiegervater auch gefordert hatte) „Musiklehrer". Aber dann klappte es mit der eigenen Kapelle doch, und seine Popularität in Wien wurde in der zweiten Hälfte der zwanziger Jahre überdimensional. Wenn die Wiener des Vormärz die Nächte durchtanzten, stand Johann Strauß am Dirigentenpult. Doch das war ein Leben, das man nicht mit seiner Ehefrau teilte...

Kurt Pahlen hat in seinem Buch über die Walzerdynastie Strauß sehr schön geschildert, wie sich ein Ehepaar bei solchem „Lebenswandel" (oder dieser Lebensform) des Gatten notwendigerweise auseinanderleben mußte. Wo wäre Platz gewesen in den Ballsälen für eine Gattin, wenn der fesche, wohlgelockte Johann Strauß von den schönsten Mädchen von Wien angeschwärmt wurde? Und wo war die Gattin, wenn er morgens übermüdet nach Hause kam und die erste Aufgabe der Hausfrau darin bestehen mußte, ihm die Kinder vom Leib zu halten? Und wenn dann die Musiker ins Haus kamen, um fürs nächste Konzert zu proben, dann waren die Kinder erst recht unerwünscht. Die sollten mit Musik am besten gar nichts zu tun haben...

Johann Strauß, der sich von seiner Anna weidlich auseinandergelebt hatte, ahnte nicht, daß sie die Buben manchmal bei der Hand nahm und heimlich in die Lokale ging, wo er spielte. Und als Vater Johann dem Sohn Johann eine Geige wegnahm, war es Mutter Anna, die ihm eine neue verschaffte... Jene Anna, die längst nur noch Mutter war, denn als Gattin hatte sie zu existieren aufgehört. Schon als die Familie ins Hirschenhaus einzog, hatte Johann Strauß darauf bestanden, eine eigene, abgeschlossene Wohnung zu bewohnen, wo niemand ihn belästigen konnte. Und zwei Monate, nachdem Anna ihrem letzten Kind das Leben geschenkt hatte, wurde auch die Döblinger Fleischhauerstochter Emilie Trampusch Mutter. Es war das erste von sieben unehelichen Kindern, die sie Johann Strauß bis 1844, gebar.
Eine Zeitlang pendelte Johann Strauß zwischen seinen zwei Familien, doch dann, nachdem er eine große Tournee nach Frankreich und England unternommen hatte, verließ er seine legitime Familie und zog zu Emilie erst in die Leopoldstadt, dann in die Nähe der Stefanskirche. Anna, die mit den Kindern zurückblieb, hatte die volle Loyalität ihrer Söhne – und war ihnen eine

Eduard, Johann und Josef Strauß (v. l. n. r.) –
Annas erfolgreiche Musikersöhne durch Fotomontage auf ein Bild gebracht

leidenschaftliche Mutter, vor allem eine Förderin von deren evidentem musikalischen Talent. Wenn Johann eigene Kompositionen auf dem Klavier spielte, begleitete sie ihn auf der Gitarre. Und sie brachte ihn zu dem greisen Josef Drechsler, der den Generalbaß unterrichtete.

Im übrigen war Anna Strauß keinesfalls die Frau, die sich alles gefallen ließ: 1844 reichte sie die Scheidung ein, und als Johann Strauß die vom Gericht festgelegten Alimente von 500 Gulden pro Monat (er ließ schließlich fünf Kinder zurück) schuldig blieb, ließ sie beispielsweise 1846 seine fixen Einkünfte pfänden (und auch noch seine Bürgergarde-Uniform gerichtlich sperren, was ihm einigen Ärger bereitete).

Sohn Schani litt unter all dem sehr. Später einmal hat er gemeint, er wisse über seine Jugend so wenig Gutes zu sagen, daß er am liebsten davon schweigen wollte. Aber es war nicht die Mutter, die dafür verantwortlich war. Sie war es gewesen, die seinen ersten Walzer aufzeichnete, den er als Taferlklaßler im großväterlichen Haus Salmannsdorf „komponierte“...

Als es zu dem berühmten Kampf „Strauß gegen Strauß“ kam, hat Johann seinen Erfolg sicher auch als die Rache betrachtet, die er an dem Vater für das der Mutter angetane Unrecht nahm. Das war 1844, und bis 1849, als Johann Strauß „Vater“, wie ihn die Geschichte künftig nennen würde, starb, hatte Wien zwei Sträuße.

Was den toten Johann betraf, so konnte Anna ihn wieder für die Familie in Besitz nehmen, denn Emilie Trampusch hatte angesichts des Toten voll Entsetzen ihre Sachen gepackt und war mit ihren Kindern auf und davon. Anna Strauß setzte die Todesanzeige in die Zeitung und sorgte für das Begräbnis. Sie war dort auch als einzige Ehefrau anwesend: Die Rivalin hatte nicht die Nerven zu erscheinen.

Und wie hat Anna sich gefühlt, als man den ungetreuen Gatten wie einen Fürsten zu Grabe trug? Nun, sie hatte die Söhne. Und als die Kapelle des Vaters zu „Schani“ kam, ihm die Leitung des Ensembles anbot und dessen Geigenbogen in einem kostbaren Etui überreichte – das mag einer der glücklichsten Momente für Mutter Anna gewesen sein, denn der erste Strauß, den hatte ihr das Schicksal gegeben; den zweiten hatte sie sozusagen in jeder Hinsicht selbst gemacht...

Dieser Johann Strauß, der als erster Musiker buchstäblich die Welt eroberte, war ein Genie, aber gesundheitlich noch anfälliger, als es sein Vater gewesen

war. Mutter Anna sorgte dafür, daß Johann, wo es nötig war, durch Bruder Josef ersetzt wurde, und wenn beide ausfielen, war immer noch Eduard bei der Hand.
Wenn es Reibereien gab, auch mit den Gattinnen (Johann hatte schließlich 1862 die entschlossene Jetty Treffz geheiratet – und dabei, wie einst sein Vater, eine ältere Frau gewählt), hat Anna immer wieder entschlossen und vermittelnd eingegriffen. Da kochte zwar allerhand Familiengroll, besonders auf Seiten Josefs („Wenn Mama das Unternehmen Eduard unterstützt, hört unser Beisammensein auf“, schrieb er empört), aber Anna Strauß setzte ihren Willen durch und vermittelte auch zwischen den rivalisierenden jüngeren Söhnen.
Es gab allerhand Streit, allerhand Kummer, aber doch noch viel mehr Triumph für Anna Stauß. Einen strahlenden Fasching lang erklangen im Winter 1869/70 die Werke ihrer Söhne in den Wiener Ballsälen, als Anna Strauß am 23. Februar 1870 im 69. Lebensjahr an „Lungenvereiterung“ starb. Josef brach an ihrem Totenbett zusammen, Schani war so betroffen, daß er gar nicht im Todeshaus erschien und auch nicht an ihrem Begräbnis am St. Marxer Friedhof teilnahm. Einer der glänzendsten Wiener Bälle, der Studentenball, wurde aus Anlaß des Todes von Anna Strauß abgesagt.
Die Nachwelt hat festgestellt, was Anna Strauß mit Sicherheit selbst wußte: Es war nicht nur das Erbe von Vater Johann, das für ihre Söhne verantwortlich war – alle seine Kinder mit Emilie Trampusch lebten in Bedeutungslosigkeit und Anonymität. Seine Söhne mit Anna Streim waren durchwegs Musiker geworden. Das legt doch, wie Alexander Witeschnik schreibt, „die Vermutung nahe, daß zu deren Musikalität Mutter Anna ein wesentliches Erbteil beigetragen hat.“

Melanie Zichy-Metternich

1805 – 1854

Gefürchtet wegen ihrer spitzen Zunge...

Als Fürst Metternich zum ersten Mal Witwer wurde, war er zwar nicht mehr der Jüngste, aber schlagartig zweifellos die begehrteste „Partie" des eleganten Wien: So jung konnten die adeligen Damen gar nicht sein, daß sie nicht ein Auge auf den Staatskanzler geworfen hätten.
Besonders die schöne Tochter einer ehrgeizigen Mutter machte sich Hoffnungn, zumal der Fürst seine Blicke wohlwollend auf ihr ruhen ließ. Melanie Marie Antoinette Gräfin Zichy-Ferrais, die so schnell und innig kondoliert (und Trost angeboten) hatte, als Fürstin Eleonore Metternich starb, machte sich zweifellos Hoffnungen auf die Nachfolge.
Diese Melanie war ein besonderes junges Mädchen, eine rassige, dunkelhaarige Schönheit, mutwillig, launenhaft und originell. Die Familie Zichy lebte allerdings in finanziell zerrütteten Verhältnissen, denn die temperamentvol-

le Gräfin Molly, Melanies Mutter, hatte reichlich Schulden gemacht. Wenn sie eine Ehe Metternichs mit ihrer um vieles jüngeren Tochter betrieb, so standen dahinter zweifellos auch pekuniäre Interessen. Aber so hoffnungsvoll die Geschichte auch aussehen mochte, Tatsache blieb doch, daß sich Fürst Metternich mit seinem übergroßen Herzen für Frauen auch noch anderwärts engagiert hatte. Und als er dann heiratete, ist es nicht Melanie, sondern die zarte, sanfte Antoinette Leykam, die im Wesen seiner ersten Frau Lorel Kaunitz ähnlich war...

Der Tobsuchtsanfall der enttäuschten „Schwiegermutter" ist überliefert – Molly Zichy sei, heißt es, der Frau Leykam, der Mutter der Braut, vor Wut sogar in die Haare gefahren. Die gekränkte Melanie mußte der Welt natürlich zeigen, daß sie auf den Fürsten Metternich nicht anstand und jederzeit heiraten konnte. Zur Rehabilitierung ihrer gekränkten Ehre wurde der deutsche Legationsrat Freiherr Clemens von Hügel herangezogen, ein für seine historischen und naturwissenschaftlichen Interessen bekanner Mann.

Die Ehe Metternichs mit Antoinette Leykam endete nach etwas mehr als einem Jahr, als die junge Frau einem Sohn, Richard, das Leben schenkte und daran starb. Wenig später starb auch Viktor, Metternichs 26jähriger, strahlender Sohn, der zu den größten Hoffnungen berechtigte. Trauer senkte sich über die Familie, und Metternichs Tochter Leontine schrieb nach diesen Schicksalsschlägen nie wieder ein Wort in ihr Tagebuch...

Aber Metternich, so untröstlich er grundsätzlich war, seinen „Engel" Antoinette verloren zu haben, hatte jedenfalls genügend Damen im Köcher, die sich gerne seine Klagen anhörten. Nicht nur seine alte Liebe, die Fürstin Wilhelmine von Sagen – auch Melanie Zichy, die den Freiherrn Hügel nicht geheiratet hatte, war nur zu gern bereit, zu vergeben und zu vergessen.

Alleinsein war für Metternich eine unerträgliche Idee, und so dauerte es nicht lange, bis über seine nächste Ehe spekuliert wurde: Prinzessin Mimi Liechtenstein galt als eine hervorragende Partie für ihn – aber ein zweites Mal ließ sich Melanie, die Clemens Hügel schnell den Abschied gab, nicht austricksen. Und wer war Metternich, daß er eine „Partie" machen müßte? Er konnte wahrhaftig auch die verarmte Komtesse nehmen, die so attraktiv, so gescheit und offenbar leidenschaftlich in ihn verliebt war...

Immerhin heiratete der 58jährige, der sich ärgerte, wenn man ihn „alt" nannte, am 30. Jänner 1831 das „schönste Mädel von Wien", wie man allgemein

zugeben mußte, und außerdem stammt sie aus einem der ältesten Adelsgeschlechtern Ungarns. Für Ungarn hatte Metternich allerdings nie etwas übrig gehabt, und es würde dies der einzige Punkt sein, in dem er sich mit seiner dritten Frau nicht einigen konnte. Denn in allem anderen sollte sich Melanie schnell als seine leidenschaftliche Parteigängerin erweisen.
Wer sich bei der Hochzeit erinnerte, wie erst drei Jahre zuvor Antoinette Leykam ihr „ja" flüsterte, hörte nun das triumphierende Jawort der neuen Fürstin Metternich – und das ließ keinen Zweifel über die gänzlich anders geartete Persönlichkeit offen: Melanie konnte zwar hinreißend liebenswürdig, aber auch entsetzlich hochmütig sein, sie würde sich nie in den Schatten, sondern immer ins volle Licht stellen, sollte ihr Leben nie im Salon in aller Stille, sondern am liebsten im Arbeitszimmer des Gatten führen, brennend an allem Anteil nehmend. Vermutlich war ihre Aktivität für den nicht mehr jungen Gatten nur durch die Tatsache erträglich, daß sie ihn offenbar wirklich leidenschaftlich liebte...
Tatsächlich bekam er mit seiner dritten Frau noch einmal eine große Familie, nachdem der Tod unter seinen Frauen und Kindern so reiche Ernte gehalten hatte. Neben zwei schon erwachsenen Stieftöchtern von Lorel Kaumitz und dem kleinen Richard von Antoinette Leykam gab es bald noch vier Metternich-Nachkommen von Melanie, von denen drei überlebten: die Tochter Melanie, geboren 1832, der Sohn Paul Clemens, geboren 1834 und der Sohn Lothar, geboren 1837. Zu diesem Zeitpunkt war Papa Metternich 64 Jahre alt, aber das störte ihn nicht im geringsten... Ein Mann, der so eitel war, daß seine Umgebung nicht umhinkam, es zu bemerken, war auch sichtlich stolz auf seine Manneskraft – und auf seine strahlende junge Frau.
Auch, wenn sie ihm ein wenig Ärger bereitete. Denn Fürstin Metternich war imstande, sich mit ihrem Gatten direkt neben dem Kaiserpaar aufzustellen, wie etwa der russische Zar mißbilligend bemerkte, und sie gab vollmundige Aussprüche von sich, die nicht gern gehört wurden.
In seinem Buch „Metternich und die Frauen" zitiert Egon Caesar Conte Corti eine Bemerkung eines Zeitgenossen, der sie als zwar „hübsche Frau", aber „schlecht erzogen, unverschämt, sorglos und genügend kurz angebunden, aber sonst flink und unterhaltend" charakterisierte. Sie mengte sich in politische Fragen, auch wenn sie nichts davon verstand, und war in allem das lebende Echo ihres Gatten. Jedenfalls lernte man in den höchsten Krei-

Fürstin Melanie, gemalt von Josef Kriehuber, und Fürst Metternich

sen Wiens, wo sie sich bewegten, die spitze Zunge der Fürstin zu fürchten... Als Kaiser Franz 1835 starb, änderte sich die Haltung der kaiserlichen Familie den Metternichs gegenüber. Der Kaiser hatte über seinen Kanzler nichts kommen lassen – bei dessen Sohn, dem Kaiser Ferdinand, stand er nicht so hoch im Kurs, noch weniger bei der Kaiserinwitwe Carolina Auguste und am allerwenigsten bei der Frau, die sich bald als der stärkste Mann am Kaiserhof profilieren würde: der bayerischen Prinzessin Sophie, verheiratet mit einem Bruder des nunmehrigen Kaisers, Mutter des künftigen Kaisers Franz Joseph, dem sie den Thron erobern würde... Melanie war eine starke Frau, Erzherzogin Sophie war eine starke Frau, kein Wunder, daß die beiden einander nicht leiden konnten. Und nach dem Tod von Kaiser Franz gewann Sophie an Terrain – und die Metternichs verloren an Boden.
Als die Revolution von 1848 ausbrach, war Metternich ein alter Mann. Er hatte die Zeichen der Zeit nicht erkannt, einen Sturz des absoluten Systems, dessen Garant er bis zuletzt schien, nicht für möglich gehalten. Es war Melanie, die die Flucht der Familie nach London organisierte, wo es dem 75jährigen Mann und seiner Familie nicht allzu gut ging – von Queen Victoria wurden sie jedenfalls ignoriert.

Der junge Franz Joseph war längst an der Regierung, als die Metternichs fünf Jahre nach der Revolution wegen einer Rückkehr anfragten. Erzherzogin Sophie, nun die Mutter des Kaisers und die mächtigste Frau am Hof, hatte von einem Metternich nichts zu fürchten. Daß er zurückkehrte, würde niemanden stören. Was man sich nicht einhandeln wollte, hörte man aus Wien, war die Fürstin Metternich mit ihrem bekannten Schandmaul...
1851 kehrten Fürst Clemens und seine Gattin nach Wien zurück. Der Krach der Damen ließ nicht lange auf sich warten. Natürlich äußerte sich Melanie despektierlich über Erzherzogin Sophie, natürlich bekam diese Wind davon und geriet in solchen Zorn, daß sie Metternich herbeikommandierte und sich bei ihm über seine „unverbesserliche" Gattin beklagte. Aber Melanie Metternich hatte nicht mehr die Gelegenheit, für ihre Umwelt ein Ärgernis darzustellen. Die so vitale Frau hatte schon in den dreißiger Jahren zu kränkeln begonnen. Sie starb am 3. März 1854, und Metternich überlebte auch sie.
Conte Corti schreibt: „In tönenden Worten preist er aller Welt gegenüber die Dahingegangene. Der greise Staatsmann hat wohl recht, sie zu loben, sie war ihm stets eine aufopfernd treue Gattin, und dazu bedurfte er so sehr eines Wesens, das ihn immerzu anhimmelte und alles für gut und unvergleichlich fand, was er tat und dachte. Sie hat ihm Kinder geschenkt, die bestimmt waren, sein Blut weiterzutragen. Doch war ihr nicht gegönnt, das fünfzigste Lebensjahr zu erreichen, und der greise Staatsmann überlebte lange, lange seine dritte angetraute Frau."

Das Metternichsche Sommerpalais am Rennweg

Fanny Elssler

1810 – 1884

„Fannytismus" erfasst die Welt

Die Jahre zwischen 1830 und 1850, Höhepunkte des klassischen Balletts, werden von zwei Namen überstrahlt: Marie Taglioni, die in Schweden geborene Italienerin, und Fanny Elßler, die Wienerin, waren die Stars der Epoche. – Die Nachwelt hat den Lorbeer eindeutig Fanny zugesprochen, der Unvergeßlichen, die im wahrsten Sinn des Wortes die damalige Welt zwischen Cuba und Rußland erobert hat. Das Wort „Fanatismus" wurde von Ballettomanen der Epoche nur wie „Fannytismus" buchstabiert...
Ihr Vater und ihr Großvater hatten Joseph Haydn treu und ehrlich gedient, aber dennoch wurde Fanny am 23. Juni 1810 in Wien-Gumpendorf in ärmliche Verhältnisse hineingeboren. Das Theater an der Wien war nicht weit, und dort gab es eine Attraktion, die hinter reizendem Äußeren auch einen recht skandalösen Aspekt hatte: Die Mitglieder von Horschelts Kinderbal-

lett wurden oft an die reichen Lebemänner Wiens verkuppelt. Fanny und ihre um zwei Jahre ältere Schwester Therese sollten diesem Schicksal gerade noch entkommen – Fanny war sieben, als man diese Truppe auflöste.
Sie gehörte zu jenen Talenten, die in das Ballettensemble des k.k. Kärntnertortheaters aufgenommen und dort nach der vorherrschenden „französischen Schule" unterrichtet wurden. Elfjährig kam sie ins Corps de Ballet des Theaters, dann wurde die Vierzehnjährige zusammen mit ihrer Schwester von dem berüchtigtsten Impresario der Zeit, Domenico Barbaja, nach Neapel geschickt.
Dort vervollständigte Fanny nicht nur ihre tänzerische Ausbildung, sondern lernte auch fürs Leben, daß es einem jungen Mädchen nicht gut bekommen muß, sich mit hochadeligen Männern einzulassen: Der um 20 Jahre ältere Sohn des Königs von Neapel, Leopold Prinz von Salerno (ein Enkel Maria Theresias übrigens), wurde der Vater ihres unehelichen Sohnes, eines Kindes, das Fanny nie bei sich behalten konnte.
Der Junge wuchs im Burgenland auf und über seine Existenz gab es viel Gemunkel – als sich die Franzosen für Fanny begeisterten, kolportierten sie, der Vater des Kindes sei der Herzog von Reichstadt, der Sohn „ihres" Napoleons, gewesen, mit dem man ihr eifrig eine Romanze andichtete. Überhaupt sollte, je mehr ihr Ruhm wuchs, ihr Privatleben Gegenstand des allgemeinen Klatsches sein.
Wieder in Wien, fand Fanny einen „Gönner", dem sie viel verdankte: Als sie mit 19 die Geliebte des damals 65jährigen Friedrich von Gentz wurde, seines Zeichens politischer Schriftsteller und enger Mitarbeiter Metternichs, nahm sich ein Mann ihrer an, der ihr nicht nur eine Wohnung einrichtete und kostbare Geschenke machte, sondern ihr auch Französisch und einiges über Literatur beibrachte: Er machte aus dem Vorstadtkind, das immer nur Tänzerin gewesen war, aber nie etwas für seine Bildung tun konnte, eine Frau, die in der Folge imstande war, sich auf der ganzen Welt sicher zu bewegen.
Wiener müssen immer ins Ausland gehen, um den großen Erfolg zu ernten: Fanny Elßler, stets von ihrer Schwester Therese begleitet, gastierte mehrfach in Berlin. Allerdings war diese Schwester keine Anstandsdame, sonst hätte Fanny nicht 1833 ihre Tochter Therese zur Welt gebracht. Der Vater war (Gentz war 1832 gestorben) ihr Jugendfreund Anton Stuhlmüller, den sie in

Fanny Elßler, die „Cachucha“ tanzend

Fürst Friedrich von Gentz

Berlin wiedergetroffen hatte. Die Tochter blieb bei Pflegeeltern in London, wo sie geboren worden war. Daß Fanny sich in Berlin in hochgeistigen Kreisen, etwa im literarischen Salon von Rahel Varnhagen, bewegen konnte, verdankte sie zweifellos dem Schliff, den sie durch Gentz erhalten hatte.

Therese, die als Fannys Managerin fungierte, schloß für die Schwester nicht nur Gastspielverträge mit London, Hamburg und Brüssel, sondern 1834 auch mit Paris ab. Damit begab sich Fanny quasi in die Höhle der Löwin, denn dort „herrschte“ die um sechs Jahre ältere Marie Taglioni als Vertreterin eines von höchster Anmut getragenen Fußspitzentanzes.

Die Elßler setzte dem ihre ungeheure Vitalität entgegen, eine darstellerische Ausdruckskraft, wie man sie noch nicht gesehen hatte (und die sie später zu einer so großartigen Titelrolleninterpretin der Oper „Die Stumme von Portici“ machte), und eine virtuose Handhabung des folkloristischen Elements. Die sogenannte „Cachucha“, ein spanischer Tanz aus dem Ballett „Der hinkende Teufel“, wurde das von Fanny vielleicht meist interpretierte Stück – und immer wieder hat man sie in diesem Kostüm auch abgebildet.

Selbstverständlich tanzte die Elßler auch die großen „klassischen“ Rollen dieser Zeit, die Giselle, in „Les Sylphides“, in „La fille mal gardée“, und als der Pariser Ruhm für sie beispiellose Ausmaße annahm, da schrieb man eigens ein Ballett für sie.
Aber Fanny begnügte sich nicht damit, die Sensation von Europa zu sein. Schwester Therese, die diesmal nicht mitkam (eine Nichte spielte für Fanny die Begleiterin), schloß ein Engagement nach New York ab, und 1839 schiffte sich die Ballerina in die neue Welt ein. Sie debütierte am 14. Mai 1840 im New Yorker Parktheater und war damit Pionierin in einem Land, das eine nur schmale künstlerische und gar keine Ballett-Tradition hatte: Tatsächlich steht Fanny Elßler an erster Stelle, wenn es darum geht, die Geschichte der Tanzkunst in Amerika zu schreiben.
Zwei Jahre durchreiste Fanny Amerika, und die Wiener bekamen gemeldet, daß die „Yankees“ angesichts ihrer Tänzerin nahezu den Verstand verloren. Dieses Gastspiel war so lukrativ, daß Fanny es auch nicht abbrach, um ihren Pariser Kontrakt einzuhalten – sie konnte es sich leisten, sich auf eine riesige Pönale verklagen zu lassen.
Ja, sie fuhr noch weiter, kam bis Cuba: Heute noch können Besucher an dem Haus neben der Kathedrale von Havanna ein Gedenkschild bewundern, das besagt, daß Fanny Elßler während ihres Cuba-Aufenthalts hier gewohnt habe...
Erst 1842 kam sie nach Wien zurück, blieb aber nie lange in ihrer Heimatstadt, sondern führte jahrelang das rastlose Leben der reisenden Ballerina: Sie eroberte wiederum England, Deutschland, Italien, Ungarn, sie ließ sich in St. Petersburg feiern. Und wenn sie zwischendurch nach Wien kam, wußten ihre Landsleute nun, daß sie die berühmteste Tänzerin der Epoche ihr eigen nennen konnten.
Man hat es oft als die größte Kunst der Fanny Elßler bezeichnet, zum richtigen Zeitpunkt – also frühzeitig – aufgehört zu haben: An ihrem 41. Geburtstag beendete sie in Wien ihre Laufbahn in einem „Faust“-Ballett von Jules Perrot, das sie selbst 1848 in der Mailänder Scala kreiert hatte. Das war 1851.
Bis zu ihrem Tod am 27. November 1884 lebte sie als reiche, sehr wohltätige, hochgeachtete und vielbewunderte Dame in ihrer Heimatstadt und studierte gelegentlich mit Burgschauspielerinnen ihre Rollen ein: Die Lady

Macbeth der Charlotte Wolter ließ sich ihr königliches Schreiten von Fanny Elßler beibringen...

Triumphaler Empfang für Fanny Elßler, zeitgenössische Karrikatur

Christine Enghaus-Hebbel

1817 – 1910

„Erst die Ehe macht den Menschen ganz“

In der Geschichte des Dichters Friedrich Hebbel bedeutete die Ankunft des 32jährigen in Wien die Wende seines Lebens. Der junge Mann, der aus dem äußersten Norden Deutschlands kam, hatte unruhevolle Jahre hinter sich, war aber als Dichter der Stücke „Judith“, „Genoveva“ und „Maria Magdalena“ bereits einigermaßen bekannt.

Privat versuchte er sich aus der Beziehung zu der klugen Elise Lensing, die zehn Jahre älter war als er, zu lösen. Es ging Friedrich Hebbel nicht gut, als er in Wien eintraf. Doch an einem Dezemberabend des Jahres 1845 wurde Hebbel bei der Burgschauspielerin Christine Enghaus eingeführt, und damit änderte sich für ihn alles – zum Guten.

Christine Enghaus zählte damals bereits seit fünf Jahren zum erlauchten Kreis der Burgschauspieler. Sie gehörte zu den vielen deutschen Schauspielern, die es geschafft hatten, an der ersten Bühne Österreichs Heimatrecht zu erwerben und vom Publikum geliebt zu werden – wobei die Tatsache, daß sie eine schöne Frau war, sich als absolut hilfreich erwies...

Unter dem Namen Christine Engehausen, den sie später der Einfachheit um einen Buchstaben in der Mitte, um zwei am Ende verkürzte, wurde sie 1817 in Braunschweig geboren, war also um vier Jahre jünger als Friedrich Hebbel. Die Familie war arm, das kleine Mädchen mußte zum Unterhalt beitragen, und so trat sie schon siebenjährig im Kinderballett auf – die Erfahrungen müssen nicht durchaus angenehme gewesen sein.

Ihre Theaterkarriere führte sie zuerst nach Bremen, wo sie (etwa als Schillers Jungfrau von Orleans) als jugendliche Heldin reüssierte, dann nach Hamburg. Sie war erst 23 Jahre jung, als sie 1840 an das k.k. Hofburgtheater in Wien engagiert wurde – und das auf Lebenszeit.

Kaum am Haus, durfte sie bereits die größten und schönsten Rollen für eine junge Schauspielerin übernehmen, das Gretchen in Goethes „Faust", die Elisabeth in Schillers „Don Carlos". Sie war die Thekla in Schillers „Wallenstein", Lessings „Minna von Barnhelm", spielte aber auch die „böse" Elisabeth in Schillers „Maria Stuart". Kurz, Christine Enghaus war die „klassische" Heldin, wie sie im Buche stand, überzeugte mit Schönheit oder Charme aber auch in den nicht sehr substanzreichen Lustspielchen der Epoche, die vom Burgtheaterspielplan nicht verschmäht wurden.

Ihr Privatleben hielt Christine Enghaus aus der Öffentlichkeit heraus, aber dennoch war bekannt, daß sie einen unehelichen Sohn hatte. Ihr mochte ein wenig beklommen zumute gewesen sein, als sie Friedrich Hebbel kennenlernte (sie war damals 28 Jahre alt), den Dichter, dessen Werk sie so bewunderte – aber hatte er nicht in seinem Trauerspiel „Maria Magdalena" die Geschichte eines gefallenen Mädchens behandelt, mußte er nicht sie für eine solche „Klara" halten (obwohl sie diese Rolle gern gespielt hätte – und auch noch spielen würde)?

Aber Friedrich Hebbel lag jede moralische Verurteilung fern, als er diese schöne, über alle Maßen erfolgreiche und, um auch das zu erwähnen, wohlhabende Schauspielerin kennenlernte. Sie empfand „tiefstes Mitleid" mit dem in jeder Hinsicht armen Poeten, er war von ihr fasziniert.

Von Freunden und Gönnern neu eingekleidet, statt im Arme-Leute-Gewand nun im eleganten Oberrock, sprach er wieder bei ihr vor – „Ich verlebte wieder eine glückliche Stunde", notierte er. Und als er bat, ob er oft wiederkommen dürfe, reagierte Christine Enghaus, nach ihrer eigenen Erinnerung, so: „Was ich darauf erwiderte, weiß ich nicht mehr – ich glaube, es war ein stummes und doch beredtes Zeichen, das einem Kuß nicht ganz unähnlich sah..."

„Ich bin hier in Wien doch wirklich durch ein Wunder festgehalten worden", schrieb Hebbel, und dieses Wunder hieß Christine. Er fand in ihr „einen solchen Seelenadel", ein „so reines, edles Herz", eine unwiderstehliche „Güte ihres Wesens", und er sollte in all den Jahren mit ihr nie Grund erhalten, dieses Urteil zu revidieren.

Hebbels Charakter wurde von Leuten, die ihn kannten, weit weniger positiv beurteilt, nicht zuletzt infolge der Tatsache, daß er nun in Wien bei Christine Enghaus blieb und in Hamburg Elise Lensing und den gemeinsamen Sohn (ein zweiter war gestorben) zurückließ.

Tatsächlich heiratete er, kaum ein halbes Jahr nach der ersten Begegnung, Christine Enghaus am 26. Mai 1846. Und abgesehen davon, daß die Ehe des Dichters mit der berühmten Burgschauspielerin ein Großereignis für das kulturelle Wien war, gab es auch böse Zungen, die meinten, Hebbel habe „eine mit 6000 Gulden jährlich vom Kaiser bezahlte Frau geheiratet, eine zweite Elise Lensing, die ihn ernährte".

Tatsächlich aber hatte Hebbel Elise, der er für ihre Wohltaten aufrichtig dankbar war, nie geliebt, und er war nicht bereit, das Opfer seines Lebens zu bringen. Es war Christine Enghaus, die nun als Christine Hebbel auf den Theaterzetteln des Burgtheaters stand, die eine Art Versöhnung herbeiführte: Nachdem Ernst, der gemeinsame Sohn Hebbels und Elises, gestorben war, regte Christine an, Elise nach Wien zu holen. Sie kam tatsächlich, die beiden Frauen verstanden sich. Und das so gut, daß Elise sogar Christines Sohn Karl nach Hamburg mitnahm, als sie nach Hause zurückkehrte.

Elise war nach diesem Besuch, dank Christines Freundlichkeit, versöhnt; Hebbel selbst hat die Bitterkeit, die über dieser ganzen Beziehung lag, nie verwunden. Christine ließ ihren Sohn Karl bei der Ziehmutter Elise, bis diese 1854 starb – wollte sie sie für die Söhne entschädigen, die sie verloren hatte?

Auch Christine und Hebbel hatten Kinder: Ein Sohn, der im Dezember 1846 zur Welt kam, starb nach zwei Monaten, aber die Tochter Christine

Christine Enghaus-Hebbel. Lithographie von Josef Kriehuber

Elisabeth, die im Dezember 1847 geboren wurde, überlebte. Hebbel war mit Gattin und Tochter „Titile" so glücklich, daß er sich am liebsten gar nicht mehr von Wien wegrührte, und wenn es nicht zu vermeiden war, litt er unter unbändigem Heimweh.
Für Christine Enghaus-Hebbel war es als Schauspielerin natürlich der größte Triumph, das größte Glück, daß sie auf „ihrer" Bühne des Burgtheaters die großen Heldinnen ihres Gatten verkörpern durfte – 1848 die Klara in „Maria Magdalena", 1849 die „Judith".
Andere große Rollen dieser Jahre waren die Eboli und die Lady Milford in Schillers Dramen „Don Carlos" und „Kabale und Liebe", Racines „Phädra", die „böse" Kunigunde in Kleists „Käthchen von Heilbronn", die Leonore Sanvitale in Goethes „Tasso", aber auch manche Shakespeare-Heldin und einige Grillparzer-Rollen.
„Erst die Ehe macht den Menschen zum ganzen Menschen", dankte Hebbel seinem Schicksal. Er litt ein wenig darunter, daß er als Dichter allein seine Familie nicht ernähren konnte und auch auf die Einkünfte seiner Frau angewiesen war. Gewissenhaft führte er ein Rechnungsbuch, und daß er sich 1855 ein kleines Häuschen in Gmunden am Traunsee leisten konnte, galt ihm als Beweis dafür, daß er endlich, endlich die Armut überwunden hatte...
Wenn am Burgtheater 1849 die Uraufführung von Hebbels „Herodes und Marianne" herauskam, mit Christine Hebbel in der weiblichen Titelrolle, so konnte man wohl sagen, daß er diese Figur in Hinblick auf ihre besonderen Fähigkeiten als dramatische Schauspielerin geschrieben hatte. 1854 spielte sie seine Genoveva, 1861 wurden seine „Nibelungen" mit der Gattin in Weimar uraufgeführt.
Das bedeutete allerdings nicht, daß Hebbel als Dichter unangefochten erfolgreich war. Wien, die neue Heimat, konnte ihn durchaus auch ablehnen – und von Franz Grillparzer sind unfreundliche Worte bekannt, die Hebbel sehr verletzten. Keinesfalls war er der Mann, sich durch Schmeicheleien Freunde zu machen. Nach Möglichkeit vermittelte die Gattin zwischen ihm und der Welt.
Aber als Heinrich Laube Direktor des Burgtheaters war, ging es auch ihr nicht mehr sehr gut. Sie, die früher strahlende Trägerin von Hauptrollen gewesen war, wurde im Alter von kaum mehr als 40 Jahren ins Fach der Müt-

ter und Ammen abgeschoben. Als Christine Enghaus selbstverständlich nach Weimar ging, um bei der „Nibelungen“-Uraufführung als Brunhild und Kriemhild mitzuwirken, drohte Laube ihr deshalb mit der Pensionierung. Hebbel erregte sich sehr und verfaßte empörte Proteste gegen die „methodische Herabsetzung meiner Frau“.

„Agnes Bernauer“ und die Rhodope in „Gyges und sein Ring“, also die nächsten großen Frauenfiguren in den Dramen des Gatten, spielte Christine Hebbel nicht mehr – es ergab sich nicht. Auch die Hoffnung des Paares, in Weimar eine neue Heimat zu finden, ging nicht in Erfüllung. Man mußte nach Wien zurückkehren, wo Friedrich Hebbel am 13. Dezember 1863 starb; er war nur 50 Jahre alt geworden. Christine Hebbel blieb als 46jährige Witwe mit 17jähriger Tochter zurück.

Nun blieb ihr nichts übrig, als am Burgtheater zu bleiben, wo sie 1863 doch noch die Brunhild in den „Nibelungen“ spielte, wo aber 1868 dann „Agnes Bernauer“ ohne sie in Szene ging: Da war sie schon zu alt, spielte die Mütter, und nicht immer illustre wie die Königin Gertrude in Shakespeares „Hamlet“. Eine Karriere, die so großartig begonnen hatte, verdämmerte in Nebenrollen. Friedrich Hebbels Witwe verließ das Burgtheater 1875 nach 35jähriger Tätigkeit. Sie lebte noch weitere 35 Jahre und starb 1910.

Das Ehepaar Hebbel. Gemälde von Anton Einsle

Josephine von Wertheimstein

1820 – 1894

„Eine Königin in ihrem Reich“

Wenn Frauen einen künstlerischen „Salon“ führen, so tun sie es aus den mannigfaltigsten Gründen, und Geltungssucht wird dabei oft nicht eben klein geschrieben. Bei Josephine von Wertheimstein war das anders: Nie stellte sie sich selbst eitel in den Mittelpunkt. Künstler kamen und gingen in jene herrliche Döblinger Villa, die als „Villa Wertheimstein“ in ganz Wien berühmt war (und heute das Heimatmuseum des Bezirks beinhaltet), weil Josephine „menschensüchtig“ geworden war – und das erst nach einem entscheidenden Schicksalsschlag, der ihr jahrelange, selbstgewählte Einsamkeit auferlegt hatte...

Sie stammte aus einer jener jüdischen Großbürgerfamilien, ohne welche die Habsburger-Monarchie nicht denkbar war. Die Gomperz, einst am Rhein ansässig, dann teilweise nach Österreich gezogen, hatten sich in einem Teil der Familie in Brünn niedergelassen. Dort heiratete der Bankier Philipp Gomperz eine Tochter eines Brünner Wollhändlers und Textilfabrikanten, Henriette Auspitz. Sie hatten drei Töchter und fünf Söhne, wobei Theodor, später ein berühmter Professor für Altphilologie in Wien, und Josephine einander besonders nahe standen.

Die Tochter Sophie heiratete nach Wien, den jüdischen Bankier Eduard von Todesco. Josephine war 23 Jahre alt, als sie den 41jährigen Bankier Leopold von Wertheimstein heiratete und ihm gleichfalls nach Wien folgte. Wertheimstein war ein Mann, der für Kunst ebensoviel übrig hatte wie für Geld, und der in der Wiener Judengemeinde eine hervorragende Rolle spielte. Mit seiner Gattin teilte er die schöngeistigen Interessen, und als 1844 eine Tochter, Franziska, und 1847 ein Sohn, Carl, zur Welt kamen, schien das Glück des Paares, das in Wiens Innerer Stadt, in der Singerstraße, wohnte, ungetrübt.

Josephine war erst 30, als sich an ihr erste Anzeichen nervöser Erkrankungen zeigten, und später sollte das Erbe ihrer Großmutter Auspitz, die geisteskrank gewesen war, auch sie belasten. Ein Wagenunfall, den die Familie

Ferdinand von Saar

1855 in ihrem beliebtesten Sommerfrischenort, in Bad Aussee, erlitt, zeigte bei Josephine lebenslange Folgen, und bald stellten sich schmerzliche Gelenkserkrankungen ein, die sie bis an ihr Lebensende belasten sollten.

Die Freude, über zwei Kinder zu verfügen, die überaus klug, gebildet und auch künstlerisch begabt waren (Franziskas Talent für Musik und Malerei schien gleich groß, Carl versprach, ein großer Bildhauer zu werden), wurde durch einen schmerzgeplagten Alltag getrübt, der Josephine von Wertheimstein immer wieder auf Reisen schickte, um bei berühmten Ärzten – allerdings vergeblich – Hilfe zu suchen.

Josephine war 39, als sie zum ersten Mal das Bedürfnis zu erkennen gab, ihr Leben zu ändern. Damals schien ihr die Ehe mit einem Mann, der knapp 60 war, nicht mehr befriedigend – denn sie begegnete dem Engländer Robert Lytton, der in ihr die einzige große Leidenschaft ihres Lebens erweckte. Ihr Bruder Theodor Gomperz hatte diesen eleganten, liebenswürdigen Attaché der britischen Botschaft in ihr Haus gebracht, der Josephines nüchternen Bankiersgatten in ihrem Herzen ausstach. Der Entschluß, sich scheiden zu lassen und mit Lytton ein neues Leben zu beginnen, hätte allerdings mit sich gebracht, ihre beiden Kinder zu verlassen – und dazu konnte sich Josephine dann doch nicht entschließen.

So blieb alles beim Alten, Lytton verließ Wien, und 1866, als Josephine 46 war, traf sie die erste wahre Tragödie in ihrem Leben: Innerhalb von zwei Tagen starb aus unerfindlichen Gründen ihr Sohn Carl; er war erst 19 Jahre alt gewesen. Was nun folgte, war ein seelischer Zusammenbruch Josephines, der Jahre währen sollte.

Um sie aus der gewohnten Umgebung herauszuholen, in der alles an den Verstorbenen erinnerte, kaufte Leopold von Wertheimstein ein Landhaus bei der Hohen Warte. Dort verbrachte Josephine die nächsten drei Jahre nahezu im Wahnsinn. Erst um 1870 besserte sich ihr Zustand, sie konnte die Welt und das Leben, sie konnte Menschen wieder ertragen. Aber sie kehrte nicht mehr in die Stadt zurück.

Leopold von Wertheimstein kaufte das Nachbargrundstück in Döbling und den sogenannten „Tullner Hof“ dazu, und hier lebten Josephine und ihre Tochter Franziska in der Folge, unterstützt von Josephines Mutter, Henriette Gomperz, und ihrer Schwester Minna. Die beiden Frauen waren aus Brünn nach Wien gezogen, wohl um der Tochter bzw. Schwester beizustehen. Leopold von Wertheimstein besuchte den Vier-Frauen-Haushalt an Nachmittagen, arbeitete und schlief aber weiterhin meist in der Inneren Stadt.

Nach Döbling hinaus allerdings begab sich von nun an ein schier unübersehbarer Strom von Künstlern, die in der Villa Wertheimstein immer freundliche Aufnahme fanden. Josephine hatte ihre geistigen Interessen wiedergefunden, und nun liebte sie Gesellschaft. Sie ging fast nie außer Haus, und wenn sie auch die Gewohnheit besaß, bis tief in den Tag hinein zu schlafen, so besuchten viele Gäste sie auch ganz ungeniert und unzeremoniell in ihrem Schlafzimmer.

Noch viele Jahre lang war übrigens nicht nur die Mutter, sondern auch die Tochter Franziska Anziehungspunkt vor allem für junge männliche Besu-

Die Villa Wertheimstein

cher, aber so attraktiv und voll von anziehenden Eigenschaften Franziska auch war, sie blieb doch „seltsam“ und konnte sich nie entschließen, eine Ehe einzugehen.

Josephine von Wertheimstein begnügte sich aber nicht damit, einfach als reiche Dame zu präsidieren – sie empfing immer wieder Arme und Bittsteller, und es war bekannt, daß sie nicht nur finanzielle Gaben zu verteilen hatte, sondern auch wunderbar Trost spenden konnte. Ihr eigenes Leid mag ihr dabei geholfen haben. Das einzige, was sie seit dem Tod ihres Sohnes Carl nicht mehr ertrug, war der Anblick von Kranken... Sie fühlte wohl, daß ihr Seelenzustand nach wie vor zu gefährdet war, um ihn dieser Erschütterung auszusetzen.

Es gab in der Villa Wertheimstein Dauergäste, die in die Fremdenzimmer einzogen – einer davon war der Dichter Ferdinand von Saar, hochbegabt und hochverschuldet, der dem Clan der Wertheimsteins ungeheure Hilfe verdankte, denn er war nicht nur täglicher Gast in Döbling, er durfte auch im Palais Todesco (gegenüber der Oper) und bei den Gomperz auf ihren mährischen Schlössern aus und ein gehen.

Ebenso eng waren die Beziehungen zu dem Dichter Eduard von Bauernfeld, der auch jahrelang, bis zu seinem Tod, in der Villa Wertheimstein lebte und vielen Gästen mit dem Vortrag seiner beliebten Theaterstücke die Abende verkürzte. Und selbst der stets grantige Franz Grillparzer ließ sich die schwärmerische Bewunderung der Wertheimstein-Frauen gefallen...

„Sie war gesellig, menschenhungrig, für reichen, bunten, geistreichen Verkehr wunderbar begabt“, hieß es in einer Schilderung Josephine Wertheimsteins, und an anderer Stelle wurde sie als „Königin in ihrem selbstgeschaffenen Reich“ bezeichnet. Dieses Reich, die Villa, war im Stil der Gründerzeit mit Bildern und Möbeln geradezu vollgestopft, ein Stilgemisch, das kritischen Besuchern späterer Jahre als nahezu geschmacklos schien, aber damals auf alle, die hierherkamen, anheimelnd und gemütlich wirkte.

Und hier trafen sich wirklich die größten Namen, hier sangen erste Primadonnen der Hofoper, hier lasen Dichter vor, hier wählten Maler die Hausfrau und ihre Tochter zu Modellen, hier kam sogar ein Franz Liszt zu Besuch, wenn er auf Durchreise in Wien war. Und meist verlief alles glücklich und harmonisch, bis auf jene Zeiten, wo Mutter oder Tochter – beide seelisch schwer gefährdet – in die Abgründe ihrer Depressionen stürzten, aus

Josephine von Wertheimstein (rechts) mit Tochter Franziska und ihrer Mutter Henriette Gompert (links oben)

denen ihnen niemand herauszuhelfen vermochte als, nach einiger Zeit, sie sich selbst.

Rund ein Jahrzehnt, zwischen 1870 und 1880, währte die große Ära des Salons der Josephine von Wertheimstein. Dann riß der Tod schlimme Lücken – es starb 1881 ihre Mutter Henriette Gomperz, 1883 ihr Mann, Leopold von Wertheimstein, 1884 ihre Schwester Minna.

Nun waren Josephine und ihre Tochter allein, beide neigten zu Krankheiten, beide gaben sich mehr und mehr ihren Melancholien hin. Und doch hatten sie beide noch ihre großen Stunden, wenn etwa der Gymnasiast Hugo von Hofmannsthal, ein aufstrebender junger Dichter, im Salon der Villa Wertheimstein die von ihm bewunderte Atmosphäre der Geistigkeit fand – und zwei Damen, mit denen er auf hohem Niveau über Gott und die Welt plaudern konnte. Und nach dem Tod von Eduard von Bauernfeld 1890 blieb immerhin noch Ferdinand von Saar als dankbarer und getreuer Freund der beiden dennoch immer einsamer werdenden Frauen...

Über ein Jahr währte schließlich die schwere Krankheit, die Josephine von Wertheimstein am 16. Juli 1894 im Alter von 74 Jahren erlöste. Sie hatte sich persönlich immer so sehr im Hintergrund gehalten, daß man ihre Bedeutung als eine der großen Damen des Wiener Kulturlebens gar nicht ausführlich würdigte – meist fand man ihren Namen nur in den Biographien Ferdinand von Saars als den seiner „Gönnerin" aufgeführt.

Wie bedeutend sie war und daß sie auch, im Stillen, als „Dichterin" wirkte, das hat die Nachwelt erst durch ihren Neffen Heinrich Gomperz, den Sohn ihres Lieblingsbruders Theodor erfahren. Dieser Heinrich, der erst 21 Jahre alt gewesen war, als die bewunderte alte Tante starb, hatte im Nachlaß seiner eigenen Mutter im Jahre 1929 Schachteln gefunden, die zahllose Briefe von und an Josephine von Wertheimstein enthielten. Deren Veröffentlichung erst stellten dieses anscheinend passive und in seinen Wirkungen doch so starke Frauenleben zwischen ausklingendem Biedermeier und Gründerzeit ins rechte Licht.

Marianne Hainisch

1839 – 1936

Ihr dankt man den „Muttertag"

War sie es selbst, die die Anregung gab, den zweiten Sonntag im Monat Mai zum „Muttertag" zu erklären, oder hat ihr Sohn, der damalige österreichische Bundespräsident Michael Hainisch, ihr zu Ehren in den zwanziger Jahren den „Muttertag" eingeführt, wie man damals in den Zeitungen lesen konnte?

Tatsache ist, daß es die Person von Marianne Hainisch ist, die mit diesem Fest untrennbar im Bewußtsein wurzelt, obwohl ihr eigentlicher Verdienst darin besteht, eine der Pionierinnen der österreichischen Frauenbewegung gewesen zu sein. Dafür hat ihr der Staat Österreich auch anläßlich ihres 150. Geburtstages eine Sondermarke gewidmet.

Es gab Frauen, deren soziales Engagement im Elend der eigenen Situation wurzelte, wie etwa im Fall von Adelheid Popp. Es gab aber auch andere, wie zum Beispiel Rosa Mayreder oder Hildegard Burjan, die aus wohlhabend-bürgerlichen Verhältnissen stammten und ihr soziales Gewissen am Leid der anderen schärften. Genau das war auch bei Marianne Hainisch der Fall, die es ohne weiteres dabei hätte bewenden lassen können, Tochter einer reichen Familie und Frau eines reichen Mannes zu sein. Sie tat es nicht.

Am 25. März 1839 wurde Marianne Perger als Tochter eines Badener Kaufmannes geboren, der es nicht mit seinen materiellen Gütern bewenden ließ: Zu seinem Stolz zählte, daß er als Knabe noch erlebt hatte, wie Ludwig van Beethoven in seinem Elternhaus aus und ein ging. Kulturelle und geistige Interessen wurden im Haus Perger großgeschrieben. Dennoch erhielt Tochter Marianne nur die übliche Bildung „höherer Töchter" am „Institut Fröhlich", das mit Sprachen und Musik die schönen Künste pflegte und die feinen Damen dafür rüstete, in den Salons elegante Konversation zu machen. Und als Marianne Perger achtzehnjährig, am 28. September 1857, den Industriellen Michael Hainisch heiratete, schien sie für ihr künftiges Leben nicht mehr zu benötigen. Sie bekam zwei Söhne, Wolfgang und Michael (geboren 1858, der spätere Politiker), und niemand hätte von ihr anderes erwartet als das Leben einer Ehefrau und Mutter, der eine Schar von Dienstboten ohnedies jegliche Arbeit abnimmt. Aber gerade die narzißtische Selbstbespiegelung reicher Frauen, die unnütz und eigensüchtig durchs Leben tändelten, sollte Marianne Hainisch später in einem ihrer Vorträge („Konvenienz und Individualität", 1872) besonders angreifen.

Marianne Hainisch hat später oft erzählt, was für sie den Anstoß gab, sich aktiv und sozial zu engagieren. Es war in den sechziger Jahren des 19. Jahrhunderts, als die österreichische Baumwollindustrie in eine prekäre Lage geriet, die durch den Ausfall des Rohmaterials aus den Vereinigten Staaten, wo Bürgerkrieg herrschte, bedingt war.

Eine Freundin Mariannes, Gattin eines Spinnereibesitzers, geriet auf diese Art in eine elementare Notlage. Als die Frauen aber überlegten, wie Mariannes Freundin selbst zum Unterhalt der Familie beitragen könnte, wurde ihnen klar, daß die typische Mädchenausbildung absolut ungeeignet war, um selbst erwerbstätig zu sein. Eine Gesellschaft, die nach dem Motto funktionierte, „den Männern der Erwerb, den Frauen der Verbrauch", sorgte durch ihre Ausbildungssysteme dafür, daß es kaum eine Möglichkeit gab, diesen Teufelskreis zu durchbrechen – außer bei den geringgeschätzten Proleta-

riern, wo die Frauen in den Fabriken schuften durften wie Männer.
Marianne Hainisch, obwohl nicht am eigenen Leib betroffen, machte das Problem zu ihrem ganz persönlichen Anliegen. Bald aber merkte sie, daß es nicht reichte, es in ihrem Bekanntenkreis zu diskutieren.
Praktisch und lebensnah, wie sie veranlagt war, suchte sie schließlich die Öffentlichkeit. Am 12. März 1870 ergriff sie bei der Generalversammlung des Wiener Frauenverbandes das Wort und forderte ein Frauenbildungsprogramm, das sofort in der Presse heftig diskutiert wurde.
Es war ja auch unerhört, was Marianne Hainisch da verlangte, nämlich nicht weniger als Gymnasiumsbildung für Mädchen, die es ihnen nicht nur ermöglichen würde, im Berufsleben „ihren Mann" zu stehen, sondern eventuell sogar die für Frauen fest verschlossenen Türen der Universität öffnen sollte. Die „weibliche Intelligenz aus allen Ständen", wie Marianne Hainisch dringlich formulierte, sollte in Parallelklassen die Realgymnasien besuchen oder gar ein eigenes Gymnasium eingerichtet erhalten.
Marianne Hainisch hatte immerhin genügend in Bewegung gesetzt, um von der Ersten Österreichischen Sparkasse einen Betrag von 40 000 Gulden zur Gründung eines Mädchengymnasiums zu erhalten. Aber das hieß, die Rechnung ohne den Wirt, ohne das Unterrichtsministerium, gemacht zu haben. Denn die herrschende Männerwelt war von dieser Forderung durchaus nicht zu überzeugen, und sie zog auch Marianne Hainisch bei den Beratungen nicht heran. Schließlich entschloß man sich zu einer nicht überwältigenden Konzession: Das Geld wurde für die Errichtung einer „sechsklassigen Bildungsschule" für Mädchen verwendet, aus der dann die diversen Zwischenlösungen vier- bis sechsklassiger Mädchenlyzeen hervorgingen (und erst nach der Jahrhundertwende sollte Eugenie Schwarzwald auf diesem Gebiet – mit ebensovielen Widerständen – erfolgreich kämpfen).
Marianne Hainisch, die von diesem ersten Anstoß unermüdlich in Frauenfragen zum Thema Bildung, Erwerb, Rechtsfortschritt und auch weiblichen Ethos tätig war, mußte merken, wie langsam und zähflüssig sich die Probleme entwickeln ließen. In der Schulfrage etwa dauerte es 22 Jahre nach ihrer ersten Forderung von 1870, bis 1892 in der Rahlgasse das erste Mädchengymnasium, das noch nicht so heißen durfte („Gymnasiale Mädchenschule" war die offizielle Bezeichnung), ihre Tätigkeit aufnahm.
Und gewiß waren es auch die unzähligen Petitionen, die sie und ihre Mit-

Marianne Hainisch

streiterinnen vorlegten, die das Unterrichtsministerium schließlich mürbe machten, so daß 1897 die Frauen als ordentliche Hörerinnen beim Philosophiestudium an der Universität Wien zugelassen wurden; die medizinische Fakultät öffnete sich weiblichen Studenten 1900, aber es mußte ein Weltkrieg vorbeigehen, bis ihr Wort, Frauen sollten zu allen Berufen zugelassen werden, zu denen sie die Fähigkeit haben, auch Realität wurde.
1899 wurde Marianne Hainisch vom „Allgemeinen österreichischen Frauenverein“, den Auguste Fickert 1893 gegründet hatte, zur Internationalen Frauentagung nach London geschickt, die vom „Frauenweltbund“ veranstaltet wurde. Sie hielt Vorträge, hörte zu und beobachtete und berichtete schließlich daheim, daß „die österreichische Frauenbewegung keine Nachahmung“ war, sondern „bodenständigen Bedürfnissen entsprang“. Sie selbst durfte sich als Pionierin dieser österreichischen Bewegung betrachten,die allerdings den Wahlspruch des „Frauenweltbundes“ voll akzeptierte: „Tue anderen, wie du willst, daß dir geschehe.“
Eine gewisse Gefahr in einer kontinuierlichen Entwicklung sah Marianne Hainisch zurecht darin, daß mittlerweile im Rahmen der Frauenbünde zu viele Bewegungen existierten, die kein einheitliches Vorgehen ermöglichten. Es ist ihr Verdienst, 1902 dreizehn Vereine dazu zu bringen, sich zum „Bund österreichischer Frauenvereine“ zusammenzuschließen, die gemeinsam agierten. Immer mehr Vereine stießen dazu, und als die NSDAP die Organiation auflöste, waren es mehr als hundert.
Und obwohl die Katholische Frauenbewegung angesichts dessen, was der Frauenbund im Ehe- und Familienrecht forderte, distanziert blieb, hat Marianne Hainisch unter dem Motto „Getrennt marschieren und vereint schlagen“ immer wieder Zusammenarbeit erreicht – nicht zuletzt, weil sie eine Persönlichkeit war, der niemand Achtung versagen konnte.
Marianne Hainisch war bei allen Kämpfen, vor allem für das Wahlrecht, in vorderster Front mit dabei, nur einer Forderung der radikalen Frauengruppen versagte sie sich: jener nach der freien Liebe. Sie strebte das Eherecht an, das die Frauen und Mütter gegenüber ihren Gatten nicht weiter rechtlos ließ, aber die „Sirenenklänge der freien Liebe“ konterte sie mit einem Hohelied auf die „Sittenreinheit der Frau“ als erster Tugend. Und sie berief sich auf den Spruch: „Wer die Ketten bricht, muß die Gewissen binden.“
Als der Erste Weltkrieg ausbrach, war Marianne Hainisch schon 75 Jahre alt.

Anfangs begnügte sie sich noch damit, sich für die Kriegsfürsorge zu engagieren: „Können wir Frauen den Krieg nicht ändern, so können wir doch beitragen, manches Leid und manche Qual zu mildern.“ Als der Krieg aber fortschritt, bekannte sie sich immer mehr zu den Friedensforderungen ihrer verstorbenen Freundin Bertha von Suttner, und wie sie deren „Friedenspropaganda“ erbte, so wollte Marianne Hainisch diese ihren Freunden als unwiederbringbares Erbstück hinterlassen.

1920 erlebte Marianne Hainisch die Freude, daß ihr Sohn Michael Bundespräsident der Ersten Republik wurde und daß er wenig später in Verehrung für das, was seine Mutter ihr Leben lang als Kämpferin für Ehe und Mutterschaft geleistet hatte, den „Muttertag“ proklamierte. Gewiß hatte Österreich damit nur übernommen, was seit 1905 in den Vereinigten Staaten üblich und von Präsident Wilson 1914 gesetzlich deklariert worden war – aber wer weiß, ob wir diese Sitte ohne Marianne Hainisch kennen würden.

Sie hat ihr Leben lang unermüdlich für die österreichische Frauenbewegung gekämpft, und viele ihrer Überzeugungen sind heute noch in den zahlreichen Artikeln, die sie im Lauf ihres Lebens geschrieben hat, nachzulesen. Ihre Mitwelt hat sie hoch geehrt. Und hochbetagt, mit 97 Jahren, ist Marianne Hainisch am 5. Mai 1936 in Wien gestorben.

Marianne Hainisch

Ada Christen

1839 – 1901

Die Welt der armen Leute

Es war der Dichter Ferdinand von Saar, der in den Gedichten, die ein junges Mädchen namens Christiane Frederik ihm zeigte, ungewöhnliches Talent erkannte. Er riet ihr zu einem Pseudonym – sie wählte „Ada Christen“ –, er verschaffte ihr einen Verleger, und so erschienen 1868 bei Hoffmann & Campe die „Lieder einer Verlorenen“, die in der Heimatstadt der jungen Dichterin, in Wien, allerhand Aufsehen erregten. Hier sprach eine Frau mit einer Offenheit von seelischem Elend und auch von erotischen Belangen, wie es damals absolut nicht üblich war. Der neue Ton, den diese „Ada Christen“ anschlug, erregte eine ans Skandalöse reichende Sensation.
Wie war es dazu gekommen? Das Mädchen Christiane, geboren am 6. März 1839 in Wien, schien keinesfalls dazu bestimmt, in den unteren Rängen der Gesellschaft zu landen. Ihr Vater, Johann Frederik, war ein wohlhabender

Kaufmann, Kolonialwarenhändler und Güterspediteur am Alsergrund, wo die Familie auch ein schönes Haus bewohnte.
Die kleine Christiane war neun Jahre alt, als ihre Welt zusammenbrach: Die Revolution von 1848 vereinigte die fortschrittlichen Geister unter einem Banner, und auch Christianes Vater kämpfte auf den Barrikaden. Als die Revolution niedergeschlagen wurde, war er ein erledigter Mann, der wenig später starb. Und damit endete für das Kind ein Leben in Wohlhabenheit und Geborgenheit.
Christiane und ihre Mutter fielen in eine Welt proletarischer Armut hinab, was für die Mutter, die als Tochter eines Arztes auch aus gutbürgerlichen Verhältnissen stammte, ebenso schwer zu ertragen war wie für das junge Mädchen, ein halbes Kind noch, das für den Erwerb des neuen Lebensunterhaltes – sie mußte Handschuhe nähen – denkbar unbegabt war.
Und wenn die kleine Christiane auch noch Blumen austrug, war sie vollends auf die letzte Stufe abgesunken, ein Geschöpf, das nur noch auf die Gnade der Männer angewiesen war und kaum Chancen hatte, sein Leben selbst in die Hand zu nehmen. Wenig später sollte sie es dennoch versuchen.
Die ärmlichen Kinderjahre in einem überfüllten Vorstadthaus sollten für das Mädchen dennoch wichtig werden. Wenn sie später in Erzählungen immer wieder die Bewohner eines Hauses schilderte, das „Zur blauen Gans" hieß, dann waren die lebensechten Einblicke, die sie in die Schicksale dieser Chancenlosen gab, ihre größte literarische Leistung.
Das Kind Christiane träumte – und wenn man sie in einer ihrer Jungmädchenfiguren erkennen will, dann „log" sie auch, wie die Erwachsenen das nannten. Tatsächlich aber flüchtete sie in eine Welt der Phantasie, flüchtete in die Hoffnung, einmal aus dem Elend auszubrechen.
Als sie mit 15 den Beruf der Schauspielerin ergriff, erschien ihr das vermutlich als Ausbruchsversuch: Tatsächlich aber tauschte sie nur ein Elend gegen das andere. Nur daß es für die Damen „beim Theater" noch mit jener moralischen Freizügigkeit Hand in Hand ging, die sie zu jedermanns Hure machten. Jahre in der Provinz, in St. Pölten, Steyr, Cilli, Pettau und anderen Städtchen der Monarchie, am Ende vorwiegend Ungarn, machten aus Christiane Frederik keine große Schauspielerin, sondern nur ein weiteres Mitglied des Schauspielerproletariats.
Nur eines unterschied sie von der Umwelt, ein Talent, das die anderen nicht

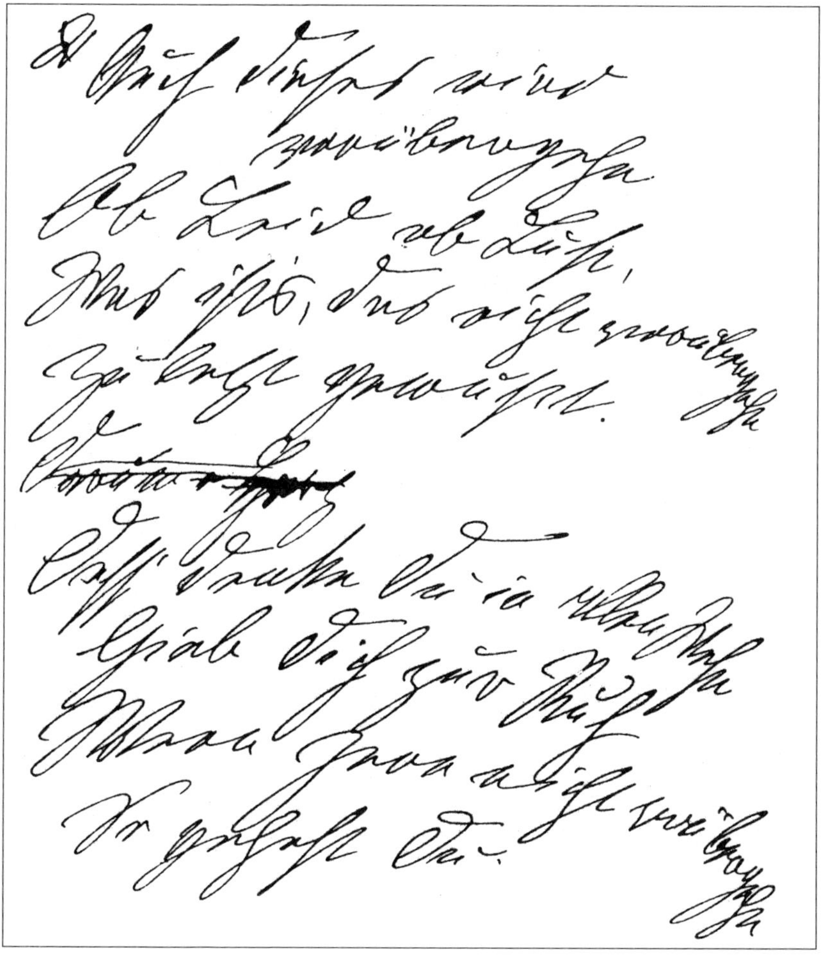

Handschrift von Ada Christen

hatten: Sie konnte schreiben. Zuerst setzte sie diese Fähigkeit für ihren Beruf ein: 1860 erschien eine Posse aus ihrer Feder, die den Titel „Das Loch in der Wand“ trug.
Von einem ehrbaren Mann geheiratet zu werden, war im allgemeinen mehr, als eine Schauspielerin – Frauen mit schlechtem Ruf allemale – erhoffen durfte. Christiane Frederik nahm den Antrag von Siegmund von Neupauer an: Er war Bezirksrichter und Großgrundbesitzer im ungarischen St. Gotthard.
1864 wurde die 25jährige seine Frau, vielleicht auch, um aus ihrer Beziehung zu dem Schauspieler Eduard Leuchert, einem ziemlich nichtswürdigen Vorstadtcasanova, zu fliehen, der seine darstellerischen Erfolge auf sein blendendes Aussehen und spekulatives Gebrülle stützte…
Aber Christiane von Neupauer hatte in ihrer ersten Ehe kein Glück: Ihr Kind starb bald nach der Geburt, ihr Mann wurde zunehmend geistig verstört und starb vier Jahre nach der Hochzeit, erst 38jährig. Und wieder blieb Christiane in völlig ungesicherten Verhältnissen zurück.
Vielleicht hatte sie ihr zweites Theaterstück, das vieraktige Volksstück „Die Häuslerin“, 1887 auch in der Hoffnung geschrieben, hier einen Lebensunterhalt zu finden. Aber auch in der folgenden Zeit sollte ihr als Dramatikerin kein wahrer Erfolg beschieden sein – ihr Talent lag anderswo. Später schilderte sie in der Novelle „Ella“ ergreifend ihr eigenes Schicksal und was es ihr alles auferlegte.
Christiane Frederik blieb nun nichts anderes übrig, als es wieder im Schauspielerberuf zu versuchen, aber sie war wohl kein großes Talent, denn alle Versuche in Wien – wo sie an der Seite ihrer Freundin, der später berühmten Josephine Gallmeyer, auf der Bühne stand – brachten ihr keinen Erfolg. Die „Lieder einer Verlorenen“, die sie damals schrieb, reflektierten ihre Verzweiflung in jeder Hinsicht.
Und da gab es jenen Dichter Ferdinand von Saar, den Christiane schon getroffen hatte, als sie, wie sie später in einem Brief schrieb, „ein halbes, unglückseliges Kind“ war, und der sie als „ringendes, armseliges Geschöpf“ wiederfand, aus dem durch „Jugendtorheiten, Jugendschwärmereien und Jugendträume“ eine „hartgeprüfte, innerlich gequälte, einsame Frau“ geworden war. Daß sie sich nun am eigenen Schopf aus dem Elend zog, „das konnte nur die Ada Christen zuwege bringen, und die Ada Christen ist

Dein Geschöpf". Saar, der Dichter, der an ihr Talent glaubte, der ihr zur Publikation verhalf, der ihr riet, den Namen „Ada Christen" als Schriftstellerin anzunehmen, verhalf ihr tatsächlich zu einem neuen Start. Die „Lieder einer Verlorenen", die 1868 erschienen, brachten es innerhalb kürzester Zeit zu einer zweiten Auflage.

Die „Neue Freie Presse" schrieb damals: „Seit zwei Monaten sieht man bei allen Wiener Schriftstellern ein in roten Samt gebundenes Büchlein, über das sehr wunderliche und sehr lebhafte Gespräche geführt werden. Alle Welt ist darüber einig, daß dieses kleine rote Buch auf jeder Seite Talent verrät, aber man streitet über die Berechtigung des Talents, sich in solcher Art äußern zu dürfen."

Tatsächlich gab es damals Frauenliteratur, Frauenlyrik, aber man maß diese etwa an den formvollendeten, sittlich hochstehenden Versen einer Betty Paoli. Hier jedoch erklang eine Stimme aus dem „Untergrund", hier sprach eine Frau über die Dinge, die als Tabu galten. Und nur die emanizipierten Männer bekannten sich ohne Einschränkungen zu Ada Christen, darunter kein Geringerer als etwa Theodor Storm.

Dennoch – es war mutig, es war der Mut der Verzweiflung gewesen, ein solches Buch zu veröffentlichen. Und später, als „Ada Christen" eine anerkannte, respektable Schriftstellerin war, kauften sie und ihr Mann die restlichen Exemplare der „Lieder einer Verlorenen" zurück...

Ihre zweite Ehe bedeutete für Ada Christen dann einen Lebenssinn, hier konnte sie sich bewähren. Nachdem sie schon einige Jahre lang zusammengelebt hatten, heiratete sie 1873 den Rittmeister und Militärschriftsteller Adalmar von Breden. Als seine Gattin führte sie einen Salon, in dem sich Künstler und Schriftsteller und auch hochangesehene Schauspieler (etwa Christiane Hebbel, Burgschauspielerin und Gattin des Dichters Friedrich Hebbel) trafen.

Aber Ada Christen wurde nichts geschenkt – es war in ihrem Schicksal offenbar vorprogrammiert, immer wieder zurückgeworfen zu werden. Tatsächlich verlor ihr Mann fast sein ganzes Geld, und nun war sie es, die „aus dem jungen Kavallerieoffizier, der sich wohl frischweg totgeschossen hätte oder was Arges geworden wäre", einen angesehenen Industriellen machte. Sie verdiente Geld mit ihrer schriftstellerischen Arbeit, gewann Selbstbewußtsein, hielt aber nebenbei das Haus so zusammen, daß der Gatte „daheim Erholung, Ruhe und den besten Kameraden" finden konnte. „Heute ist er ein Mensch", schrieb Ada Christen an Ferdinand von Saar, „der einen neuen Industriezweig in Österreich gepflanzt, ein reicher Mann, ein sogenannter Großindustrieller, die gewiegtesten Geschäftsleute haben Respekt vor seiner Fachkenntnis und Arbeitskraft" – und sie konnte ohne zu prahlen hinzufügen: „Ohne mich wäre er dies nicht geworden."

Es war das neue Ich der Christiane Frederik, die Ada Christen, die es endlich im Leben geschafft hatte. Eine Frau, die nun Dichter wie Ferdinand Saar, Ludwig Anzengruber, Ludwig Ganghofer, die Maler wie Friedrich Amerling und Rudolf von Alt oder Historiker wie Heinrich Friedjung zu ihrem Kreis zählen konnte. Das Leben hatte sie gebeutelt, und sie hatte gesiegt.

Allerdings nicht so völlig, wie sie es wohl gewünscht hatte. Ada Christen veröffentlichte noch Gedichte, bekam Lob für ihre aus dem Proletarierleben gegriffenen Novellensammlungen, mußte aber auch Vorwürfe hören, das ihr vertraute Wiener Volksleben gelegentlich in trivialem Stil zu behandeln. Als Dramatikerin konnte sie sich nicht durchsetzen, obwohl sie es immer wieder versuchte. So wurde ihr Volksstück „Wiener Leut" zwar im Deutschen Volkstheater mit einer Spitzenbesetzung (darunter Pepi Glückner) aufgeführt, hatte aber nicht annähernd so viel Resonanz wie die Werke ihres Freundes Ludwig Anzengruber.

Sie war gekränkt, zog sich aus der Öffentlichkeit zurück. Sie lebte in Inzersdorf, in einem Haus, das sie ihren „Einsamhof" nannte. Dorthin allerdings kamen immer wieder ihre Freunde, und sie blieb mit den meisten in regem Briefwechsel. Christiane Frederik ist am 19. Mai 1901 gestorben.

Anschließend aber hat man sie vergessen: Ada Christen, die das Wiener Volksleben so wirklichkeitsnahe schilderte wie die großen Realisten unter ihren männlichen Kollegen, hat keinen Nachruhm geerntet. Kaum, daß man noch ihren Namen kennt. Dabei verdienten es die Bewohner des Hauses „Zur blauen Gans", in ihren Worten der Nachwelt vom Leben der armen Leute anno dazumal zu berichten.

Kaiserin Charlotte

1840 – 1927

Erzherzogin war ihr zu wenig

Die Historiker sind sich weitgehend darin einig, daß eine der großen Tragödien, die das Haus Habsburg traf, auf den Ehrgeiz einer Frau zurückzuführen war. Kaiser Franz Josephs Bruder Maximilian hätte wahrscheinlich nicht vor einem mexikanischen Exekutionskommando geendet, wäre da nicht der Wunsch seiner Gattin gewesen, Kaiserin zu werden. Denn Charlotte, Tochter des belgischen Königs, konnte keinen Geschmack daran finden, am Wiener Hof nur die Rolle einer von vielen Erzherzoginnen zu spielen, ganz im Schatten der legendär schönen Kaiserin Elisabeth. Sie wollte Glanz und Ruhm für sich. Sie bekam es – wenn auch nur für kurze Zeit.

Die „belgische Connection“ hat den Habsburgern nie Glück gebracht. Weder Charlotte noch ihre Nichte Stefanie, die später den Kronprinzen Rudolf heiratete, waren die Frauen, die ihre Männer gebraucht hätten. Charlotte, am 7. Juni 1840 in Schloß Laeken bei Brüssel geboren, war die einzige Tochter des Belgierkönigs Leopold I., und sie glich ihm, was Nüchternheit und Berechnung betraf. Das bedeutete allerding nicht, daß sie sich nicht später in einen romantischen Rausch rund um die mexikanische Kaiserkrone verstricken würde.

Die erste habsburgisch-koburgische Hochzeit fand statt, als Charlotte 13 Jahre war – damals, 1853, heiratete ihr Bruder Leopold die Erzherzogin Marie Henriette aus dem ungarischen Zweig der Familie (die Tochter aus dieser Ehe sollte Stefanie sein). Wenige Jahre später schrieb Leopold über seine nun 16jährige Tochter Charlotte, sie habe Aussicht „die schönste Prinzessin Europas" zu werden. Dementsprechend hochgesteckt waren seine Heiratspläne für sie.

In Wien war der nächstjüngere Bruder von Kaiser Franz Joseph, Ferdinand Maximilian, zu diesem Zeitpunkt noch der mögliche Thronfolger – noch hatte Franz Joseph in seiner Ehe mit der Wittelsbacherin Elisabeth nur Töchter... Als Erzherzog Maximilian erstmals auf Besuch nach Brüssel kam und an Charlotte Gefallen fand (dies war durchaus gegenseitig, denn Maximilian war ein sehr attraktiver, gewinnender, von romantischem Flair umgebener Mann), nahm König Leopold die Sache in die Hand.

Franz Joseph hatte nichts gegen die Ehe, nur Max erwies, wie Hellmut Andics in seinem Buch über die Frauen der Habsburger schrieb, bei den Eheverhandlungen einen überraschenden Geschäftssinn. Die Summe, die König Leopold seiner Tochter schließlich mitgeben mußte, war nach heutiger Rechnung ein Millionenvermögen. Er konnte es sich leisten, denn er war einer der reichsten Männer Europas, aber es fiel ihm schwer, denn er war auch einer der geizigsten...

Das junge Paar heiratete am 27. Juli 1857 in Brüssel, und Franz Joseph, der seine Familienmitglieder an sich gern in untergeordneten Positionen hielt und ihnen keine wirkliche Macht in die Hände gab, mußte sich wenigstens entschließen, seinem Bruder – nun ein königlicher Schwiegersohn – eine einigermaßen repräsentative Stellung zu verleihen.

Max wurde zum Generalgouverneur von Lombardo-Venetien ernannt, und das junge Paar reiste erst einmal nach Mailand. Wenn Charlotte hoffte, hier eine Stellung zu bekleiden, die ihrem Ehrgeiz entsprach, so wurde sie bald enttäuscht. Die politisch brisanten Zustände in einem dringlich die Unab-

Max und Charlotte betreten mexikanischen Boden

hängigkeit fordernden Italien gaben ihr zu wenig Gelegenheit zur Repräsentation. Und Maximilian, durchaus nicht der Mann, ein Land in Aufruhr durch drastische Maßnahmen zu befrieden, wurde bald seiner Stellung entkleidet.

In Wien hielten sich Maximilian und Charlotte nach dieser Niederlage begreiflicherweise nicht mehr gerne auf – glücklicherweise war das „Märchenschloß" Miramare, das sich Maximilian seit 1854 hatte erbauen lassen, dann fertig und bot ihnen Unterschlupf. Sicher hat Charlotte auch die 1858 erfolgte Geburt des Kronprinzen Rudolf sehr getroffen: Nun war die Chance ihres Mannes, Franz Joseph als Kaiser von Österreich zu beerben, gleich null. Sie mußte sich für ihren Ehrgeiz, für ein eigenes glorreiches Schicksal, etwas anderes einfallen lassen. Und als die große Chance kam, sollte Charlotte die erste sein, sie am Schopf zu fassen.

Die Idee, daß Mexiko einen Kaiser brauche, einen europäischen Fürsten, der „normale" Zustände und damit auch „normale" Handelsbeziehungen und

Geldtransaktionen garantieren würde, kam jenen Leuten, die durch die mexikanische Revolution unter dem Indianer Benito Juarez am meisten zu leiden hatten: erst den emigrierten Großgrundbesitzern, die in Europa darüber grübelten, wie sie die alten, quasi kolonialen Zustände einer kleinen, reichen, weißen Minderheit und einem für sie arbeitenden Volk wiederherstellen könnten, dann auch den europäischen Großmächten, die vor der Tatsache standen, daß die Revolutionsregierung beschlossen hatte, ihre Schulden nicht mehr zurückzuzahlen.

Als man auf die Idee kam, diese im Grunde fiktive Krone Mexikos dem „arbeitslosen" und von romantischen Ideen so durchdrungenen Maximilian anzubieten, betonte man natürlich weit mehr den idealistischen als den pekuniären Aspekt. Napoleon III., der nun auf Frankreichs Thron saß, ließ erst in Wien vorpreschen und fand bei Franz Joseph durchaus Bereitschaft, den ihm innerlich gewiß lästigen Bruder „loszuwerden" (und wohl auch repräsentativ versorgt zu wissen, ohne daß er dafür verantwortlich war). Und für Maximilian und Charlotte, das schöne, tatenlose Paar in Miramare, muß die Idee einer mexikanischen Kaiserkrone wie ein Traum geklungen haben – vor allem für Charlotte.

Natürlich war auch Maximilian von der Möglichkeit fasziniert, das Reich der Habsburger, wie zu Zeiten seines großen Ahnen Karl V., wieder über den Atlantik auszubreiten, aber daß er mit Truppen nach Mexiko reisen und sich seinen Thron wohl erobern mußte, das war ihm klar. Immer aber, wenn er zögerte, dann war Charlotte da, um seinen Rücken zu stärken. Wie muß sie sich angesichts jener mexikanischen „Abgesandten" gefühlt haben, die in Schloß Miramare aus und ein gingen und sie schon „Majestät" nannten! Nun konnte sie sich hemmungslosen Träumen hingeben – ein tropisches Kaiserreich anstelle der „Verbannung" in ein Traumschloß am Rande der Monarchie und Jahre des chancenlosen Ausharrens…

Es war am 10. April 1864, als Maximilian, in österreichische Admiralsuniform gekleidet, vor der mexikanischen Deputation in Miramare den Treueeid ablegte und den Titel eines „Kaisers von Mexiko" annahm. Franz Joseph hatte dafür von Max den Verzicht auf seine habsburgischen Erbrechte gefordert, was diesem sehr schwer gefallen war.

Aber Charlotte ließ nicht locker. Als Maxens Mutter, die greise Erzherzogin Sophie, ihre Bedenken anmeldete, schmetterte sie enthusiastische Briefe zurück. Als ihr Vater über dieses Unternehmen, das jedem sachlich Denkenden nur tollkühn erscheinen mußte, den Kopf schüttelte, reiste sie nach Brüssel, um ihn in stundenlangen Diskussionen davon zu überzeugen, daß Mexiko auf dieses Kaiserpaar wartete. Während Max in seine Zweifel fiel und dabei krank wurde, repräsentierte Charlotte, empfing Delegationen, besorgte den Briefwechsel. Mexiko hatte vielleicht keinen Kaiser, aber eine Kaiserin gab es bereits.

Als Maximilian am 14. April 1864 Miramare verließ und sich auf die Fregatte „Novara“ begab, um seine Reise ohne Wiederkehr anzutreten, weinte er. „Schau doch den armen Max an, wie er weint“, flüsterte Charlotte einer ihrer Begleiterinnen zu.

Ihr war in dieser Stunde des Triumphs nicht zum Weinen. Und sie beschäftigte Maximilian, einen Mann mit an sich durchaus liberalen Ansichten, während der Überfahrt damit, ein Hofzeremoniell auszuarbeiten...

Sie selbst war in aller Stille damit beschäftigt, ein Dokument zu konzipieren, das den Verzicht Maximilians auf seine österreichischen Erbrechte für erzwungen und damit für ungültig erklären sollte. Charlotte dachte an alles – nur in die Zukunft sehen konnte sie nicht.

Am 28. Mai 1864 traf das „mexikanische Kaiserpaar“ in Vera Cruz ein. Sie wollten die Blauäugigkeit, mit der sie in dieses Abenteuer gestolpert waren, um jeden Preis aufrecht erhalten, auch als sie mit der Realität „ihres“ neuen Landes – sprich: einer unvorstellbaren Armut – konfrontiert wurden. Nicht überall brachte man ihnen Sympathien entgegen, aber jene, die das Paar geholt hatten, täuschten mit prächtigen Triumphbogen Begeisterung vor. Und Charlotte war so in ihre Kaiserpracht verstrickt, daß sie viel Zeit darauf verwendete, die Paläste von Chapultepec und Cuernavaca umbauen zu lassen.

Die ganze mexikanische Herrlichkeit, die keine war, dauerte für Charlotte gerade zwei Jahre. Maximilian konnte seine vage Herrschaft nur mit Hilfe der französischen Truppen, die Napoleon III. ihm mitgegeben hatte, einigermaßen behaupten, das Land war in starker Bürgerkriegsstimmung. Und dann merkte der Franzosenkaiser, daß er wider Erwarten in Mexiko doch nichts gewinnen konnte, und zog seine Soldaten ab. Damit überließ er zwei Menschen, die er aus Berechnung in dieses Abenteuer gejagt hatte, damit sie als seine Marionetten fungierten, gnadenlos ihrem Schicksal.

War Charlotte bis dahin nur vom Ehrgeiz verblendet gewesen, so datiert

von diesem Zeitpunkt an ihre historische Schuld (und sie hat es gewußt): Maximilian wollte abdanken, Mexiko hinter sich lassen, nach Miramare zurückkehren. Das wäre zu diesem Zeitpunkt noch möglich gewesen, das hätte zweifellos sein Leben gerettet. Aber Charlotte, der Kämpfernatur, war die Idee unerträglich: „Abdanken heißt, sich verurteilen, sich selbst ein Unfähigkeitszeugnis auszustellen", hämmerte sie auf Maximilian ein.
Sie selbst würde nach Frankreich fahren und Napoleon III. an seine Pflichten erinnern. Am 9. Juni 1866 verließ sie Mexiko, zwei Jahre und eineinhalb Wochen, nachdem sie es betreten hatte. Maximilian blieb – um zu sterben. Ein Jahr später, am 19. Juni 1867, stand er in Queretaro vor seinem Exekutionskommando. Noch bevor sie diese Nachricht erhielt, war Charlotte verrückt geworden...
In Paris behandelte man sie wie eine Bettlerin. In Belgien war mittlerweile ihr Bruder König – ihn interessierte die Tragödie der Schwester ebensowenig wie Franz Joseph, der keine sonderliche Anteilnahme zeigte. In Rom suchte Charlotte den Papst auf, erlitt im Vatikan einen hysterischen Anfall, erzählte, man wolle sie vergiften, ließ sich nicht hinauskomplimentieren und war wohl auf diese Art und Weise die einzige Frau der Welt, die offiziell je eine Nacht in den Privatgemächern des Papstes verbrachte.
Charlotte überlebte ihren toten Gemahl um unglaubliche 60 Jahre, in denen sie nie wahrhaben wollte, daß Maximilian tot war. Man schloß die reiche, alternde Frau in ein Privatsanatorium in Belgien ein. Gerüchte wurden nie zum Verstummen gebracht, nach denen sie 1867 einen Sohn zur Welt gebracht haben soll.
Charlotte lebte schon in geistiger Umnachtung, als ihre Nichte Stefanie Maximilians Neffen Rudolf heiratete. Sie überlebte Mayerling, sie überlebte Kaiserin Elisabeth, die sie stets als Rivalin betrachtet hatte, sie überlebte Franz Joseph, den – aus ihrer Sicht – herzlosen Schwager, sie überlebte die Monarchie, die sie für ihren Mann erträumt hatte.
Sie starb am 19. Jänner 1927, eine vergessene siebenundachtzigjährige verrückte Greisin. Damit endete die Tragödie einer „leidenschaftlich liebenden, vom Ehrgeiz verblendeten, besessenen Träumerin", wie Hellmut Andics sie in seiner Geschichte über die Frauen der Habsburger beschrieb.

Tina Blau

1845 – 1916

Österreichs erster Impressionist

Als Simon Blau, seines Zeichens k.k. Militärarzt in Wien, an seiner Tochter Leopoldine, genannt Tina, künstlerisches Talent entdeckte, war er nicht, wie andere Väter vielleicht reagiert hätten, entsetzt, sondern beglückt. Es war schließlich der Traum seiner eigenen Jugend gewesen, Maler zu werden, und erst als er seine Fähigkeiten als nicht ausreichend erkannt hatte, hatte er sich der Medizin zugewandt. Tina sollte von ihm jegliche Unterstützung erfahren.

Simon Blau war 1840 mit seiner Gattin und seinem ersten Kind, dem Sohn Theodor, von Prag nach Wien gezogen. Er erhielt eine Dienstwohnung in der sogenannten „Heumarktskaserne“, einem riesigen frühen „Gemeindebau“, in dem am 15. November 1845 Leopoldine zur Welt kam, wie das Geburtenbuch der israelitischen Kultusgemeinde verzeichnete. Ihr Judentum hat allerdings in ihrem Leben keine Rolle gespielt, wurde für sie nie zum Handicap. Tina, das stille Kind, das erst die evangelische Volksschule, dann eine „höhere Töchterschule“ besuchte, entzückte den Vater früh mit ihrer außergewöhnlichen Begabung im Zeichnen.

Er ließ ihr von Antal Hanley, einem Schüler des großen Waldmüller, den ersten Privatunterricht geben, und Tina Blau begann als Malerin mit allerlei Stilleben. Der nächste Lehrer, August Schaeffer, erkannte ihre besondere Affinität zur Natur. Früh schon entdeckte sie für sich den Wiener Prater, und dieser Liebe blieb sie ein Leben lang treu – als „Malerin des Praters“ sollte sie sogar etikettiert werden, der „Frühling im Prater“ wurde später ihr berühmtestes Bild, ist vielleicht tatsächlich typisch für die spezifische Kunst der Tina Blau wie kein anderes.

Tina war etwa 15 Jahre alt, als Simon Blau den Beruf wechselte, Zahnarzt wurde und zwischen Wien und Siebenbürgen pendelte. Der Vater tat alles, um der Tochter die Aufenthalte in verschiedenen Gegenden zu ermöglichen, um ihre Phantasie anzuregen und ihre Kunst weiterzubringen. Den Sommer 1861 verbrachte die 15jährige in Mähren, 1862 war sie in Siebenbürgen, 1865 in Niederösterreich, 1868 in Mödling. Ihre Skizzenbücher legen von diesen dort empfangenen Eindrücken Zeugnis ab.

1865 lernte Tina Blau in Naßwald den Maler Josef Matthias Aigner kennen. In seiner Malschule begann sie eine systematische Ausbildung, wobei sie sich allerdings nicht an Aigner selbst hielt, der vorwiegend Porträtist war, sondern an Julius Marak, der das Landschaftsfach unterrichtete.

1869 konnte Tina Blau im Österreichischen Kunstverein erstmals Bilder ausstellen und eines davon, ein Wienerwaldmotiv, überraschend verkaufen. Da immer Neues zu lernen für sie das Hauptbestreben war, stand es für sie fest, dieses selbstverdiente Geld für eine Reise nach München, das Eldorado der Malerei, zu benützen. Aigner gab ihr einen Empfehlungsbrief mit, und 1869 fuhr Tina Blau, ihre Werke in der Mappe, nach München.

Schon an ihrem ersten Tag in München lernte sie den um sieben Jahre älteren Heinrich Lang, einen angesehenen Pferde- und Schlachtenmaler, kennen. Nichts deutete allerdings damals darauf hin, daß die beiden vierzehn Jahre später ein Ehepaar werden sollten. Lang war damals mit einer Lehrerin verlobt, die er auch heiratete (allerdings nach einem Jahr Witwer wurde). So gab es zwischen ihm und Tina Blau 1869 in München

Tina Blau an der Staffelei

nicht mehr als Sympathie und Achtung vor dem Talent des anderen.
Tina Blau konnte mit ihren Landschaftsbildern im gestrengen Münchner Kreis in erstaunlichem Maß reüssieren. Das Leben hier war allerdings nicht billig, und trotz der aufopfernden finanziellen Unterstützung durch ihren Vater schien die Stunde der Heimkehr gekommen, als sie zu Weihnachten ein im Münchner Kunstverein ausgestelltes Bild überraschend verkaufte und ihren Aufenthalt in München verlängern konnte. Als sie im Frühjahr 1870 nach Wien zurückkehrte, hatte sie vieles gelernt. In der Folge sollte es sie immer wieder nach München ziehen.
In Wien ging Tina Blau, nun Mitte 20, die erste ernsthafte Beziehung ihres Lebens ein, und zwar zu dem Maler Emil Jakob Schindler. Er pflegte in Wien und inmitten eines Malerkreises in Fischamend zu arbeiten. Tina Blau zog daraufhin zeitweise nach Maria Ellend bei Fischamend, blieb aber auch in Wien ihren Pratermotiven treu und reiste immer wieder nach Ungarn, eine Landschaft, die August Pettenkofen für die Malerei entdeckt hatte.
Ab 1874 teilte Tina Blau mit Schindler ein Atelier in der Mayrhofgasse. Die Malerei der Niederländer hatte sie von frühester Jugend an begeistert und wohl auch beeinflußt – nun reiste sie mit Schindler nach Holland. Als er im Prater ein Atelier mietete, das unterzuvermieten ihm verboten war, deklarierte er Tina Blau, die dort selbständig und gleichberechtigt mit ihm arbeitete, zu seiner „Schülerin", was später zu Mißverständnissen Anlaß gab.
Die private Beziehung löste sich, denn Emil Jakob Schindler verliebte sich in die Sängerin Anna Bergen und trennte sich von Tina, der er das Atelier überließ. Schindler heiratete Anna, und die Tochter aus dieser Beziehung wurde später die berühmt-berüchtigte Alma Mahler-Werfel.
Tina Blau, die 1878 allein zurückblieb, arbeitete unbeirrbar weiter, denn die Malerei war stets das Wichtigste in ihrem Leben. 1881 begann sie jenes Gemälde, das ihr den größten Erfolg ihres Lebens bescheren sollte, den „Frühling im Prater". Zwei Meter hoch, fast drei Meter breit, atmet dieses Bild die transparente Atmosphäre eines hellen Frühlingstages, der Natur und Menschen zu einer seltsamen Einheit verschmilzt, wie man sie damals in der österreichischen Malerei noch nie gesehen hatte. Ohne zu wissen, daß ihre neue Art, die Dinge zu sehen und zu malen, gleichzeitig in Paris alle Gemüter erhitzte, hatte Tina Blau als erste unter den österreichischen Malern den „Impressionismus" entdeckt und verwirklicht.

Nicht alle verstanden sie, es gab sogar Ablehnung, so sehr waren Kritiker die „dunklen" Töne gewohnt, die viele Landschaftsmaler im Atelier auf ihre Leinwand pinselten. Man empfand die Helligkeit des Bildes geradezu als rücksichtslos – so dürfe man die Natur nicht malen.
All das mußte Tina Blau hören und lesen, als der „Frühling im Prater" in der großen Ausstellung des Künstlerhauses 1882 gezeigt wurde, und schon war sie bereit, das Bild zurückzuziehen. Da meldete sich eine Stimme, die Gewicht hatte, nämlich von Hans Makart. Und er behauptete nicht weniger, als daß dies das beste Bild der ganzen Ausstellung sei.
Damit war nicht nur sein Überleben gesichert, Makart tat noch mehr, indem er zu französischen Kritikern über Tina Blaus Praterfrühling sprach. Zwei Jahre später in Paris ausgestellt, erhielt das Bild dort viel Bewunderung. Tina Blau, stets eine leidenschaftlich Reisende, benützte die Gelegenheit, sich im „Salon" ausgestellt zu sehen, für ein paar Tage in der Seinestadt.
Als der „Frühling im Prater" nach zahlreichen Ausstellungen in Deutschland nach Wien zurückkehrte, zeigte Kaiser Franz Joseph, der allgemein für einen Kunstbanausen gehalten wurde, daß sein Geschmack gar nicht so schlecht war: Er kaufte dieses Bild von Tina Blau für das Kunsthistorische Museum. Heute hängt es in der Österreichischen Galerie im Belvedere.

„Frühling im Prater", Tina Blaus berühmtestes Gemälde

Auf dem Rückweg von Paris nahm Tina Blau einen Umweg über das geliebte München, und das änderte ihr Schicksal. Denn bei dieser Gelegenheit begegnete sie ihrem alten Bekannten Heinrich Lang wieder, der nun verwitwet war, ein stattlicher Mann von 45 Jahren mit blondem Bart und Haar, ein Weltmann und Gentleman. Tina Blau war mittlerweile auch schon 39 Jahre alt, und nun, im reifen Alter, fanden sich die beiden zu einem ungewöhnlich glücklichen Ehe- und Künstlerbund zusammen. Sie heirateten am 29. Dezember 1883 in Landsberg am Lech, nachdem Tina Blau den evangelischen Glauben angenommen hatte, lebten in München, hatten getrennte Ateliers, aber arbeiteten in größter Harmonie. Es war die vielleicht schönste Zeit im Leben von Tina Blau, und der bayerische Prinzregent Luitpold, ein großer Verehrer beider Künstler, zeichnete das Paar mit großem Wohlwollen aus, besuchte alle ihrer Ausstellungen und erwarb mehrere ihrer Bilder.
Schon in ihren Münchner Jahren war Tina Blau als Lehrerin für Landschaftsmalerei im Künstlerinnenverein tätig. Die Sommer verbrachte sie mit dem Gatten vielfach in Wien, in der Nähe des geliebten Praters. Lang studierte die Pferde der Spanischen Hofreitschule. 1890 erlebte Tina Blau in München eine Personalausstellung, bei der 60 ihrer Werke gezeigt wurden. Die glückliche Zeit endete, als Heinrich Lang am 8. Juli 1891 nach kaum achtjähriger Ehe starb. Tina Blau blieb noch einige Zeit in München, dann allerdings kehrte sie in ihre Heimatstadt Wien zurück, wo ihre Mutter erkrankt war. Bilder der Mutter, ihres Gatten und der Schauspielerin Sarah Bernhardt zählen übrigens zu den einzigen Porträts, die Tina Blau im Laufe ihres sonst der Landschaftsmalerei gewidmeten Künstlerlebens geschaffen hat.
Tätig blieb sie bis zum Ende ihres Lebens, aktiv schaffend und als Lehrerin an der Kunstschule für Frauen in Wien. Nie schränkte sie ihre Reisen ein, wenngleich sie sich hauptsächlich in den verschiedenen Landschaften Österreichs aufhielt. Aber auch zwischen Paris und London, Hamburg und Kopenhagen, Budapest und Istrien war sie immer wieder zu finden.
Herzbeschwerden beeinträchtigten sie in den letzten Jahren, die Arbeit wurde schwerer, als der Arm sie beim Malen schmerzte. Ende Oktober 1916 begab sie sich in das Sanatorium Elisabethinum, wo sie am 31. Oktober an Herzschwäche starb. Die Stadt Wien widmete ihr ein Ehrengrab auf dem Zentralfriedhof. Österreichs Maler standen am Grab einer Frau, deren Leistungen als jenen der männlichen Kollegen gleichwertig anerkannt wurden.

ANNA SACHER

1859 – 1930

TAFELSPITZ UND SACHERTORTE

Als Eduard Sacher, damals 37 Jahre alt, am 21. Februar 1880 die damals 21jährige Anna Maria Fuchs heiratete, gingen Sachertorte und Tafelspitz die Ehe ein, die sich zu einer Wiener Institution auswachsen sollte. Denn Eduard Sachers Vater, Franz, hatte bereits jene Torte erfunden, die als „Sachertorte" Geschichte machte.
Und Anna Maria Fuchs war die Tochter des ehrbaren Wiener Fleischhauers Johann Fuchs aus der Leopoldstadt, wo sie im Haus 427 am 2. Jänner 1859 zur Welt gekommen war.
Zum großen Wiener Ruhm sollte sie es als zigarrenrauchende „Frau Sacher" bringen, ein Original der Stadt, von dem man heute noch Anekdoten erzählt, und das nicht nur im Hotel Sacher selbst unvergessen ist, in jenem „Sacher", das heute noch so berühmt ist wie einst, und seinen Rang unter

den großen Hotels dieser Welt einnimmt, auch wenn es sich an Pracht und Glanz nicht mit anderen Häusern messen kann – wohl aber überragt es die meisten an Tradition und Atmosphäre...

Begonnen hatte alles tatsächlich mit Vater Franz Sacher, der in der Küche Metternichs seine Lehrjahre absolvierte und dann ein Wein- und Delikatessengeschäft in der Weihburggasse 4 erwarb. Eduard, einer seiner drei Söhne, geboren 1843, war erst Küchenjunge beim Fürsten Schwarzenberg. Dann steckte er seine Nase ein bißchen in die Welt, und 1873 wandte er in Wien an, was er in Paris gesehen hat.

Dort, wo früher das Kärntnertortheater gestanden war, eröffnete er ein Gastlokal, wo er nach Pariser Muster jene „Chambre separées" einrichtete, für die „das Sacher" nachgerade berühmt werden sollte. Vis à vis stand ja bereits, eben eröffnet, das neue Hofoperngebäude, und wie es Arthur Schnitzler in seinem Einakter „Abschiedssouper" schildert, so schlüpften die Ballettmädchen des Hauses nach der Vorstellung ins Sacher, um dort im Chambre separée, von diskreten Kellnern so gut wie nicht gestört, mit einem reichen Herrn zu – soupieren...

Eduard Sacher hatte mit seinem ersten Lokal solchen Erfolg, daß er schon drei Jahre später jenes Riesenhaus bauen ließ, das von 1873 an als „Hotel Sacher" in die Wiener Geschichte eingehen sollte. Anna Maria Fuchs heiratete also bereits in ein Hotel ein, als sie 1880 Frau Sacher wurde, aber es besteht kein Zweifel, daß ihre persönlichen Qualitäten einen Großteil zum Ruhm und Ruf des Hauses beigetragen haben.

Von Anna Sacher hieß es, sie sei nicht hübsch, „aber pikant, sogar reizvoll, mit einem blitzgescheiten, von tausend Teufeleien durchzuckten Soubrettengesicht."

Als ihr Gatte schon 1892 starb, leitete sie das Haus die folgenden Jahrzehnte allein und wurde langsam zu jener ehrfurchtgebietenden Persönlichkeit, die Zigarre rauchte, immer mit ihren beiden französischen Zwergbullis auftrat und alle anfallenden Probleme zusammen mit ihrem Oberkellner Franz Wagner löste, der das Auftreten eines englischen Lords zeigte (und sich folglich viel besser benahm als viele Gäste...).

Hier, im Hotel Sacher, traf sich alles, was in Wien Rang und Namen hatte, hier konnte man sich zwanglos begegnen, wohl auch Intrigen spinnen, hier wurde Privates verhandelt und Politik gemacht. Anna Sacher wußte mehr

Anna Sacher mit der legendären Zigarre im Mund

Eduard Sacher

über den Fall des Spions Redl und des Mörders in Uniform, Hofrichter, als mancher „Eingeweihte", aber ihre Diskretion war berühmt, und die Geschicklichkeit, mit der Franz Wagner alle Situationen meisterte, grenzt an diplomatische Kunstfertigkeit.
Der berüchtigtste Skandal im Sacher war jener der Herren in Uniform, die sich, bereits angetrunken, mit gezücktem Säbel vor Franz Wagner aufstellten, als dieser ihnen – als ob er Schwierigkeiten riechen könnte – ein Separée verweigerte. Schließlich bekamen sie es doch, demolierten es und wurden schließlich von der Polizei nackt aufgefunden.
Man erzählt die Geschichte gleicherweise vom Erzherzog Otto, einem Neffen Franz Josephs, dem Bruder von Franz Ferdinand, Vater des späteren Kaisers Karl, wie auch vom Kronprinzen Rudolf, der damals angeblich in der Gesellschaft des Prinzen von Wales und des Königs von Serbien gewesen sein soll...
Apropos Kronprinz Rudolf: Im Sacher hat er seine Geliebte Mizzi Caspar gefragt, ob sie nicht mit ihm sterben wolle, im Sacher hat sie ihn ausgelacht – so daß dann Mary Vetsera zur „Ehre" kam, den Tod des Kronprinzen in Mayerling zu teilen...
Anna Sacher hatte berühmte, einflußreiche Freundinnen, vor allem die Fürstin Pauline Metternich und die Hofschauspielerin Katharina Schratt, die Geliebte des Kaisers. Beide aber konnten ihr ihren Herzenswunsch nicht erfüllen: Daß Franz Joseph selbst je den Fuß in das Sacher setzen würde. Für ihn war das Haus ein besseres Bordell, das er mit Verachtung strafte. Zu vieles, was sich in seiner Familie an Unerfreulichem abspielte, hatte mit dem Sacher zu tun – nicht nur, daß die jungen Erzherzöge angeblich dort mit jenen Damen soupierten, von denen sie dann ihre Liebesweihe erhielten.
Nein, eines Tages tratschte ihm auch sein Bruder Ludwig Viktor, daß die Prinzessin Luise von Coburg, die Schwester von Kronprinzessin Stephanie, mit dem Grafen Matattachich im Sacher soupiert hatte – was der Kaiser von einer verheirateten Frau nicht dulden wollte. Luises Gatte Philipp von Coburg, einer von Kronprinz Rudolfs Zechkumpanen, der es mit der ehelichen Treue überhaupt nicht genau nahm, hätte die Sache liebend gern auf sich beruhen lassen – der Kaiser nicht. So kam es zu jenem Skandal, in dessen Folge Luise mit Geza Matattachich davonlief und das Unglückspaar durch ganz Europa gehetzt wurde... Und das Sacher, wo alles aufgeflogen war, hatte bei

Franz Joseph wieder einen dunklen Fleck... So viele Damen und Herren auch Anna Sacher hochschätzten und dank ihrer Diskretion liebten (mancher Gatte konnte sich, rechtzeitig gewarnt, noch aus dem Separée fortschleichen, wenn die Ehefrau im Foyer des Sacher auftauchte, fest zum Skandal entschlossen), so hatte sie doch auch mächtige Feinde.
Einer davon war Bürgermeister Karl Lueger – und das nicht, weil ihm, dem „Bürgerkaiser", der ganz auf den „kleinen Mann" setzte (er wollte ja schließlich gewählt werden, was der echte Kaiser nicht nötig hatte), das Sacher als Tummelplatz von lauter reichen und unnötigen Menschen erschien, sondern weil Anna Sacher einst mit spitzer Zunge eine freche Bemerkung über ihn gemacht hatte.

Werbe-Anzeige des Hotel Sacher

Luegers Rache fiel arg aus: Er sorgte dafür, daß die neue Straßenbahn, die durch Wien gelegt wurde, genau am Hotel Sacher vorbeiführte. Da konnte Anna Sacher nur vergeblich protestieren, denn der einzige, der ihr hätte helfen können, wäre der Kaiser gewesen – und der tat's nicht. Also störte das Klingeln und Quietschen der Straßenbahn ihre vornehmen Gäste...
Freilich, als der Krieg ausbrach, hatten alle andere Sorgen, voran Anna Sacher, der es Mühe bereitete, ihre Gäste auch nur einigermaßen ordentlich zu verpflegen – das heißt, jene die noch übrig waren: Denn die reichen Magnaten der Monarchie, die bei ihrem Wien-Besuch bei ihr abzusteigen pflegten, kehrten eiligst auf die Heimatgüter zurück, wo es mehr zu beißen gab als in der Hauptstadt.
Vorbei die großen, glanzvollen Soupers, vorbei aber auch die noblen Gewohnheiten: Wenn nun ein fröhlicher Erzherzog mit seinen Kumpanen wie einst die leergetrunkenen Champagnergläser gegen ihre damastbespannten Wände schmiß, mußte er sich von Anna Sacher eine Strafpredigt anhören, den die Zeiten, wo sie jede Menge Gläser nachbekam, waren vorbei...
Nicht nur dafür, daß Anna Sacher großzügig während des Ersten Weltkrieges kostenlos arme Studenten verpflegte, sondern überhaupt für ihre legendären Leistungen um Wien, erhielt sie als erste Bürgerin der jungen Republik nach dem Krieg das Goldene Verdienstkreuz.
Ein Happyend hatte das Leben dieser tüchtigen Frau allerdings nicht. Drei Kinder stammten aus der Ehe mit Eduard Sacher, die Töchter Anna und Fanny, die verheiratet waren, und Sohn Eduard, mit dem sie nie gut auskam. Tatsächlich war er mehr dem Hauptkonkurrenten Demel als dem mütterlichen Betrieb verbunden – ein Glück, daß Anna Sacher den jahrzehntelangen „Krieg um die Sachertorte“, der dadurch ausgelöst wurde, nicht mehr erleben mußte...
Daß sie, um allen Streitigkeiten zu entgehen, sich im April 1929 auf eigenen Wunsch (!) entmündigen ließ, überlebte sie nicht lange. Anna Sacher starb 71jährig am 25. Februar 1930. Sie allein wurde in Dornbach begraben, ihre Familie ruht woanders.
Bevor man sie in die Erde senkte, hat man ihren Sarg – wie bei den Schauspielern des Burgtheaters um das Haus – um ihr Sacher herumgetragen. Und die Wiener, von denen die meisten dieses Sacher nie betreten hatten, standen dabei Spalier...

Martha Freud

1861 – 1951

Der 53jährige Frieden

Glückliche Frauen hätten keine Geschichte, schreibt Freud-Biograph Ronald W. Clark, und er münzt diese Bemerkung auf Sigmund Freuds Gattin Martha.

Nun, die Ehe der Freuds galt tatsächlich als lebenslänglich glücklich – aber war Martha es auch? Hat sie das Glück, das eigentlich vor allem in Sigmund Freuds behaglichen Lebensumständen bestand (die sie ihm unermüdlich schuf), nicht ein wenig teuer bezahlt?

Paula Fichtl, das treue Dienstmädchen der Familie, beobachtete immer wieder, wie „die Frau Professor" schwere Migräneanfälle hatte und erbrach, was sie allerdings erfolgreich vor ihrem Gatten geheimhielt. Und eine Feministin unserer Zeit, Francoise Xenakis, stellte (als Titel eines Buches sogar) die These auf: „Frau Freud ist wieder mal vergessen worden!"

Und tatsächlich – hätte Sigmund Freud sein so erfolgreiches Gelehrtenleben führen können ohne die Aufopferung der Frau im Hintergrund, die dafür sorgte, daß er auf privater Ebene immer Ruhe und Ausgeglichenheit fand, egal, was ihm beruflich auch begegnete?

Wenn man sich das Leben dieser Martha Freud im Schatten des berühmten Gatten näher betrachtet, so kann kein Zweifel darüber bestehen, daß sie eine bemerkenswerte Frau war. Sie stammte aus einer angesehenen norddeutschen jüdischen Familie: Martha Bernays kam 1861 in Wandsbeck bei Hamburg zur Welt. Unter ihren Vorfahren waren berühmte Rabbiner – so würde es die junge Frau anfangs schwer treffen, daß ihr Sigmund Freud, kaum hatte er sie geheiratet, die Ausübung aller jüdischen Rituale verbot: Es war für ihn schon ein großes Zugeständnis gewesen, sie überhaupt nach jüdischem Zeremoniell zu heiraten...

Die Familie Bernays war 1869 nach Wien übersiedelt. Als Sigmund Freud an einem Aprilabend des Jahres 1882 die damals 21jährige Martha (sie war um 5 Jahre jünger als er) erstmals sah, war es bei ihm Liebe auf den ersten Blick. Der junge Arzt dürfte ihr auch nicht übel gefallen haben, sonst hätte sie sich nicht nach erst zweimonatiger Bekanntschaft mit ihm verlobt – heimlich allerdings, denn ihre Mutter (Marthas Vater war vor kurzem gestorben) erachtete den in höchst zweifelhaften pekuniären Verhältnissen lebenden Freud keinesfalls als eine gute Partie.

Aber Martha wartete, volle vier Jahre, die sie teilweise wieder in Hamburg verbrachte, korrespondierte mit Freud, der ihr die schönsten Briefe seines Lebens schrieb, stürmische Liebesbriefe, über 1500 an der Zahl, die dazu geeignet waren, ein junges Geschöpf über eine so lange Zeit hin bei der Stange zu halten. Martha, „das süße Mädchen“, wurde von ihrem Liebhaber umschwärmt.

Tatsächlich waren es dann zwei Erbschaften Marthas und nicht etwa eine Besserung von Freuds finanziellen Verhältnissen, die die Verlobungszeit (die von seiner Eifersucht geprägt war) endlich beendeten: Am 13. und 14. September 1886 heirateten die beiden zweimal (einmal standesamtlich, einmal im Tempel) in Wandsbeck bei Hamburg, und dann kam Martha Bernays als Martha Freud nach Wien, um einen Großteil ihres folgenden, langen Lebens hier zu verbringen.

Es kann kein Zweifel darüber bestehen, daß es eine glückliche Ehe war, daß

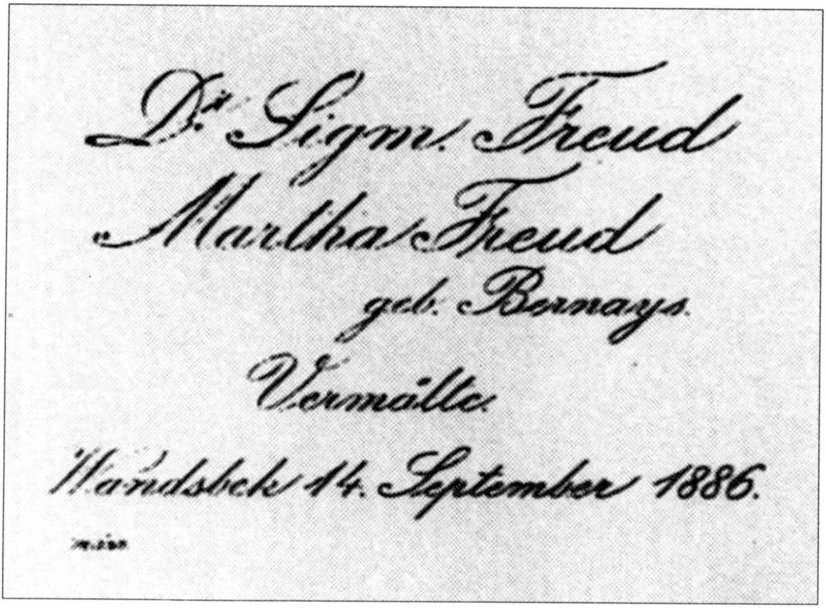
Dr. Sigm. Freud
Martha Freud
geb. Bernays.
Vermählte.
Wandsbek 14. September 1886.

Freuds Hochzeitsanzeige

die beiden einander liebten, daß Freud eine Familie wollte. In den acht Jahren zwischen 1887 und 1895 brachte Martha sechs Kinder zur Welt: 1887 Mathilde, 1889 Jean-Martin, 1891 Oliver, 1892 Ernst, 1893 Sophie und 1895 Anna, die Freud später „meinen einzigen Sohn“ nennen sollte, die einzige, die in seine Fußstapfen trat: Die Söhne wurden Rechtsanwalt, Bauingenieur und Architekt, die beiden anderen Töchter heirateten (und Sophies Tod sollte für Freud eine der großen Erschütterungen seines Lebens werden).
Lange war in der Familie Schmalhans Küchenmeister. Denn jener Sigmund Freud, der die Wissenschaft der Psychoanalyse entwickelt hat und damit eine der berühmtesten Persönlichkeiten der Weltgeschichte wurde, galt in Wien bloß als „Spinner“, auch als unseriöser Scharlatan. Erst langsam wurde die Wohnung in der Berggasse 19, in welche die Familie im September 1893, kurz nach der Geburt des dritten Kindes einzog, zur legendären Adresse.
Freuds Studien zur Hysterie, seine Traumdeutung und schließlich seine Analysen an Patienten ließen ihn langsam Boden unter den Füßen gewin-

nen. Dennoch – ohne Martha Freuds Sparsamkeit, ihr kluges Taktieren wäre die Familie wohl nicht über die Runden gekommen. Wobei sie den Ruhm, eine geradezu penible Hausfrau zu sein, noch durch das Lob erhöht bekommt, daß sie das Wohl der Möbel nie über das der Menschen stellte: Sie war eine patente Frau.

Man weiß über das Leben Sigmund Freuds bis in Details hinein Bescheid, und gerade bei einem Mann, der der Mitwelt die Rolle der Sexualität im Leben so klar gemacht hat, stellt sich die Frage, wie er es damit hielt. Es ist bewiesen, daß er nach der Geburt des sechsten Kindes den sexuellen Verkehr mit seiner Frau abbrach – gewiß nicht, weil er sie nicht mehr geliebt hätte, sondern weil er keine weiteren Kinder mehr wollte (obwohl man eigentlich annehmen könnte, daß ihm als Arzt Verhütungsmittel hätten bekannt sein müssen...) Man muß allerdings bedenken, was das für Martha Freud bedeutet haben muß: Sie war damals, 1895, noch nicht Mitte 30...

Über das außereheliche Liebesleben des Doktor Freud gab es jede Menge Gerüchte, obwohl man die Behauptungen, er habe mit seinen Patientinnen geschlafen, wohl in den Bereich der Verleumdung weisen kann: Das Risiko wäre einfach zu groß gewesen, hätte Freud seine Existenz kosten können, und man weiß, daß er ein kluger, überlegender Mann war.

Aber in jenem Jahr 1895, als Freud Martha zu einem Nonnendasein verurteilte, war noch etwas anderes geschehen: Die an sich große Familie (Freuds Mutter und vier weitere Schwestern gingen im Haus aus und ein) vergrößerte sich um ein weiteres Mitglied: Minna, Marthas jüngere Schwester, kam „zu Besuch“, nachdem ihr Verlobter gestorben war. Sie ging nie wieder.

Die Frage, ob Minna die Geliebte von Sigmund Freud war, wurde nie zweifelsfrei beantwortet. Falls es so gewesen sein sollte, geschah es mit der schweigenden Billigung Marthas, die mit ihrer Schwester in voller Harmonie gemeinsam den Haushalt führte. (Nur Paula Fichtl, das Dienstmädchen, dem wir so viele intime Auskünfte aus der Familie Freud verdanken, konnte die nörglerische Minna nicht leiden, während sie Martha, „die Frau Professor“, in den Himmel hob.)

Minna übernahm in mancher Hinsicht Marthas Platz – vor allem war sie intellektueller als diese, die am liebsten Bildbände über den Bayernkönig Ludwig II. durchblätterte. Minna dagegen war für Sigmund Freud auch in wis-

senschaftlichen Fragen eine Gesprächspartnerin. Und immer wieder trat Martha zurück und ließ sie gemeinsam eine Reise unternehmen...
Denn sobald die Familie wohlhabender wurde, hieß das nicht, daß der Luxus für alle ausbrach: Es bedeutete vielmehr, daß Martha dafür sorgte, daß alles sich um Freud drehte, daß er seinen teuren Hobbys in größerem Ausmaß frönen konnte, dem Sammeln von Antiquitäten und dem Reisen. Des öfteren mit Minna, wie gesagt. Während Martha sich damit beschäftigte, sechs Kinder großzuziehen (mit all ihren Krankheiten, Schulproblemen und was es sonst noch so gibt), ohne den Gatten weiter damit zu belästigen.
Und als Freud immer berühmter wurde, und sich immer mehr auch interessante Frauen um ihn scharten, von der Schriftstellerin Lou Andreas-Salomé bis zur Prinzessin Marie Bonaparte (was den Charakter eines „Harems" annahm), mischte Frau Freud sich nie ein, machte dem Gatten nie eine Szene. Tatsächlich hatte Freud bei seiner Hochzeit gescherzt, er ziehe in den „dreißigjährigen Krieg": Es wurde der 53jährige Frieden. Aus der ganzen Zeit ist, wie Georg Markus in seiner Biographie über Sigmund Freud

Das Ehepaar Freud kommt in der englischen Emigration an

schreibt, nur ein einziger „ernsthafter“ Streit überliefert: Es ging darum, ob Herrenpilze mit oder ohne Stiele gekocht werden sollten…
Von den zwanziger Jahren an wurde das Leben für die Familie schwerer, denn das Schicksal schlug gnadenlos zu: 1920 starb Freuds geliebte Tochter Sophie im Alter von erst 26 Jahren, ihr Sohn Heinerle, an dem Freud hing, wie an wenigen Menschen sonst, kam nach Wien – und starb drei Jahre später. Und 1923 stellte sich auch heraus, daß Freud Kieferkrebs hatte. Bis zu seinem gewünschten Ende durchlitt er 32 Operationen, und das Essen und Sprechen (und damit das Leben) waren ihm durch den Einsatz eines künstlichen Kiefers entsetzlich erschwert.
Wenn auch nun in jenen Jahren die Tochter Anna sich mehr und mehr um den Vater annahm, war es doch nach wie vor Martha, die gemäß ihrem Grundsatz „Alles muß seine Ordnung haben“ die riesige Familie zusammenhielt: Als die Freuds nach dem Einmarsch der Nazis nach England emigrierten, tat es ein Haushalt, der 14 Personen umfaßte. Zurücklassen mußte man nur die vier alten Schwestern Freuds, die zwischen 75 und 80 Jahre alt waren: Sie alle kamen im Konzentrationslager um…
In London lebte Freud noch ein Jahr, bis sein Dasein so unerträglich wurde, daß er es nicht mehr ertragen konnte: Sein Arzt leistete ihm Sterbehilfe, wie er es versprochen hatte. Martha ging nach Freuds Tod tagelang nicht aus dem Haus. Aber sie war eine unglaublich starke Frau. Wenige Monate nach dem Tod des Gatten zog sie in einem Brief an einen Freund das Resümee:
„Er hat ja zum Schluß so unendlich gelitten, daß selbst die, welche ihn am liebsten immer behalten hätten, seine Erlösung wünschen mußten! Und doch, wie furchtbar schwer ist es, ihn entbehren zu müssen. Ohne so viel Güte und Weisheit neben sich weiterzuleben! Ein schwacher Trost ist für mich, daß in 53 Jahren unserer Ehe kein böses Wort zwischen uns gefallen und ich immer getrachtet habe, ihm die Misere des Alltags aus dem Weg zu räumen. Nun hat mein Leben Sinn und Inhalt verloren…“
Doch Martha Freud lebte weiter, lebte bei ihrer Tochter Anna und deren Freundin, betreut von der treuen Paula Fichtl, die der Familie in die Emigration gefolgt war. Ihre Schwester Minna starb 1942. Martha Freud wurde 90: 1951 schloß sie in London die Augen für immer. Sie stammte aus einer langlebigen Familie.

Anna Bahr-Mildenburg

1872 – 1947

Für Richard Wagner geboren

Wenn Anna Bahr-Mildenburg, eine der größten Sängerinnen ihrer Zeit, sich später an ihre Herkunft und Familie erinnerte, erwähnte sie nicht ohne Stolz, väterlicherseits aus einem alten Offiziersgeschlecht zu stammen, das während der Napoleonischen Freiheitskriege geadelt wurde – daher stammte vielleicht die Disziplin, die in einem Opernsängerleben unerläßlich ist.

Ihre künstlerische Ader aber kam wohl vom Großvater mütterlicherseits, einem berühmten Bariton mit Namen Fidelis Butsch, zu dessen wertvollsten Erinnerungen es zählte, Goethe begegnet zu sein. Das prägt ein kleines Mädchen, das bewundernd auf dem Schoß eines alten Mannes saß und von ihm die großen Namen der Kunst, Literatur und Musik hörte.

Dennoch hatte Anna von Mildenburg, die am 29. November 1872 in Wien geboren wurde, keine ausgesprochen glückliche Jugend. Der Vater war meist bettlägerig, drei ältere Brüder machten ihr das Leben schwer, die Mutter litt weinend und schreiend, und Anna wurde ein tief unglückliches, nervöses Kind, das nur in seiner Liebe zur Musik Trost fand.

Mit sieben lernte sie Klavier spielen, wenig später singen, und als sie dem kranken Vater vorsang und sich selbst dabei begleitete, machte sie ihm und sich das Leben erträglicher. Die Schumann- und Schubert-Lieder, die sie in einer Mappe ihres Großvaters fand, wurden ihre heimlichen Leidenschaft, vor allen verborgen, ihr Geheimnis: „Heute weiß ich, daß das Öffnen der alten Mappe ein bedeutungsvoller, ja entscheidender Augenblick meines Lebens war", schrieb sie später.

Die ersten siebzehn Jahre ihres Lebens verbrachte Anna mit der Familie in Klagenfurt, dann übersiedelte man der Gesundheit des Vaters wegen nach Görz – das war keine Umgebung, wo eine Stimme fachgerecht ausgebildet werden konnte. Aber es gab Zufälle, etwa jenen, der den Lustspieldichter Julius Rosen auf Urlaub nach Görz führte, wo er neben der Familie Mildenburg wohnte und Anna singen hörte. Er war es, der die entscheidende Frage stellte, warum sie mit ihren gottgegebenen Mitteln nicht Sängerin werden wollte?

Für diese Möglichkeit löste Anna von Mildenburg sogar ihre Verlobung mit einem Leutnant. Begleitet von der Mutter, reiste sie nach Wien, um am Konservatorium zu studieren. Und wieder hatte sie Glück: Die berühmte Sängerin Rosa Papier zog sich eben von der Bühne zurück. Es war ihr ein Bedürfnis, ihr Wissen weiterzugeben, und daß ihre erste Schülerin, diese junge Mildenburg, so viel Stimme mitbrachte, schien ihr weit wichtiger als die Bezahlung.

Daneben gab es am Konservatorium auch „dramatischen" Unterricht – und die große, schlanke Anna, die sich als hager empfand, kam sich bei allen Versuchen, als Sängerin auch zu agieren, schrecklich ungeschickt vor: Vielleicht hat sie darum in ihrer Karriere dann stets den größten Wert auf darstellerischen Ausdruck gelegt, weil sie so schwer darum kämpfen mußte.

Als Anna von Mildenburg an der Wiener Hofoper ihre erste Wagner-Oper hörte, wußte sie: „Diese Welt ist für mich entstanden – und ich bin für sie geboren."

Dies erwies sich als absolut prophetisches Bewußtsein. Eine Kollegin betrachtete das dünne Mädchen und meinte dagegen: „54 Kilo und eine Walküre!“ Tatsächlich bekam Anna von Mildenburg von dem Intendanten des Stadttheaters Hamburg, der sie engagierte, nicht nur den Auftrag, die Norma, die Rezia, die Donna Anna und einige Wagner-Rollen zu studieren, sondern auch jenen, dicker zu werden – „eine Walküre braucht Fülle.“

Was Opernsänger von einst leisteten, versetzt ein Publikum von heute in Staunen. Mit 22 debütierte Anna von Mildenburg in Hamburg als Brünnhilde und sang in ihrer ersten Saison 18 große Rollen, darunter solche Brocken wie die „Tannhäuser“-Elisabeth und die „Fidelio“-Leonore. Und wieder hatte sie Glück, denn sie stach einem Mann in die Augen, der zwar ob seiner hohen Ansprüche berüchtigt und gefürchtet, aber einer der größten Dirigenten seiner Zeit war: Gustav Mahler.

Mahler war damals der erste Kapellmeister der Hamburger Oper, und er hatte ein Faible für begabte Sängerinnen – auch privat. Anna von Mildenburg wurde in Hamburg seine Geliebte, so wie später in Wien Selma Kurz.

Anna Bahr-Mildenburg in ihrer Glanzrolle als Kundry in Wagners „Parsifal“

Es waren vielleicht privat keine sehr glücklichen Beziehungen, aber die Damen lernten viel von ihm, profitierten in ihrem Künstlertum. „Durch seine Hingabe an das Werk, durch seine Sachlichkeit und Unerbittlichkeit gegen alles Gemeine, Halbe, durch diese wunderbare Mischung von Genialität und Pedanterie wurde mir die künstlerische Zucht gegeben", erklärte Anna von Mildenburg später.

Und Mahler unterstützte ihr Faible für das Werk Richard Wagners, er studierte mit ihr die Partien, bis sie sie so vollkommen beherrschte, daß sie „in völliger Unabhängigkeit von Souffleur, Partner, Dirigenten als Brünnhilde lieben, als Ortrud hassen" konnte, „die Musik bis ins Tiefste erlebend und aus dem Tiefsten heraus gestaltend".

Anna von Mildenburg wurde eine Priesterin der Musik, vor allem der Musik Richard Wagners, und das sicherte ihr über Jahrzehnte ihren Rang als Sängerin.

Gustav Mahler war es, der Anna von Mildenburg an Cosima Wagner empfahl, die sich zwar eine 24jährige Brünnhilde in Bayreuth nicht vorstellen konnte, aber Mahler zurecht vertraute: Und als die junge Mildenburg ihr vorgesungen hatte, übertrug sie ihr für die Festspiele von 1897 die Kundry im „Parsifal" und studierte sie mit ihr ein. Da Cosima die Gralshüterin von ihres Gatten Willen war, konnte Anna von Mildenburg auch sicher sein, die Rolle so zu singen und zu gestalten, wie Wagner es gewünscht hatte.

Drei Jahre später war Anna von Mildenburg in Bayreuth die Isolde, sang dann auch noch die Ortrud und alle wichtigen Rollen ihres Fachs. Damit waren ihre Sommer besetzt.

Was ihre Zugehörigkeit zu einem Opernhaus betraf, so war Mahler an die Wiener Hofoper gegangen und holte Anna von Mildenburg nach – nicht aus privaten Gründen, denn die Beziehung war zu Ende, sondern weil er sie als großartige Künstlerin erkannte. 1898 kam sie nach Wien, 1901 wurde die erst 29jährige zur Kammersängerin ernannt.

Gustav Mahlers Direktionszeit markierte zweifellos den Höhepunkt in Anna von Mildenburgs Karriere: Als Wagner-Sängerin konnte sie den Wienern nicht ersetzt werden, alle Nachfolgerinnen hatten es schwer, mußten sich an ihr messen lassen.

Unter Mahlers Nachfolger, Felix von Weingartner, feierte die Mildenburg allerdings noch einen Triumph ohnegleichen: Im März 1909 sang sie bei der

Wiener Erstaufführung von Richard Strauss' „Elektra" die Klytämnestra einfach phänomenal: Ihr „Mildenburg-Schrei" ging durch Mark und Bein. Marcel Prawy berichtet in seinem Buch über die Wiener Oper, wie einstimmig bewundert sie wurde: „Man erzählt, daß sie in ihrem fahlgleißenden Pomp selbst einem bösen Traum geglichen habe." Fotos geben heute davon noch eine Ahnung.

Und es war die große Kollegin Maria Jeritza, die von der Klytämnestra der Mildenburg bewundernd sagte, sie habe gar nicht schön gesungen, „aber man hat sich gefürchtet..." – und das wäre für die große Schauspielerin Anna von Mildenburg das größte Kompliment gewesen, denn etwas anderes hat sie nie erreichen wollen, als eine Rolle bis in den Grund auszuschöpfen, nicht als Sängerin allein, sondern als Gestalterin.

1909 heiratete Anna von Mildenburg Hermann Bahr: Er war einst ein bedeutender Journalist und Literaturkritiker gewesen, hatte sich als Freund Arthur Schnitzlers und Feind von Karl Kraus umgetan, war aber zum Zeitpunkt seiner Eheschließung schon als Lustspielautor äußerst erfolgreich, etwa mit seinen „Wienerinnen". 1904 hatte es ihn, den leidenschaftlichen Wagnerianer, nach Bayreuth gezogen. Er sah Anna von Mildenburg als Isolde und verliebte sich in sie. Von da an war er an der Wiener Oper Stammgast, wenn sie sang. Über ihre Leonore im „Fidelio" schrieb er am 1. November 1904 in sein Tagebuch: „‚Fidelio' mit der Mildenburg, die herrlich ist. Nie habe ich Güte zu solcher Leidenschaft gesteigert gesehen. Dazu ihre wunderbare Schönheit. Diese Augen, durch welche man unmittelbar in ihre tiefste Seele zu schauen glaubt..."

Als er sie erstmals besuchte, hatte er ein wenig Angst davor, die Wirklichkeit würde mit dem herrlichen Bild auf der Bühne nicht schritthalten: „Nachmittag bei der Mildenburg. Fast mit ein bissel Angst hin: Ist sie im Leben so groß, wie sie auf der Bühne wirkt, so muß sie unheimlich sein, ist sie es nicht, was will ich dann bei ihr."

Aber sie erschien ihm im Leben ebenso unwiderstehlich, er wollte alles von ihr, sie verreisten gemeinsam, und sobald Bahr die Scheidung von seiner Frau durchgesetzt hatte, heiratete er Anna von Mildenburg, die sich künftig „Bahr-Mildenburg" nannte. Die Ehe wurde sehr glücklich, und als sie unter Mahlers Nachfolger an der Wiener Oper nicht mehr zufrieden war, fiel es ihr nicht schwer, sich vorübergehend von der Bühne zurückzuziehen .

Bahr begleitete seine Frau bei ihren Gastspielreisen, aber sie hatte ihren stimmlichen (wenn auch nicht künstlerischen) Höhepunkt überschritten. 1912 übersiedelten die beiden, die nun alt genug waren, um die Ruhe zu lieben (Hermann Bahr war neun Jahre älter als seine Frau), nach Salzburg in jenes Schlößchen Arenberg, das heute die Max-Reinhardt-Forschungs- und Gedenkstätte beherbergt. Doch ganz seinen Neigungen zu leben, war dem Paar nicht vergönnt, und finanzielle Probleme zwangen Anna Bahr-Mildenburg, die Möglichkeit wahrzunehmen, an der Akademie für Tonkunst in München Unterricht zu geben.

Sie war eine begeisterte Lehrerin, die in vielen Schülern dieselbe Flamme des heiligen Enthusiasmus entzündete, die in ihr brannte, aber Hermann Bahr war unglücklich, zwischen München und Salzburg pendeln zu müssen. Er hatte mittlerweile wieder schreckliche Sehnsucht nach Wien, wo er, der geborene Linzer, um die Jahrhundertwende seine beste Zeit verlebt hatte.

Es gibt dringliche Briefe Bahrs an eine Freundin, die Hofrätin Berta Zuckerkandl in Wien, mit der Bitte, sie möge doch ihre Beziehungen nützen und Anna Bahr-Mildenburg eine Stellung in Wien verschaffen. Aber es nützte alles nichts, die Bahrs mußten in München bleiben, wo er 1934 starb.

Anna Bahr-Mildenburg überlebte den Gatten um 13 Jahre, deren letzte sie wieder in Wien verbrachte. Bis ins hohe Alter blieb sie geistig und körperlich frisch aufgrund der ungeheuren Disziplin, die sie sich selbst auferlegte. Sie hatte in den zwanziger Jahren selbst bei Wagner-Aufführungen Regie geführt, sie war bei den Salzburger Festspielen in Calderons „Welttheater" als Schauspielerin aufgetreten. Ihre Lehrtätigkeit übte sie bis zuletzt aus.

Sie habe keine Zeit zum Altwerden oder zum Nachdenken darüber, schrieb sie, und hegte nur den einen Wunsch, daß ihr Siechtum erspart bleiben möge. Der Wunsch ging in Erfüllung: Am 27. Jänner 1947 legte sich die 75jährige ruhig schlafen und erwachte nicht mehr.

Sie hat einen großen Teil ihres Nachlasses der Theatersammlung der Wiener Nationalbibliothek vermacht, und im Theatermuseum in der Hanuschgasse kann man das „Anna-Bahr-Mildenburg-Zimmer" sehen, das Josef Hoffmann entworfen hatte, und in dem kostbare Erinnerungen aus einem langen Künstlerleben zu sehen sind, darunter Bilder von Klimt und Kolo Moser und Geschenke von Cosima und Siegfried Wagner.

Dora Kallmus

1881 – 1963

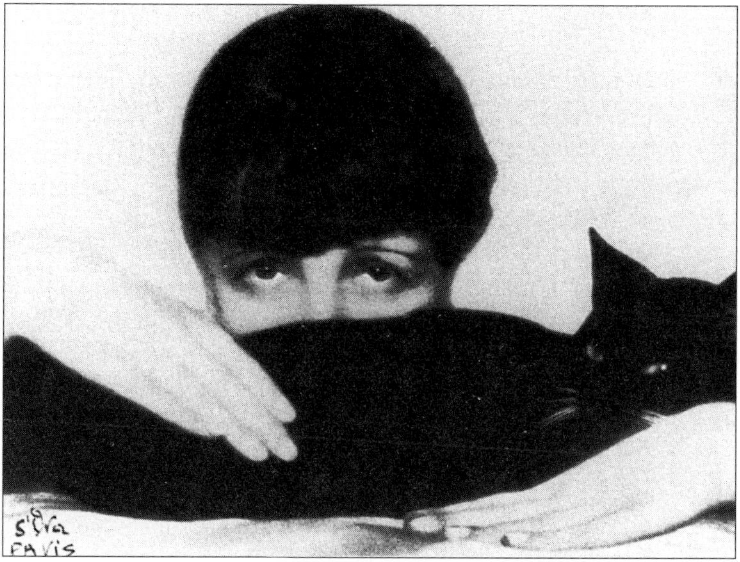

Madame d'Ora

Wenn eine Fotografie in Wien mit dem Hinweis „d'Ora" gekennzeichnet war, dann bedeutete das ein Markenzeichen, es hieß, daß man sich im elegantesten Laden der Stadt hatte konterfeien lassen. So fanden sich hier alle Berühmtheiten der Zeit ein – und die Folge wiederum war, daß viele Künstler und Persönlichkeiten aus dem Wien nach der Jahrhundertwende in „d'Ora"-Bildern auf die Nachwelt gekommen sind. Wobei, das sei angemerkt, „Madame d'Ora" damals so gut wie nie hinter der Kamera stand... Trotzdem ist das Markenzeichen „d'Ora" voll und ganz die Leistung jener Dora Kallmus, die am 20. März 1881 als Tochter einer wohlhabenden jüdischen Familie (der Vater war Hofgerichtsadvokat) geboren wurde. Sie und ihre Schwester Anna Malvine wurden nach dem frühen Tod der Mutter von der Großmutter aufgezogen. Die Schwestern waren einander sehr verbun-

den und haben als Erwachsene immer wieder gemeinsam gelebt.
Doras erste Berufswünsche galten, wie man in dem glänzenden Buch nachlesen kann, das Monika Faber ihr gewidmet hat, den Berufen einer Schauspielerin oder Modistin. Zwanzigjährig fand sie dann heraus, was sie mehr als alles andere interessierte. Bei einem Aufenthalt in Nizza suchte sie Ansichtskarten, fand keine, kaufte sich eine Kamera und begann selbst zu knipsen. Das gefiel ihr außerordentlich, und sie beschloß, Fotografin zu werden. Bloß – das war damals noch kein Beruf für eine Frau...
Sie überwand schließlich die Widerstände einer geschlossenen Männergesellschaft, wenn auch nicht völlig: In der Graphischen Lehr- und Versuchsanstalt konnte sie zwar die Theoriekurse besuchen, an die Chemikalien, die nun einmal zum Beruf gehören, ließ man sie jedoch nicht heran. Schließlich beschloß sie, schon mit dem Ziel eines Ateliers vor Augen, in Berlin eine Kurzausbildung zu absolvieren. Doras Vater kam für die nicht unbeträchtlichen Kosten des Unternehmens auf.
1907 lernte sie in Berlin bei Nicolaus Perscheid die praktischen Aspekte des Berufs und erwies sich als so geschickt, daß ihr Lehrer sie engagieren wollte. Aber Dora war zu eigenwillig, um sich unterzuordnen. Sie ging nach Wien zurück und erfüllte sich ihren Traum, ein Atelier zu gründen. Sie wußte allerdings eines: Für die technische Seite ihres Berufs war sie damals noch nicht gut genug. Aber sie kannte jemanden, der es war: Anton Benda, der erste Assistent Perscheids. Ihn engagierte sie ab und holte ihn nach Wien. Es wurde eine Haßliebe zwischen den beiden (Benda war um vier Jahre jünger), bei der am Ende nur noch Haß übrig bleiben sollte.
1907 jedoch eröffneten die beiden mit großen Ambitionen ein Studio in der Wipplingerstraße 24. Von Anfang an nannte die frankophile Dora ihren Salon „d'Ora" und ließ sich sehr gern mit „Madame d'Ora" ansprechen. Sie investierte in komplizierte technische Apparaturen und ging damit kein großes Risiko ein: Ihr Vater war in der wohlhabenden jüdischen Gesellschaft Wiens ein bekannter Mann (die Familie der Kallmus war übrigens mit dem Komponisten Julius Korngold verwandt), und aus seinem Kreis rekrutierten sich die ersten Kunden. Dora, die sehr selbstbewußt (und übrigens auch geschäftstüchtig) war, sorgte dafür, daß sie schnell bekannt wurde.
Tatsächlich zählten schon 1908 der Dichter Arthur Schnitzler (der sich im Lauf seines Lebens oft bei ihr fotografieren ließ), der Maler Gustav Klimt,

aber auch die Hotelbesitzerin Anna Sacher zu ihren Kunden. 1909 fotografierte der Salon d'Ora u. a. Alma Mahler, mondäne Gräfinnen oder Hermann Bahr, 1910 die Tänzerin Grete Wiesenthal, 1911 den Schauspieler Alexander Girardi, 1912 die Sängerin Maria Jeritza, 1913 den Regisseur Max Reinhardt... und das sind nur willkürlich herausgegriffene Namen von vielen Berühmtheiten, die ihrerseits den Salon d'Ora berühmt machten.

Dora Kallmus und Arthur Benda teilten sich die Arbeit. Monika Faber schreibt: „Dora Kallmus leitete das Atelier, sie pflegte den Kontakt mit den Kunden, verwickelte sie in Gespräche und beeinflußte ihre Haltung. Sie bestimmte die Beleuchtung, hatte immer einige dekorative Schals, Pelzstolen oder Tücher bereit, um ihre Modelle aus der Tagesmode herauszulösen. Sie stellte neue Mitarbeiter ein und kümmerte sich um die Vermarktung der Fotos." Hinter der Kamera aber stand Arthur Benda, der die Chefin als „beruflichen Amateur" bezeichnete...

D'Ora-Fotos gelangten in Ausstellungen und errangen Anerkennung, wurden von Kunstzeitschriften gebracht, aber auch – was noch wichtiger war – von Blättern der eleganten Welt. Was heute „Vogue" ist, war damals für den deutschen Sprachraum gewiß die Berliner illustrierte Zeitschrift „Die Dame", in der immer wieder d'Ora-Fotos erschienen. Das erhöhte den Ruf, den Ruhm und die Preise.

Das Signet des Salons d'Ora in Wien und Paris

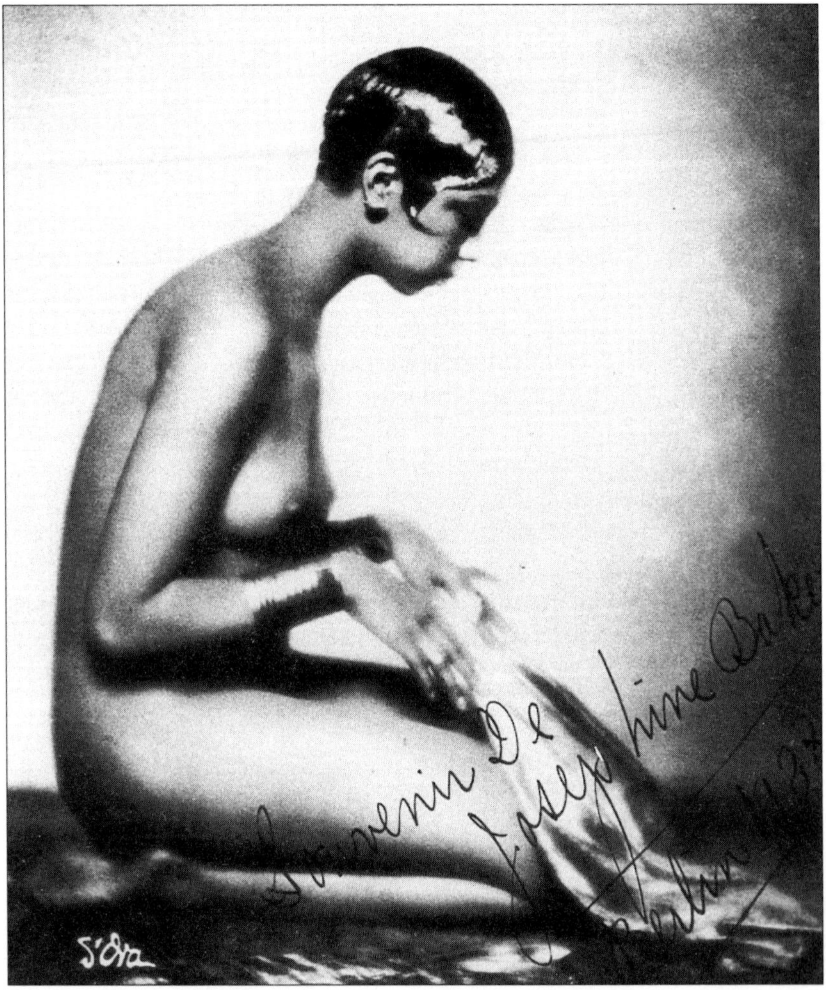

Josephine Baker, 1928 im Salon d'Ora fotografiert

Als Kaiser Karl sich 1916 in Budapest zum König von Ungarn krönen ließ, machte das Atelier d'Ora Aufnahmen von den ungarischen Magnaten in ihren prachtvollen Gewändern, die wie Kostüme wirkten, und 1917 erschien die kaiserliche Familie im Atelier, um sich konterfeien zu lassen, Karl,

Zita und Kronprinz Otto. Der Erste Weltkrieg beeinträchtigte die Geschäfte des Salons d'Ora so gut wie gar nicht.
1921, als nach dem Krieg die Situation in Wien prekärer wurde, errichtete das Atelier d'Ora im Sommer eine Zweigstelle in Karlsbad, das noch immer ein Weltkurort war und wo auch die reichen Leute aus anderen europäischen Ländern hinkamen, was sich wohltuend auf den Umsatz auswirkte. Tatsächlich verlor das Wiener Atelier angesichts der internationalen Klientel, die man in Karlsbad gewinnen konnte, an Bedeutung.
Außerdem klappte es nach zwanzigjähriger spannungsvoller Zusammenarbeit zwischen Dora Kallmus und Arthur Benda nicht mehr. Seit 1922 waren sie Teilhaber, er als technischer, sie als kaufmännischer Leiter. Als sie darangingen, ihre Besitztümer zu entflechten, erwies sich das als unangenehm und spülte, wie bei jeder Scheidung, allerlei Schmerzliches hervor.
Aber Dora Kallmus hatte schon beschlossen, nach Paris zu gehen, wo sie sich wohlfühlte (Benda nicht, er blieb bis zu seinem Lebensende in Wien), und schließlich wollte sie sich ihren Anteil am Wiener Atelier um die damals enorme Summe von 70 000 Schilling abkaufen lassen. Ihr Name war schließlich kostbar. Man einigte sich, daß die Wiener Fotos künftig d'Ora-Benda, Wien heißen sollten, sie hingegen wollte „d'Ora-Paris" etablieren.
Die ersten Jahre in Paris waren nicht so einfach, wie Dora Kallmus es sich vielleicht vorgestellt hatte. Sie mußte gegen Wohnungsnot, Konkurrenz, Brotneid und viele große und kleine Ärgernisse kämpfen, aber sie kämpfte und siegte tatsächlich, auch gegen die vielen anderen Ateliers, und etablierte nun, selbst fotografierend, einen neuen, glamourösen Stil, der der Zeit entsprach.
Coco Chanel, Maurice Chevalier, die Mistinguett waren nicht nur ihre Kunden, sondern auch teilweise ihre Freunde. Sie fotografierte Josephine Baker, die damals die Sensation Europas war, und verkaufte ihre Bilder teuer an Magazine. Benda in Wien hingegen mußte, um die schweren Zeiten zu übertauchen, teilweise auf Aktfotos für Herrenmagazine umsteigen...
Dora Kallmus arbeitete in den dreißiger Jahren rastlos. Anfangs noch viel unterwegs, war ihr im Lauf der Zeit als Jüdin (daß sie katholisch geworden war, interessierte die Rassentheoretiker des Dritten Reichs nicht) die Rückkehr nach Österreich nicht mehr möglich. Doch sie fühlte sich vollkommen wohl in Paris, und Frankreich – bis die deutschen Truppen kamen.

Während des Krieges versteckte sich Dora Kallmus in Paris auf dem Land. Ihre Schwester Anna, die in Wien geblieben war, kam ins KZ und starb dort. Als Dora Kallmus 1946 wieder nach Österreich kam, hatte sie sich völlig verändert. Die über Sechzigjährige fotografierte nun das Elend der Flüchtlinge.
Wieder in Paris ging sie in die Schlachthöfe und machte dort Bilder – eine größere Diskrepanz zu dem, was sie einst gewesen war, zur Eleganz und Schönheit, für die ihr Name stand, war kaum denkbar.
Je älter Dora Kallmus wurde, je mehr Freunde starben, umso einsamer wurde sie. Sie liebte Hunde und Katzen und umgab sich mit ihnen. Als 78jährige wurde sie von einem Motorrad niedergestoßen und litt seither an Gedächtnisstörungen. 1961 äußerte sie den Wunsch, nach Österreich zurückzukehren. Man erhielt für sie das Haus zurück, das die Familie Kallmus in Frohnleiten in der Steiermark besessen hatte. Dort lebte sie, gepflegt von einer Freundin, umgeben von Tieren, bis zum 30. Oktober 1963. Dann schloß eine Frau die Augen, die einst eine Legende gewesen war.

Dora Kallmus im Alter von 47 Jahren

Helene Deutsch

1884 – 1982

Sigmund Freuds „schöne Helena“

Am besten kann man die Faszination, die der alternde Sigmund Freud auf seine Umwelt ausübte, beschreiben, indem man die Menschen charakterisiert, die ihn umflatterten wie die Motten das Licht. Jeder und jede von ihnen war bedeutend – und es ist absolut charakteristisch, daß sich so viele Frauen unter ihnen befanden, daß schmunzelnd von Freuds „Harem“ gesprochen wurde.

Jeder und vor allem jede wollte ihm so nahe wie möglich sein, Vertraute und Mitarbeiterin, und es ist nur logisch, daß es solcherart zu Eifersüchteleien und kleinen Tragödien kam, zu persönlichen Krisen und Ehestreitigkeiten. Aber jeder, der sich im Dunstkreis Freuds bewegte, war – auch wenn er versuchte, sich aus dem Einfluß zu befreien – lebenslang davon gezeichet. Die große Psychoanalytikerin Helene Deutsch ist nur ein Beispiel dafür.

Sie kam am 9. Oktober 1884 in Przemysl zur Welt, das heute zu Polen gehört, damals noch Österreich war, und ihr Spitzname lautete auch in ihren Wiener Zeiten noch „Hala", wie man sie in Polen nannte. Polnisch war ihre erste Sprache, und sie hat das Deutsche und später das Englische immer höchst eigenwillig behandelt, wie man ihr nachsagt – ihre Wirkung hat es nicht beeinträchtigt.

Helenes Vater war ein angesehener jüdischer Anwalt in diesem Teil der Monarchie, Galizien, und er ließ seine Tochter in Privatstunden für die Reifeprüfung vorbereiten. Zuerst wollte Helene, die viel auf ihre Emanzipation hielt, Juristin werden, wie ihr Vater, aber dann entschloß sie sich für die Medizin. Sie studierte dieses Fach, das sich damals Frauen nur zögernd öffnete, in München und Wien. Dort heiratete sie 1912, kurz vor ihrer Promotion, den Internisten Felix Deutsch.

Damit kam sie in den Kreis um Sigmund Freud, denn ihr Gatte war dessen behandelnder Arzt. Und es war kein Zufall, daß Helene Deutsch ihren 1917 geborenen Sohn „Martin" nannte: Das war auch der Name von Freuds Ältestem. Im Laufe der Zeit konnte man an zahllosen Zeichen ablesen, wie sehr Helene Deutsch in den Bannkreis von Freud geriet. Und das, obwohl sie von 1912 bis 1918 als psychiatrische Assistentin in der Klinik von Julius Wagner-Jauregg arbeitete – und dort, an diesem Ort der konservativen medizinischen Anschauungen, galt Freud damals geradezu als Scharlatan. Wenn ihr an ihrer Stellung gelegen war, tat Helene Deutsch gut daran, sich öffentlich nicht zu exponieren.

Aber seit sie 1911 seine „Traumdeutung" gelesen hatte, war Helene Deutsch eine begeisterte Anhängerin von Freud, ging auf der Universität in seine Vorlesungen, nahm an Sitzungen der Wiener Psychoanalytischen Vereinigung teil, die sich um ihn scharte – und mußte während ihrer beruflichen Tätigkeit in der Klinik immer nur Unfreundliches über ihn hören. Dennoch entschloß sie sich, ihn zu bitten, sie in eine sogenannte „Lehranalyse" zu nehmen. Bei dieser Analyse der eigenen Person durch Freud wurden künftige Psychoanalytiker geschult, später in seinem Sinn zu arbeiten.

In der Medizin kennt man den Begriff der „Übertragung": Ein Lehrer-Schüler-Verhältnis (oder auch jenes von Arzt zu Patient) wird in sehr vielen Fällen zu starken emotionalen Bindungen des schwächeren Teils an den stärkeren führen. Helene Deutsch war da keine Ausnahme, ihre Verehrung

Helene Deutsch

Freuds wurde in diesen Jahren das prägende Erlebnis ihres Daseins und steigerte ihre eigene Kreativität und Produktivität beträchtlich (wie gut es ihrer Ehe getan hat, muß man dahingestellt sein lassen).

Dabei muß es für sie sehr befriedigend gewesen sein, daß sie im Kreis um Freud eine dominierende Rolle zu spielen begann und offiziell als sein Liebling, als seine „schöne Helene“ galt (was Paul Roazen in seinem Buch über Freud nicht zuletzt mit dessen Schwäche für attraktive Frauen erklärte...).
Als Helene Deutsch dann selbst Seminare für Psychoanalyse veranstaltete, waren diese sehr gefragt, und sie galt als exzellente Pädagogin. Allerdings ließ sie bei ihren Schülern – wie die junge Margret Mahler (diese schon aus der nächsten Generation von Psychoanalytikern) feststellen konnte – ihren Sympathien und Antipathien freien Lauf, was nicht unbedingt vertretbar war. Aber da Persönlichkeiten ja unteilbar sind, gehörte dies zum Gesamtbild ihrer Erscheinung, die so viel Brillantes und Herausforderndes hatte.
Nicht nur in der Wissenschaft stand Helene Deutsch im Mittelpunkt, auch gesellschaftlich, indem sie einen Samstagabend-Bund gründete, der „Kartenclub Schwarze Katze“ genannt wurde und als Treffpunkt sehr gefragt war. Im Prinzip kam man zum Kartenspielen zusammen, aber tatsächlich waren diese Abende eine „Börse“ der Psychoanalyse, und Helene Deutsch, die zum berufsorientierten Typus Frau gehörte, zog zweifellos ihren Vorteil aus diesen Zusammentreffen, die sie eindeutig dominierte.
Als Sigmund Freud 1923 schwer an Krebs erkrankte und Felix Deutsch ihn als Arzt behandelte, geriet Helene Deutsch in eine schwere Krise. Sie hatte das Gefühl, zwischen den beiden Männern zu stehen, andererseits wieder ausgeschlossen zu werden. Freud erfüllte ihre Bitte nach einer weiteren Analyse nicht, die sie so nötig zu brauchen meinte.
Ihre Reaktion war logisch – Flucht. Flucht wohl auch vor ihrem Mann, denn die Ehe verlief nicht sehr gut: Helene Deutsch, die Menschen dazu brachte, sich auszusprechen, um ihre Probleme zu bewältigen, fand mit ihrem Ehemann nicht zu dem nötigen Dialog. Daß sie sich nie scheiden ließ (Felix Deutsch starb 1964), ist zweifellos nur darauf zurückzuführen, daß Freud dies zutiefst mißbilligt haben würde.
1923 ging Helene Deutsch also nach Berlin, und es sprach für die Wichtigkeit, die sie für ihre Patienten hatte, daß viele mit ihr gingen, um die Analyse nicht zu unterbrechen. In diesem Jahr erlitt Helene Deutsch allerdings eine schwere Depression, und sie hat die „Nabelschnur“ zu Freud nie durchschnitten, war begierig auf jede Neuigkeit aus Wien und eifersüchtig, wenn sie hören mußte, daß andere Frauen (vor allem Ruth Brunswick, aber auch

Lou Andreas-Salome oder Marie Bonaparte) Freuds Gunst genossen. Ihr eigenes Selbstbewußtsein allerdings lebte sehr stark durch die Tatsache, daß sie als Wissenschaftlerin sehr anerkannt wurde. Vor allem ihre Theorien zum Thema Weiblichkeit sind viel diskutiert worden.
Allerdings weist Paul Roazen ganz richtig darauf hin, daß zwischen dem Leben der Helene Deutsch und ihren Absichten ein ideologischer Abgrund klaffte. Tatsächlich war sie selbst Karrierefrau, die sich – aus Verletzbarkeit – im Widerstand zu großen Männern ihren eigenen Platz in der Wissenschaft eroberte. Andererseits hatte sie für „intellektuelle Frauen", wie sie selbst eine war, in ihren Schriften nicht viel übrig und nannte sie „Flüchtende mit verarmten Emotionen" (möglicherweise eine Selbstbeschreibung?)
Allerdings tat sie damit nichts anderes, als aus weiblicher Sicht Freuds Bild der Frau zu bestätigen, denn auch für ihn war die Weiblichkeit stets der Männlichkeit unterlegen, eine Frau war immer nur ein unvollständiger Mann. Wenn sich Helene Deutsch in der steten Rivalität, die im Kreis um Freud herrschte, des öfteren zurückgesetzt fühlte, so hätte sie doch nie ihr Idol innerlich attackiert (mit dem sie sich so verbunden fühlte, sich so identifizier-

Bezugspunkt einer ganzen Generation von Psychoanalytikern: Sigmund Freud, hier hinter seinem Schreibtisch in Wien

te, daß sie sich „sein Gespenst" nannte): Ihre Eifersucht richtete sich gegen die Frauen, vor allem gegen Anna Freud, als diese in den zwanziger Jahren immer entschiedener und später dominierender an die Seite des Vaters trat.
Helene Deutsch kehrte bald aus Berlin wieder nach Wien zurück, arbeitete mit unendlichem Fleiß (begann um sieben Uhr morgens, behandelte sechs Tage in der Woche rund ein Dutzend Patienten täglich), wurde 1924 Leiterin des Ausbildungsinstituts der Wiener Psychoanalytischen Vereinigung.
Zehn Jahre lang hielt sie den Betrieb in Schwung, bis sie 1934 den frühen Entschluß faßte, Österreich zu verlassen: Als Jüdin erkannte sie, daß das Heraufdämmern der Naziherrschaft nichts Gutes bringen könnte, und der Weg in die Vereinigten Staaten wurde ihr relativ leicht gemacht: Alle Amerikaner, die nach Wien kamen, um von Freud selbst behandelt zu werden (was natürlich nicht möglich war), wußten, daß Helene Deutsch die beste Wahl war, wenn man zum Meister persönlich nicht vordringen konnte.
Schon 1930 hatte sie in Amerika an einem Symposium teilgenommen und viel Beachtung gefunden. Als man sie 1934 nach Boston einlud, nahm sie an. Im Jahr darauf gelang es ihr, ihren Gatten zu überreden, daß er nachkam. Helene Deutsch mußte zwar – wie alle Emigranten – ihre medizinischen Examina wiederholen (wozu sie zwei Jahre brauchte, denn es ging ja darum, es in einer neuen Sprache zu tun), aber dann etablierte sie sich schnell.
Helene Deutsch wurde Professorin an der Universität von Boston, war Mitglied der Bostoner Psychoanalytischen Gesellschaft (und verschreckte auch hier manche Kollegen durch ihr diktatorisches Auftreten) und arbeitete auch an der psychiatrischen Klinik des Massachusetts General Hospital.
1945 veröffentlichte sie ihr Hauptwerk, „Die Psychoanalyse der Frau", das auch in der Geschichte der Emanzipation (wenn auch mehr contra als pro) eine wichtige Rolle gespielt hat. Ihre Memoiren „Confrontations with myself" erschien 1973 auf Englisch, 1975 auf Deutsch. Ihren Gatten überlebte sie um 18 Jahre: Sie starb am 29. April 1982 in Cambridge, Mass.
Ihr Leben war von Freud beherrscht gewesen, selbst ihre wichtigste Entscheidung faßte sie seinetwegen – vielmehr zum Trotz gegen ihn. Als sie mit Freud ihre geplante Emigration besprach, war er strikt dagegen. Aber er sagte nicht, was sie gehofft hatte: Ein persönliches Wort, das sie gehalten hätte. Als Helene Deutsch gekränkt Freuds Arbeitszimmer verließ, war sie entschlossen, wegzugehen. Sie tat es, und sie hat ihn nie wieder gesehen...

Vicki Baum

1888 – 1960

Eine erstklassige Schriftstellerin zweiter Güte

Einen ihrer Erfolgsromane nannte sie später unbeschwert (und auf gut Wienerisch) „einen Schmarrn", und sie hat nie unter der Einbildung gelitten, daß der große Roman des Jahrhunderts ausgerechnet aus ihrer Feder kommen würde. Vicki Baum war sich auch dessen bewußt, daß es keine literarischen Qualitäten waren, die ihren Büchern die Millionenauflagen sicherten. Aber sie bediente ein (vorwiegend weibliches) Leserpublikum mit spannenden Geschichten, und wenn sie auch oft geschrieben hat, weil sie Geld brauchte, hielt sie sich doch etwas darauf zugute, nie „geschludert" zu haben.

„Ich habe auch diese leichte Lektüre immer so gewissenhaft und sorgfältig wie möglich gearbeitet", schrieb sie in ihren Memoiren, die überhaupt sehr viel von dieser Vicki Baum erzählen.

Sie hatte Standfestigkeit und Humor und liebte es, sich als „halbwegs normalen Menschen“ zu bezeichnen, „friedfertig, fröhlich, denkbar unneurotisch, ausgeglichen, unbeschwert und stillvergnügt: Ich habe in meinem Leben jedes bißchen Kummer und Mißgeschick durch ein bißchen Glück aufgewogen gesehen“, schrieb sie und erwies sich damit als Lebenskünstlerin. Und als einsichtig, denn ihr Resümee über ihre Bücher lautete: „Ich bin eine erstklassige Schriftstellerin zweiter Güte.“

Obwohl sie in ihren Memoiren ausführlich von Wien schwärmt, hat Vicki Baum, die am 24. Jänner 1888 als Tochter eines Beamten geboren wurde, doch hier keine ausgesprochen glückliche Kindheit verlebt. Zu dem seelenkalten Vater hatte sie keine rechte Beziehung, ihre Mutter starb in geistiger Umnachtung, was Vicky monatelang aufs Krankenbett warf.

Von Beruf sollte sie Musikerin werden und lernte Harfenspiel. Die Erlebnisse in einem Musikkonservatorium hat sie später in dem Roman „Der Eingang zur Bühne“ geschildert und dabei ihre handfeste Begabung für Kolportage bewiesen, als sie darin die Liebesgeschichte zweier Studentinnen zu einem alternden Tenor schilderte...

Harfenistin Vicki ging eine zweijährige, weidlich unglückliche Jugendehe mit dem Kaffeehausliteraten Max Prels ein. Dann nahm sie ein Engagement in Darmstadt an.

Die friedvolle Atmosphäre in einem so weltverlorenen deutschen Residenzstädtchen wie Darmstadt hat Vicki Baum später in ihrem Roman „Marion“ beschrieben. Der Großherzog beglückte die hübsche Dame an der Harfe mit seinem Wohlwollen, aber sie wandte ihren Blick dem ersten Hofkapellmeister Richard Lert zu (der zweite Hofkapellmeister hieß immerhin Erich Kleiber). Ihn heiratete sie 1916, bekam zwei Söhne und gab die Karriere als Musikerin nicht ungern auf.

Sie folgte Lert nach Kiel, Mannheim, Hannover – und wenn sie nichts zu tun hatte, dann schrieb sie. Es war ihr erster Gatte, Max Prels, mit dem sie noch im Briefwechsel stand, der ihr davon erzählte, daß der Berliner Ullstein Verlag dringend Unterhaltungsromane suchte. Habe sie nicht einmal begonnen, etwas über ihre Konservatoriumszeit zu schreiben?

So wurde „Der Eingang zur Bühne“ fertiggestellt, aber Vicki Baum war viel zu wenig von der Tatsache beeindruckt, daß Ullstein das Buch annahm, als vielmehr davon, daß sie Geld dafür bekam.

Vicki Baum hinter ihrem Schreibtisch im Berliner Ullsteinhaus

„,Der Eingang zur Bühne' wurde in hundertsechzigtausend Exemplaren verkauft, was deutlich zeigte, daß es nicht zur hohen Literatur gehörte", schrieb Vicki Baum in ihren Memoiren.
Ullstein aber wußte, daß man eine Autorin entdeckt hatte. Von nun an wollte man von Vicki Baum Bücher, lockte mit Vorschüssen, setzte Termine. In den schweren Nachkriegsjahren war ein solches Einkommen nicht übel. Schließlich lud Ullstein sie nach Berlin ein. Man machte ihr ein Angebot: Sie sollte für die Ullstein-Zeitschriften schreiben. Für das höchste Honorar, das man zu vergeben hatte, eine Mark pro Zeile.
„Das war der Auftakt zu den glücklichsten, interessantesten, fruchtbarsten Jahren meines Lebens", schrieb Vicki Baum später, „Berlin 1926 bis 1931, Ullsteinhaus, dritter Stock."
Berlin in den zwanziger Jahren – die Wienerin Vicki genoß es in den vollsten Zügen.
Menschenkenntnis und Beobachtungsgabe waren die Fähigkeiten, die Vicki Baum zu der Art von Büchern, die sie schrieb, prädestinierten. Und sie recherchierte ordenlich: 1929 erschien „Stud. chem. Helene Willführ" und wurde ein Riesenerfolg – Vicki Baum hatte die Nase in chemische Labors gesteckt, um zu wissen, worüber sie schrieb.
Zu einem Abenteuer eigener Art wurde es, als sie sich zwei Monate als Zimmermädchen in dem Hotel „Bristol" verdingte. Das Ergebnis: ihr wahrscheinlich berühmtester Roman, „Menschen im Hotel". Hollywood hat ihn später mit Greta Garbo, Joan Crawford und John Barrymore verfilmt, Vicki Baum selbst machte davor noch ein Theaterstück daraus, das im Theater am Nollendorfplatz lief.
Zu diesem Buch hatte sie ihr übliches kritisches, aber kein schlechtes Verhältnis. Über „Menschen im Hotel" schrieb sie in ihren Memoiren: „Es ist kein Schmarrn, wenn es auch durch zahllose schlechte Imitationen und Bearbeitungen in Verruf gekommen ist. Es ist aber auch nicht das, was ich unter einem wirklich gutem Buch verstehe; deshalb nicht, weil ich mir den kleinen Scherz erlaubt hatte, abgedroschene Figuren und Situationen zu benutzen. Und auch, weil es in manchen Teilen stark abfällt, und die Handlung (in den zwanziger Jahren mußten Geschichten noch eine Handlung haben) allzuoft durch Kunstgriffe vorangetrieben wird. Immerhin, es sind Menschen darin. Ich glaube, auch wer das Buch heute liest, wird mit ihnen

fühlen, und, so komisch sie sind, mit ihnen Mitleid haben. Die Atmosphäre ist, wie in den meisten meiner Bücher, richtig. Auch liest sich der Roman gut. Und nicht zu vergessen – er spielt zu Beginn der großen Weltwirtschaftskrise der dreißiger Jahre, in der sich die Kluft zwischen den Besitzenden und Besitzlosen verbreiterte.“

Greta Garbo und John Gilbert in der Verfilmung von Vicki Baums berühmtem Roman „Menschen im Hotel“

Als „Grand Hotel“ war der Roman ein Erfolg in Amerika, dramatisiert auch am Broadway, zuletzt als Erfolgsmusical.
Die Zeiten in Europa waren schwer. Die neue Welt lockte.
„Im Jahre 1931 wurde ich für zwei Wochen nach Amerika eingeladen“, schrieb Vicky Baum. „Seither sind dreißig Jahre vergangen, und ich bin noch immer hier.“
Sie blieb nicht zuletzt deshalb, weil sie für Hitlers Deutschland nicht „rassenrein“ genug war, und sie ist, obwohl sie immer wieder von ihrem Heimweh sprach, nie mehr nach Europa zurückgekehrt. Und sie hat erfolgreich weitergeschrieben, „Menschen im Hotel“ war ihr zehnter Roman gewesen, rund 20 weitere folgten noch, darunter „Liebe und Tod auf Bali“, „Hotel Shanghai“, „Marion“, „Vor Rehen wird gewarnt“, „Flut und Flamme“, „Die goldenen Schuhe“.
Von New York war sie nach Kalifornien gegangen, weil die Hollywood-Bosse ahnten, daß man eine Frau ihrer Talente würde brauchen können. Sie kam, und sie blieb. 1938 wurde sie Amerikanerin, während des Krieges war sie Hollywoods führende Drehbuchautorin. Wann immer sie konnte, gab sie ihrer Neugierde nach und reiste. Ihr Haus in Hollywood hing voll von exotischen Masken aus aller Welt. Masken hatten sie schon immer fasziniert. Ihre beiden Söhne machten Vicki Baum zur vielfachen Großmutter. Kurz vor ihrem Tod brachte sie ihr Leben zu Papier, „weil ich das altvertraute Kribbeln in den Fingerspitzen spüre, den unwiderstehlichen Drang“, wie sie selbst sagte. „Ich sehe im Schreiben keinen Beruf. Da könnte man ebensogut Leben als Beruf bezeichnen. Oder Kinder haben. Alles, was man eben tun muß. Schreiben ist immer schwer, zuweilen schmerzhaft, im großen und ganzen aber macht es viel Spaß. Und auf jeden Fall ist es etwas, was man eben tun muß.“
Ihre Memoiren, die unter dem Titel „Es war alles ganz anders“ erschienen, waren ihr letztes Buch. Am 29. August 1960 erlag Vicki Baum in Hollywood einem Schlaganfall – sie war 72 Jahre alt geworden.
Ihre Bücher haben ihre Brauchbarkeit behalten. Sie hat Kolportage durch die ehrliche Mühe, die sie sich damit gab, veredelt. Sie hat sich für Menschen interessiert, und vielleicht liegt darin der Grund, daß sich Menschen bis heute für ihre Bücher interessieren.

Nora Gräfin Kinsky

1888 – 1923

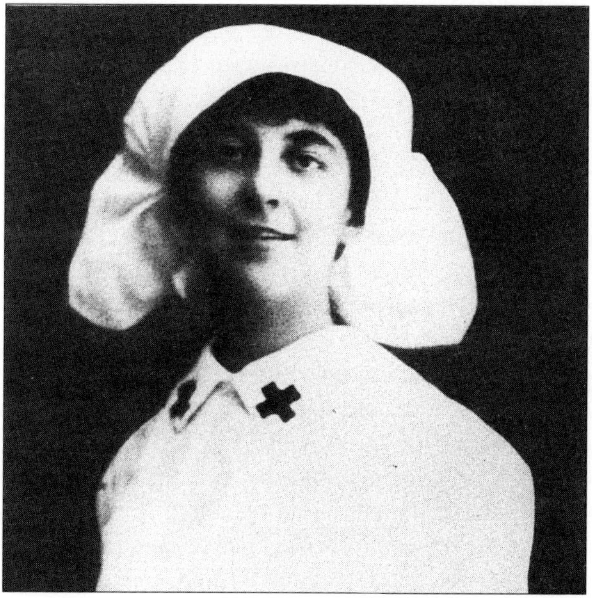

Energie und Tatkraft, Mut und Menschenliebe

Sie zählte zu jenen ungewöhnlichen Frauen, die die Privilegien ihres Standes nicht für ein egozentrisches Luxusleben verwendeten, sondern sie dazu einsetzten, Gutes zu tun.

Dabei war Nora Gräfin Kinsky, später verheiratete Gräfin Wilczek, keine Heldin, wenn sie zwei bittere Kriegsjahre lang, von 1916 bis 1918, in Rußland tätig war – vielmehr, wie ihre bemerkenswerten Tagebuchaufzeichnungen zeigen, eine ganz normale junge Frau, die unter den Entbehrungen litt wie jeder andere auch, aber durchdrungen war von ihrer „Mission", den Kriegsgefangenen Hilfe zu bringen, was sie in ihrer Eigenschaft als Abgesandte des Roten Kreuzes tat.

Graf Zdenko Kinsky, Majoratsherr auf Chlumec in Böhmen, und Gräfin Georgine Festetics de Tolna hatten neun Kinder – Nora war das sechste. Ein

ungewöhnliches Mädchen, das früh besondere Eigenschaften entwickelte und aus der Geschwisterschar herausragte, ungewöhnlich intelligent und begabt, lebhaft und ehrgeizig. Sich nach der höheren Schulbildung teils aufs Land zurückzuziehen, teils im Großstadtleben zu schwelgen und dabei nach einem standesgemäßen Freier Ausschau zu halten, war Noras Sache nicht.
Zu Hause hatte sie nicht nur von Jugend an die drei jüngeren Geschwister und, schon im Alter von zehn Jahren, den Reitstall der Kinskys betreut, mit 14 stand sie dem Vater schon bei allerlei Geschäften zur Seite, lernte Sprachen, betrieb Musik. Ihre Sprachkenntnisse sollten es sein, die ihr später die Mission in Rußland überhaupt erst ermöglichen würden, und sie war imstande, ungemein schnell zu lernen, wenn sie etwas brauchte, etwa Türkisch, das sie sich während der Arbeit in Rußland aneignete...
Nora Kinsky war 25, als der Erste Weltkrieg ausbrach, und es dauerte nicht lange, bis ein Strom verwundeter Soldaten versorgt werden mußte. Nora richtete in Nebenräumen des väterlichen Schlosses ein Lazarett mit 110 Betten ein, in dem sie zwei Jahre arbeitete, bis sich die Möglichkeit abzeichnete, in größerem Rahmen tätig zu sein, wie es ihren Ambitionen entsprach.
Es gab ein Abkommen kriegsführender Mächte, daß unter dem Zeichen einer neutralen Roten-Kreuz-Organisation (für Österreich-Ungarn war es die dänische) Missionen im fremden Land die Lage der kriegsgefangenen Landsleute inspizieren durften, um möglicherweise auf allzugroße Härten aufmerksam zu machen und Hilfe zu bringen. Die Delegationen bestanden aus einer Schwester, einem Gesandten und einem russischen Begleiter. Von Seiten der Monarchie wurden 1916 Prinzessin Kunigunde Croy, Gräfin Pauline Stubenberg-Palffy, Gräfin Magda Cebrian und Gräfin Nora Kinsky entsandt. Damit begann das russische Abenteuer der 28jährigen.
Sie hat es in einem Tagebuch niedergelegt, das später als „Russisches Tagebuch“ veröffentlicht wurde. Durch Krieg und Revolution (Nora Kinsky geriet voll in die Wirren der Russischen Revolution von 1917!) fuhr Nora Kinsky von Petersburg und Moskau über Wladiwostok am äußersten Ende Rußlands zum Kaspischen Meer und durch den Kaukasus, mehr als einmal – des „Roten Kreuz“-Status gänzlich ungeachtet – in persönlicher Lebensgefahr, am Ende gleichsam selbst auf der Flucht.
Es war ihre Aufgabe, als Beauftragte des k. u. k. Kriegsministeriums in Wien im – vorerst noch zaristischen – Rußland die Lager mit den österreichisch-

In Krankenschwester-Habitus an der russischen Front

ungarischen, deutschen und türkischen Kriegsgefangenen zu besuchen und Bericht zu erstatten – kein leichtes Amt. Ihr vertraute man jene Einschätzung der Lage an, die es ermöglichte, nach der Haager Konvention gegen die Verletzung der Menschenrechte zu protestieren.

Vielleicht hatte es Nora leichter, weil sie eine attraktive junge Frau war und von den russischen Adeligen, obwohl aus „Feindesland“ kommend, mit Galanterie behandelt wurde. Aber, wie sie in ihren Tagebüchern selbst feststellt, ihre Attraktivität schwand schnell angesichts der Härte der Situation, die ihr mehr als einmal kein Bett, keine Waschgelegenheit bot, und eines Tages wachte sie auf und stellte fest, daß ihre Haare weiß geworden waren...

Ihr Tagebuch war immer bei ihr. In über 50 eng beschriebenen Seiten notierte Nora Kinsky, was ihr auf der Reise begegnete, und sie schützte diese Aufzeichnungen, die sie auch in den Verdacht brachten, eine Spionin zu sein, mit großer Anstrengung. Was sie in diesen zwei Kriegsjahren in Rußland leistete, wird im Vorwort zur Buchausgabe ihres „Russischen Tagebuchs“ als „Phänomen menschlicher Höchstleistung unter völlig fremden, ungeahnten und schwierigsten Verhältnissen“ bezeichnet.

Nora Kinsky reiste durch Rußland, nur begleitet von ihrer Entschlossenheit und den schier unglaublichen Sprachkenntnissen, die sie – als 28jährige! – mitbrachte: Sie beherrschte Deutsch, Englisch, Französisch, Italienisch, Tschechisch, Ungarisch, Kroatisch, Polnisch und Rumänisch, eignete sich das Russische und wenig später das Türkische in kürzester Zeit an, und als sie merkte, daß es unter den türkischen Gefangenen viele Kurden gab, die sich mit niemandem unterhalten konnten, lernte sie verschiedene kurdische Dialekte so weit, um mit diesen Menschen sprechen zu können.

Nora Kinskys erste Eintragung in ihr Tagebuch stammte vom 5. Juli 1916, als sie „mehr tot als lebendig“, wie sie schrieb, nach mehrtägiger Fahrt in St. Petersburg ankam. Obwohl sie überall versuchte, so viel wie möglich auch zu sehen und zu besichtigen, war von Anfang an klar, daß dies, mitten im Krieg, keine Vergnügungsreise war und daß sie auch auf jeden Luxus verzichten mußte. Sie wurde von der Zarin und ihrer ältesten Tochter, die sich auch der Krankenpflege widmeten, empfangen, aber im übrigen lernte Nora Kinsky in Rußland Geduld – niemand war erpicht darauf, sie zu den Gefangenenlagern zu geleiten, es dauerte Wochen, bis sie die ersten Landsleute sah. Und diese waren in erschütternder Verfassung, vegetierten in den Lagern, erkrankten und starben vor allem an Tuberkulose. Nora Kinsky erlebte „Herzzerreißendes".

Sie schlug sich nach Sibirien durch, unermüdlich auf Besichtigungstour, auch auf der Suche nach ihrem eigenen gefangenen Bruder und nach einem Bekannten, Graf Ferdinand Wilczek – er sollte, als dieser Alptraum vorbei war, ihr Gatte werden. In Sibirien, wo sie monatelang blieb, obwohl ihr ganzer Aufenthalt ursprünglich auf zwei Monate vorgesehen war, erlebte sie unglaublichste Kälte – an ihrem Geburtstag, dem 18. Dezember, hatte es 40 Grad unter Null. Oft lebte sie in Hütten, und manchmal ging es ihr aus Überanstrengung so elend, daß sie glaubte, sie müsse sterben.

Im Jänner 1917 fand sie unter den Kriegsgefangenen ihren Bruder Zdenko. Damals war sie dermaßen am Ende ihrer Kraft, daß sie überlegte, ob ihre Arbeit bald zu Ende sei. Aber es war ihre Entscheidung, dennoch hier zu bleiben – und außerdem brach in diesem Frühjahr die Russische Revolution los, mehrere ihrer adeligen Bekannten wurden Opfer des rasenden Mobs.

„Ich bin eben von einem Idioten fast umgebracht worden", schrieb sie am 13. März 1917 in ihr Tagebuch...

Aber gerade die politische Situation machte die Lage der Kriegsgefangenen und zumal der Verwundeten noch schlimmer und unsicherer. Nora Kinsky ging nach Astrachan, und dort pflegte sie Kranke unter eigener Lebensge-

Die Strapazen des Kriegs

fahr, sie nahm sich vor allem der Türken in der Tuberkuloseabteilung an, mit denen sich niemand verständigen konnte, worauf sie ihre Sprache lernte. Hier ging eine Frau, die von Kindheit an lediglich Luxus gewöhnt war, durch alle Not und Entbehrungen und verrichtete die niedrigsten Pflegedienste, die sonst niemand übernehmen wollte. Sie erkrankte selbst an Malaria und infizierte sich mit Tuberkulose, aber sie ließ sich nicht unterkriegen. Schwester Nora war der Engel der Gefangenen, bis man sie schließlich aus Wien streng heimbeorderte.
Die Heimfahrt dauerte drei Monate, führte über das Schwarze Meer und in den Kaukasus. Nora Kinsky wurde von den Bolschewiken und den Gegenrevolutionären verfolgt, und manchmal entging sie nur durch ihre Kühnheit und Geistesgegenwart der Verhaftung. Gelegentlich mußte sie auch zu Verkleidungen greifen, und erst im Juni 1918 erreichte sie unter manchen Irrfahrten St. Petersburg, von wo sie nach Wien heimreisen konnte.
Selbst kurz vor Wien gab es noch Schwierigkeiten, als sie, in Warschau ankommend, in Kattowitz den Zug versäumte, weil man sie nicht weiterreisen lassen wollte. Als sie schließlich um 11 Uhr nachts nach unendlichen Verspätungen (und halb verhungert) in Wien ankam, erwartete sie niemand.
„Niemand war von meiner Ankunft verständigt, ich hielt einen recht ärmlichen Einzug in meine Vaterstadt, es regnete in Strömen, und kein Mensch da, der mich nach einer Abwesenheit von zwei Jahren willkommen geheißen hätte!"
Wenige Tage später war sie in Chlumec, bei ihrer Familie, und ein Alptraum lag hinter ihr. Nora Kinsky erholte sich jedoch nie von den Anstrengungen ihrer russischen Reise. 1921 heiratete sie Ferdinand Graf Wilczek, bekam eine einzige Tochter, Gina, die später Fürstin von Liechtenstein wurde. Nora Kinsky starb am 26. März 1923 im Alter von 35 Jahren.
Ihr Gatte übersetzte das Tagebuch, das sie vordringlich in französischer Sprache geführt hatte, nach ihrem Tod ins Deutsche und zeigte es mehreren Familienmitgliedern. Sie alle überzeugten ihn, daß dieses „Russische Tagebuch" sowohl als Dokument dieser Zeit wie als Charakterporträt einer ungewöhnlichen Frau der Öffentlichkeit zugänglich gemacht werden mußte. Als Ferdinand Graf Wilczek der Publikation zustimmte, tat er es in dem Wunsch, daß Nora Kinskys „Energie und Tatkraft, ihr Mut und ihre wahrhafte Menschenliebe ein Vorbild für künftige Generationen" sein mögen.

Annie Rosar

1888 – 1963

Von der Nase abwärts: komisch

Als sie 1963, wenige Monate nach ihrem 75. Geburtstag, in ihrer Heimatstadt Wien starb, begrub man mit ihr, wie es in vielen Nachrufen hieß, die „letzte Volksschauspielerin“. Vor allem die alte Annie Rosar hatte sich mit unvergeßlichen Gestalten in das Gedächtnis des Kino- und Fernsehpublikums geprägt, als böhmische Köchin Teta Linek in der Verfilmung von Franz Werfels Roman „Der veruntreute Himmel“ und als unglückselige Putzfrau in „Langusten“. Über die resche Komikerin Annie Rosar hatte man oft Tränen gelacht. Das mag sie sich nicht vorgestellt haben, als sie begann.

Freilich, die Schlichtheit und Ursprünglichkeit der Volksschauspielerin schien bei Annie Rosar schon von Geburt her vorgegeben, kam sie doch am 17. Mai 1888 in Wien als Tochter eines Straßenbahnschaffners zur Welt.

Aber in der Folge passierte nicht das Typische. Vielmehr heiratete Annie sechzehnjährig einen Schweizer Industriellen und folgte ihm nach Mailand. Dort sah sie Eleonora Duse, die gefeiertste Schauspielerin ihrer Zeit, auf der Bühne. Das gab den Ausschlag für ihr weiteres Leben. Sie schneite dem Direktor der Mailänder Schauspielerakademie ins Haus und verblüffte ihn damit, daß sie ihm „Die Jungfrau von Orleans“ in deutscher und italienischer Sprache vorsprach. Sie wurde angenommen und begann ihre Ausbildung.
Sechs Monate später wagte das Mädchen aus Wien etwas schier Unglaubliches: Sie gab in Mailand ihren ersten Rezitationsabend (sie sollte im Verlauf ihres Lebens dafür besonders berühmt werden). Daß sie den Italienern nichts Geringeres als Passagen aus Dantes „Göttlicher Komödie“ in deren Muttersprache vortrug, spricht Bände für ihr Können, Selbstbewußtsein und Gedächtnis.
Als der Wunsch, als Schauspielerin auf der Bühne zu stehen, übermächtig wurde, verließ Annie Rosar den Gatten und Mailand und ging nach Wien, wo sie weiter die Schauspielschule besuchte. Burgtheaterdirektor Alfred Berger wollte dem jungen, bildhübschen, damals noch gertenschlanken Mädchen (von ihren mittleren Jahren an wurde sie füllig) einen sogenannten „Eventualvertrag“ bieten, aber Direktor Josef Jarno, der Gatte Hansi Nieses, war schneller: Er holte Annie Rosar direkt von der Schauspielakademie auf die Bretter. 1910 stand sie in dem von ihm geleiteten Lustspieltheater im Prater erstmals auf der Bühne. Ihr Partner in „Die goldene Ritterzeit“ war kein Geringerer als Max Pallenberg, der von dem Talent der Anfängerin erstaunt war.
Aber Annie Rosar wollte nicht als jugendliche Naive in Wien bleiben, ihr stand der Sinn nach Höherem. Sie wechselte ans Münchner Schauspielhaus, wo man sie Klassiker spielen ließ, das Klärchen in Goethes „Egmont“, aber auch die größeren Kaliber, Hebbels „Judith“ und Schillers „Maria Stuart“. Sie verkörperte die modernen Frauengestalten von Ibsen und Strindberg und gab als kraftvolle, erdverbundene Rose Bernd von Gerhart Hauptmann eine Ahnung auf ihr kommendes Fach.
In München war Annie Rosar zur dramatischen Schauspielerin geworden, und als solche zog es sie, zumal als gebürtige Wienerin, ans Burgtheater. Nach fünf Jahren in München und einem kurzen Umweg nach Hamburg kam sie 1917 tatsächlich an das Ziel ihrer Wünsche. Und nun nicht mit

Annie Rosar in „Ein Ausgangstag" von Otto Leck Fischer (Volkstheater, 1958)

Annie Rosar in „Das Kuckucksei" von Walter Firner (Volkstheater, 1947)

„Eventualvertrag", sondern, wie sie meinte, mit Anspruch auf die großen Rollen.
Nun ist das Burgtheater ein großes Haus, das immer mit erstklassigen Persönlichkeiten bestückt ist, die ihren Weg in oft jahrelanger Arbeit (und jahrelangem Warten) gemacht hatten. Zu dieser Zeit war Hedwig Bleibtreu hier die „Königin" und teilte sich das „große" Fach mit Lotte Medelsky. Premieren waren für Annie Rosar nicht häufig. Sie durfte zwar neben Hedwig Bleibtreus Elisabeth die Maria Stuart sein, aber sie spielte sie der Lotte Medelsky nach, so wie sie Grillparzers Medea, Ibsens Rebekka West in „Rosmersholm" nur spielte, wenn die Bleibtreu einmal geneigt war, auf diese ihre Rollen zu verzichten – zeitweise. Elegantere Rollen fielen Rosa Albach-Retty oder Lili Marberg zu, und ein junges Talent stand in Wartestellung, mit mehr Geduld als die Rosar aufbringen sollte: Alma Seidler.
Kurz, Annie Rosar spielte von 1917 bis 1924 zwar rund ein Dutzend Rollen im Burgtheater, die Vroni im „Meineidbauer", die Judith von Hebbel, auch die Lady Macbeth (nach der Medelsky), aber sie hatte vermutlich nicht die Lust, Jahre und Jahre darauf zu verwenden, sich an diesem Haus eine Stellung aufzubauen. Zwar galt sie als Tragödin und als solche als Nachfolgerin einer Sandrock, aber sie war ein Zwittertyp. Max Reinhardt sagte ihr eine Wahrheit, die sie anfangs zwar deprimierte, die sie aber später (mit allergrößtem Erfolg) beherzte: „Von der Stirn bis zur Nase magst du wohl eine Tragödin sein, aber von der Nase abwärts bis du ausgesprochen komisch."
Die Rosar zog die Konsequenzen: Sie wechselte das Haus und die Rollen. Von da an hatte sie ihre größten Erfolge im Lustspiel und im Volksstück, spielte resolute Mütter und später die komischen Alten. Mehrere Jahre lang war sie in der von Max Reinhardt geleiteten Josefstadt in diesem Fach tätig, dann erwies sie sich von 1939 bis 1942 im Volkstheater am rechten Ort.
Als die Nationalsozialisten Österreich ans Dritte Reich anschlossen, gehörte Annie Rosar zu jenen Künstlern, die dem neuen Regime Grußadressen schickten. Man hat ihr das später weniger vorgeworfen als vielen ihrer Kollegen – vielleicht, weil sie persönlich einen sehr hohen Preis dafür zu zahlen hatte: Ihr einziger Sohn fiel im Krieg.
Die Rosar hatte schon zu Beginn der zwanziger Jahre ihren ersten Stummfilm gedreht. Von den dreißiger Jahren an war sie eine vielbeschäftigte Filmschauspielerin, die neben der Wessely in „Maria Ilona", neben der Söder-

baum in „Die goldene Stadt" vor der Kamera stand. Nach einer Pause in den späten vierziger Jahren stieg sie wieder in das Filmgeschäft ein. Am Ende konnte sie auf mehr als 200 Filme zurückblicken, und auch Funk und Fernsehen fragten immer wieder bei ihr an.

Annie Rosar in „Langusten"

Eine Spezialität der alten Annie Rosar waren solistische Rezitationsabende, für die sie größte Bewunderung erntete. Da saß die alte Frau, blickte ins Publikum und rezitierte frei aus dem Gedächtnis ganze Dramen der Antike, die „Perser" des Aischylos, die „Troerinnen" des Euripides oder den „König Ödipus" des Sophokles – es war doppelt faszinierend, weil zwischen ihr und der komischen Rosar der Hans-Moser-Filme schlechtweg Welten zu liegen schienen.

Annie Rosar, die nie mehr geheiratet hatte, widmete ihr ganzes Leben ihrem Beruf. Sie gehörte zu jenen Schauspielerinen, die mit zunehmendem Alter immer profilierter wurden. Ihre späte Karriere verzeichnete zwei Höhepunkte in österreichischen Filmen.

1958 stand sie als Teta Linek in der Verfilmung von Werfels „Der veruntreute Himmel" vor der Kamera. Die Rosar spielte die schlichte böhmische Pfarrersköchin, die alles Geld in ihren Tunichtgut von Neffen steckt, damit er Pfarrer werde und ihr einen Platz im Himmel sichere. Wie die Rosar Hoffnung und Enttäuschung dieser Frau verkörperte, das trug ihr nicht nur den Darstellerpreis beim Filmfestival von Cork in Irland ein, das markierte wirklich einen ihrer Höhepunkte als wahre „Volksschauspielerin", die das Schicksal einer Frau aus dem Volke in ungeahnte schauspielerische Höhen hebt.

1960 drehte sie dann unter der Regie von Edwin Zbonek „Am Galgen hängt die Liebe". Dieser Film transponierte die klassische Geschichte von Philemon und Baucis in die Zeit des Zweiten Weltkriegs. Die Rosar und Carl Wery als greises Ehepaar, das in die Bitternis der Partisanenkämpfe gerät, waren großartig.

Und schließlich gab es für sie noch die „Langusten", die Geschichte der Bedienerin, die sich auch einmal eine Languste leisten will, auch wenn sie sie beinahe stehlen muß... diese Rolle hat Annie Rosar im Fernsehen und zahllose Male auf der Bühne gespielt.

Gegen Ende ihres Lebens erinnerte sie, die in ihrer Karriere von der Tragödie bis zur Komödie alle Bereiche ausgeschritten hatte, sich noch einmal daran, wie gern sie die Menschen zum Lachen brachte. Im Theater in der Josefstadt stand sie neben Leopold Rudolf in dem Lustspiel „Ein schöner Herbst" vor der Kamera. Sie spielte die Rolle im Sommer 1963. Den Herbst hat sie nicht mehr erlebt. Annie Rosar starb am 6. August 1963.

Gertrud Bodenwieser

1890 – 1959

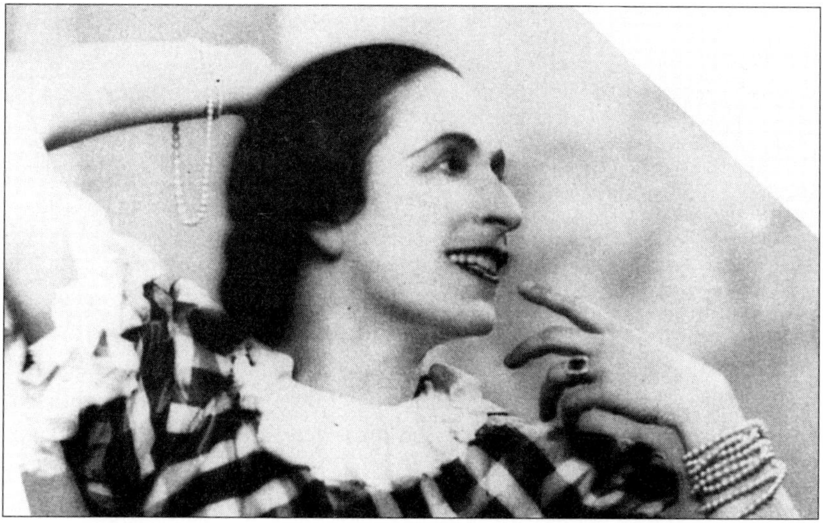

Von Austria nach Australia

Als kleines Mädchen war Gertrud Bondi eine außergewöhnlich gute Eisläuferin mit besonderer Begabung fürs Eistanzen – wer hätte ihr damals, noch vor der Jahrhundertwende, vorausgesagt, daß sie eine der Pionierinnen des Ausdruckstanzes werden sollte, und das in zwei Kontinenten?
Das Leben der Österreicherin, die in Australien eine zweite Heimat und höchste Anerkennung fand, begann am 3. Februar 1890 in Wien. Gertrud wurde als zweite Tochter des Börsensensals Theodor Bondi und seiner Gattin Maria, geb. Tandler, geboren. Daß sie sich später als Tänzerin „Bodenwieser" nannte, hing damit zusammen, daß die Eltern diese Berufswahl nicht billigten. Gertrud wollte also ihren Namen nicht dafür nehmen – warum sie ab 1917 offiziell ausgerechnet „Bodenwieser" an Stelle dessen

wählte, ist nicht bekannt (denn der Zusammenhang mit dem Hausknecht der Familie, der so hieß, war nicht aufzudecken).

Die beiden kleinen Bondi-Mädchen Gertrud und Franziska, aus gutbürgerlicher jüdischer Familie, erhielten Unterricht von ihren Hauslehrern mit besonderer Berücksichtigung, wie es damals für Mädchen üblich war, von Englisch, Französisch und Musik. Gertrud lief gern Eis und durfte auch die Tanzschule besuchen. Bei Carl Godlewski, seines Zeichens Lehrer an der Ballettschule der Wiener Hofoper, lernte sie das, was man damals als „klassischen Tanz" bezeichnete.

Sie war kein Kind mehr, sondern 15 Jahre alt, als sie den Unterricht begann, also alt genug, um sich den Kopf zu zerbrechen, was sie da lernte. Und, wie Gertrud Bodenwieser später aussagte, das gefiel ihr nicht. Es ging eigentlich nur um eine virtuose Präsentation von Ballettstars, wobei alles genormt war, vom Gesichtsausdruck bis in die kleinste Bewegung. So verwunderte es nicht, daß Gertrud Bodenwieser, als sie später ihren eigenen Weg suchte und fand, auf das genaue Gegenteil dessen hinzielen sollte, was sie im „klassischen" Unterricht gelernt hatte.

Gertrud Bondi war 20, als sie beschloß, sich ganz und eigenständig dem Tanz zuzuwenden. Als sie ihren neuen Stil entwickelte, versuchte sie nicht, wie Gabriele Renner in ihrer 1981 erschienenen Dissertation über Gertrud Bodenwieser schreibt, Vorhandenes abzuwandeln, sondern etwas radikal Neues zu schaffen, eine Körpersprache, die sich gegen alle Konventionen wandte und versuchte, die ursprünglichsten Kräfte des menschlichen Empfindens zu motivieren. Gewissermaßen stand sie damit auch in jener Bewegung des Expressionismus, die damals von einem revolutionären Weltbild junger Künstler Zeugnis ablegte.

Nun war Gertrud Bodenwieser nicht die erste, die von der „Befreiung des Tanzes", von der natürlichen Bewegung des menschlichen Körpers träumte – Isadora Duncan hatte es vorgemacht, die Schwestern Wiesenthal hatten Wien schon eine gänzlich neue Art des Tanzes gezeigt. In Paris war es François Delsarte, in Wien später Rudolf von Laban, die im Stil dieser Reformen arbeiteten.

1919 war Gertrud Bodenwieser soweit, der Öffentlichkeit ihre ersten künstlerischen Ergebnisse zu präsentieren. Im Rahmen einer Ausstellung der modernen Malervereinigung „Hagenbund" trat sie am 5. Mai im Französischen

Gertrud Bodenwieser beim Tanz

Saal des Wiener Konzerthauses auf. Sechs Nummern zeigten nichts von dem, was man gemeiniglich unter „Tanz“ verstand – was sie zeigte, war „neu, bedingungslos neu“, wie es in einer Kritik hieß.
Sie war so neu, daß sie auch auf Widerstand stieß – hingerissen begrüßt von den einen, schockierte Gertrud Bodenwieser auch einen Teil des Publikums. Aber wesentlich war, daß sie junge Menschen begeistern konnte. Die Künstlerin, die 1920 den bekannten Regisseur Friedrich Rosenthal geheiratet hatte, richtete nun eine Privatschule ein und bildete von 1922 an mit ihren begabtesten Schülerinnen eine eigene Tanzgruppe. Gertrud Bodenwieser wurde als Lehrerin auch an die Akademie für Musik und darstellende Kunst berufen, wo man ihr 1928 den Professorentitel verlieh. Aber ihre Haupttätigkeit galt „ihrer“ Gruppe.
Es war eine Frauentruppe, die als „Bodenwieser-Gruppe“ auftrat, nur die Leiterin selbst tanzte gelegentlich mit einem männlichen Partner. Dabei war allerdings, wie man feststellen kann, die Vormachtstellung der Frau im „freien Tanz“ eine symptomatische Erscheinung… Besonders setzte sich Gertrud Bodenwieser mit Schöpfungen für ihre Truppe auseinander, und sie sorgte dafür, daß es keine Haupt- und Nebenrollen gab, sondern alle gleich zur Geltung kamen.
Die Truppe gastierte bald in ganz Europa und auch in Amerika und erfreute sich eines hervorragenden Rufes. Kritiker schwärmten von der Kunst der Tänzerinnen und dem „bedeutenden Regietalent, der Phantasie, dem dekorativen Sinn und der malerischen Geste“ von Gertrud Bodenwieser.
Ihre Auslandsaufenthalte überwogen bald dermaßen, daß ihre Lehrtätigkeit an der Akademie darunter litt. Nie aber hat man sie davon abgehalten, mit ihrer Truppe zu gastieren, weil stets klar war, daß sie auf glanzvollste Weise das moderne Kunstschaffen Österreichs im Ausland repräsentierte.
Einige Schöpfungen von Gertrud Bodenwieser, etwa „Dämon Maschine“, wurden schon unter den Zeitgenossen legendär: Hier wurde auf eindrucksvollste Weise die maschinelle Bewegung und deren Unmenschlichkeit mit Hilfe der Körpersprache ausgedrückt. Damit gewann die Bodenwieser-Gruppe bei internationalen Festivals Preise.
Daneben arbeitete Gertrud Bodenwieser auch für das Theater. Als ihr Gatte Friedrich Rosenthal 1923 am Deutschen Volkstheater Ferdinand Raimunds „Verschwender“ inszenierte, betrachtete sie es als Herausforderung,

die im Altwiener Klischee erstarrten Geisterszenen neu zu gestalten, Bewegungen von ausdrucksstarker Phantasie zu erfinden. Daraufhin lud der bekannte deutsche Regisseur Karlheinz Martin Gertrud Bodenwieser ein, die Tanzszenen von Wedekinds „Franziska“ (mit Tilla Durieux in der Hauptrolle) zu gestalten. Später schuf sie Tanzszenen in der „Faust“-Inszenierung des Deutschen Volkstheaters, und schließlich rief auch der große Theatermagier dieser Zeit, Max Reinhardt, nach ihr. Gertrud Bodenwiesers Truppe wirkte mit, als er das Großraumspektakel „Mirakel“ 1927 im Zirkus Renz in Wien herausbrachte. Als Max Reinhardt in Wien eine Schauspielschule begründete, berief er Gertrud Bodenwieser als Lehrerin für Gymnastik und Tanz.
Die Vielfalt von Gertrud Bodenwiesers Arbeit spiegelte sich darin, daß sie ebenso Operetten choreographierte wie mittelalterliche Allegorien, daß sie fürs Theater arbeitete und für ihre Truppe ganz individuelle Schöpfungen entwarf. Die Resonanz war weltweit, führte sie auf Tournee sogar bis nach Japan. Fünfzehn Tage lang reisten die Tänzer mit der Transsibirischen Eisenbahn von Wien bis Wladiwostok, von dort zu Schiff nach Japan. Der Erfolg der Gruppe (die am Ende natürlich immer Wiener Walzer tanzen mußte) war so groß, daß das Gastspiel dauernd verlängert wurde. Übrigens wurde nicht nur von den japanischen Zeitungen betont, daß die Mitglieder der Bodenwieser-Truppe immer auserlesen schöne Mädchen waren – was die Begeisterung des Publikums noch zu steigern pflegte...
So ging alles bis 1938 seinen wundervollen Gang. Die Machtübernahme durch die Nationalsozialisten bedeutete für jüdische Künstler wie Gertrud Bodenwieser und ihren Gatten das Ende jeglicher Möglichkeiten in ihrer Heimat. Wobei das Schicksal des Ehepaars besonders tragisch war. Gertrud Bodenwieser erhielt über einen englischen Agenten eine Einladung, mit ihrer Truppe in Südamerika zu gastieren. Im Mai 1938 verließ sie mit sechs Tänzerinnen Europa in Richtung Bogotá, andere Mitglieder ihrer Gruppe brachen zu einem Gastspiel nach Australien auf. Friedrich Rosenthals Flucht führte ihn nach Frankreich. Dort geriet er in die Hände der Nazis, wurde in ein Konzentrationslager gebracht und blieb verschwunden. Man nimmt an, daß er 1942 im Lager umgekommen ist.
Gertrud Bodenwieser fuhr von Südamerika weiter nach Australien. Von einem „Austria“ kommend, das es zu dieser Zeit nicht mehr gab, gelang es ihr so gut wie gleich, in Australien Fuß zu fassen. Die Gruppe hatte mit Erfolg

in Sidney gastiert. Dort eröffnete Gertrud Bodenwieser eine Schule, die schnell Anerkennung fand und mit ihren Produktionen durch den ganzen Kontinent reiste.
Man bedenke – eine Frau, deren europäische Karriere mit einem Schlag beendet war, die ihren ganzen Besitz und vor allem ihre Familie verloren hatte, begann ohne zu zögern mutig von neuem. Ihre australischen Jahre wurden für sie künstlerisch ebenso wichtig wie ihre Zeit in Europa, wenn auch nur dadurch, daß sie auf einem Kontinent, der auf keinerlei Tanz-Traditionen zurückgreifen konnte, nun Pionierarbeit leistete.
„Frau Gerty“, wie sie von manchen Schülerinnen genannt wurde, hatte in Europa genug erlebt, um als erstes Stück in der neuen Welt ein Werk um Schuld und Sühne zu schaffen, „Cain und Abel“ genannt. Als sich ein Ende des Weltkrieges abzeichnete, choreographierte sie „O World“, ein Drama, das von Krieg und Frieden handelte. Der Triumphtanz der Krieger war es vor allem, der in seiner dramatischen Schönheit das Publikum begeisterte… Anschließend versuchte sie „Das Leben der Insekten“, erstmals in ihrer langen Karriere ein satirisches Stück. Mit diesem Programm zeigte sich die Truppe auch während einer lange dauernden Tournee durch Südafrika, wo Gertrud Bodenwieser mit ihren „Mädchen“ (wie sie immer sagte) solche Triumphe feierte, daß das Gastspiel von zehn auf siebzehn Wochen verlängert wurde. Das war 1950.
Fünf Jahre vor ihrem Tod wurde die 64jährige Gertrud Bodenwieser noch mit einer neuen Herausforderung konfrontiert, die sie mit Eifer und Interesse annahm. Der Besitzer einer Fabrik in St. Marys hatte die Idee, seine Arbeiterinnen außerhalb des Berufs zu einer Gemeinschaft zu verbinden: Gertrud Bodenwieser sollte den totalen Laien, den dort angestellten Fabriksarbeiterinnen, Tanzunterricht erteilen.
Der Erfolg dieses Experiments war erstaunlich. Besonders eine Gruppe junger Mädchen, die gar keine Vorbildung, aber große Begeisterung mitbrachten, entwickelte sich innerhalb weniger Jahre zu typischen „Bodenwieser-Tänzerinnen“, die sie einige Male gemeinsam mit ihrer „professionellen“ Truppe auftreten ließ. Noch einmal war es ihr gelungen, was sie Zeit ihres Lebens als Lehrerin anstrebte: In jungen Menschen die Quelle der eigenen Kreativität und Expressivität freizulegen…
Gertrud Bodenwieser überstand einen ersten Herzanfall. Zwar ließen ihre

Kräfte danach rapide nach, aber dennoch schmiedete sie weiter Pläne. Sie dachte nicht ans Aufhören, als sie am 10. November 1959 an ihrem zweiten Herzanfall starb. Ihre Schülerinnen führten die Schule weiter, und bis heute kann man in Sidney Tanz im „Bodenwieser-Stil“ erlernen.

Welchen Rang Gertrud Bodenwieser international einnimmt, zeigt, daß keine geringere Institution als die Royal Festival Hall ihr 1990 anläßlich ihres 100. Geburtstages eine großes Personalausstellung widmete. Der Katalog betonte den Rang dieser Österreicherin als einer der ganz großen Gestalten in der Geschichte des „freien Tanzes“.

Ausdrucksstudie von Gertrud Bodenwieser

Gabriele Bitterlich

1896 – 1978

Die „Mutter" des Engelwerkes

Es gibt innerhalb der katholischen Kirche mehrere Organisationen, die seltsames Eigenleben entwickeln, ihre Mitglieder stark an sich binden und der Außenwelt gegenüber Geheimhaltung walten lassen. So kam es zu der Bezeichnung von den „Geheimbünden" der Kirche, und neben dem bekannten „Opus Dei" zählt auch das „Opus Anglorum", das „Engelwerk", dazu.

Es war eine einfache Frau aus Österreich, auf deren Visionen sich die Mitglieder dieser Organisation heute berufen, und während sie „ihre" Gabriele Bitterlich für würdig erachten, in den Kreis der Seliggesprochenen aufgenommen zu werden, halten andere Beurteiler die Idee nicht für abwegig, daß es sich hier um einen Fall von Hysterie, vielleicht sogar Schwindel handeln könnte...

Was, bei der vom „Engelwerk" geübten Geheimhaltung, über die Gründerin Gabriele Bitterlich herauszufinden war, hat Heiner Boberski in seinem Buch „Das Engelswerk. Ein Geheimbund in der katholischen Kirche?" (Otto Müller Verlag, Salzburg) dargestellt. Und es bleibt eine faszinierende, wenn auch zwiespältige Geschichte, die hier über die am 1. November 1896 geborene Gabriele Göhlert, später verehelichte Bitterlich, festgehalten werden kann.

Sie war, das steht außer Zweifel, eine schlichte Frau. In Wien geboren, heiratete sie Dr. Hanns M. Bitterlich und gebar ihm drei Kinder: 1920 in Bregenz die Tochter Roswitha, die eine äußerst begabte Malerin wurde, 1923 den Sohn Johann Georg, genannt Hansjörg, der das Priesteramt ergriff, schließlich der Sohn Wolfram, der Dozent am Physikalischen Institut der Universität Innsbruck wurde.

Gabrieles Gatte, Hanns Maria Bitterlich, war Jurist, Landessekretär in Bregenz, dann sieben Jahre lang Fabrikdirektor in Schluckenau (wo das zweite Kind zur Welt kam), schließlich hielt er Gastvorlesungen an der Universität Innsbruck. Er war praktizierender Katholik, was ihn zur Nazizeit seine Stellung kostete, er betätigte sich gleicherweise als Bildhauer wie als Sportlehrer – und er war Spiritist, Logenbruder der Freimaurer und ein höchst belesener Mann, in dessen Bibliothek sich zahlreiche esoterische Schriften (über Geheimwissenschaften) fanden.

Von diesen kann die Gattin wohl nichts gelesen haben, denn sie war mit der Erziehung von drei Kinder vollauf beschäftigt. Als die Familie nach dem Krieg in Innsbruck wohnte, betreute Gabriele Bitterlich auch noch drei Pflegekinder. Sie war eine einfache Frau, die von 1954 an mit dem Gatten zwar nach wie vor im gleichen Haus, aber von ihm getrennt lebte.

Ihre ersten „Eingebungen" hatte Gabriele Bitterlich etwa 1947, und damals wies ihr Beichtvater sie an, eine Art „geistliches Tagebuch" zu schreiben.

Das „Wissen", das sie niederlegte, führte 1949 zum Buch „Das Reich der Engel", und mehrere Priester schlossen sich daraufhin zur Engelverehrung zusammen. Das „Engelwerk" hält fest, daß die Eingebungen der Gabriele Bitterlich nicht aus Wissen stammen konnten, sondern daß sie ihre Offenbarungen der Engel- und Dämonenwelt von oben empfangen haben muß: „Als Maturantin verfügte Gabriele Bitterlich zwar über eine gute religiöse und Allgemeinbildung, war aber der hebräischen Sprache und der Literatur über die jüdische Überlieferung unkundig. Die Priester, die sie von 1950 und von früher her kennen, bestätigten, daß sie außerstande war, hinsichtlich dieser Überlieferung Studien zu betreiben und Abschriften zu fertigen. Sie schrieb ihre Schriften im Lichte des Geistes, bei der Hand nur die Heilige Schrift und das Meßbuch, wie ihr Beichtvater ihr befohlen hatte. Wir Priester, die wir sie kannten, bezeugten ihre unbedingte Glaubwürdigkeit."

Schon als Kind hatte Gabriele Bitterlich, wie sie später ihrem Sohn erzählte, die Gnade gehabt, ihren Schutzengel zu sehen: Sie sprach bloß nicht darüber, weil sie meinte, das sei bei allen Menschen so. Als sie es einmal erwähnte, hielt ihre Mutter es für eine Lüge und gab ihr eine Ohrfeige. Darauf schwieg Gabriele weiter – bis sie, schon in ihrem fünften Lebensjahrzehnt, in jahrelanger Arbeit ihre überirdischen Erkenntnisse aufzeichnete.

„Immer standen die heiligen Engel mit der Seele, immer standen sie wie große Brüder und kaum faßbare Herrlichkeiten hier, rissen Sichten auf in die Welt Gottes, lehrten Gebete und beteten mit, sagten „Schreibe!", und dann mußte etwas geschrieben werden."

Gott der Herr selbst soll Gabriele Bitterlich befohlen haben: „Ich will meine Engel bei den Menschen verherrlicht sehen. Es kommt die Zeit der Engel, die große Macht der guten wie der bösen."

Drei bedeutende Jesuiten, die großes Ansehen genossen, „führten" Gabriele Bitterlich bei ihrem Werk, und sie folgte gehorsam ihren Anweisungen. Nicht weniger als 80 000 (!) Manuskriptseiten sollen auf diese Art entstanden sein. Wenigstens hundert Engel und Dämonen werden darin mit ihren Namen und Eigenschaften ausführlich beschrieben.

Schon 1949 haben einige Priester Papst Pius XII. Gabriele Bitterlichs Schrift „Das Reich der Engel" (genannt „Engelbuch") überreicht und dafür den apostolischen Segen empfangen.

1950 legten die Priester der Gründungsgruppe die „Engel- und Sühnenweihe" ab. Gabriele Bitterlich, die „Mutter" des Unternehmens, schrieb unermüdlich weiter.

Von ihr hieß es, daß sie – wie Theresa von Konnersreuth – die Wundmale Christi getragen habe, die allerdings wieder zugewachsen seien, damit sie beim Schreiben nicht behindert werde. Sie könne alle Engel, vor allem die Schutzengel, sehen, sagte man, sie erkenne jede Sünde, durchschaue jedes Geheimnis. Sie habe direkten Kontakt zu armen Seelen, besonders von Prie-

stern, und sie sei im Geiste an vielen Brennpunkten der Welt im Einsatz, etwa bei Geiselbefreiungen.
Gabriele Bitterlich, die ganz „normal", fraulich und mütterlich auf ihre Mitmenschen wirkte, lehnte die Werkzeuge der Geheimwissenschaften wie etwa Pendel, Wünschelruten oder Tarotkarten nicht ab – wenn man sie reinigte und in das Werk heimhole, schienen sie nützlich, mit Dämonen umzugehen.
Solche Dinge haben dann allerdings Zweifel an „Mutter" Bitterlich geweckt. Immer wieder wurde versucht, ihre Schriften auf Kenntnis der „spiritistischen" Werke in der Bibliothek ihres Gatten zurückzuführen. Aber weder der Glaube ihrer Anhänger noch der Unglaube der Zweifler können belegt werden... Die Diskussion darüber dauert übrigens bis heute fort.
Gabriele Bitterlichs Werke bilden das geistige Gerüst der „Schutzengelbruderschaft", die ihre Mitglieder einem strengen Schweigen gegenüber der Außenwelt verpflichtet. Der „Geheimorden", wie er genannt wurde, erwarb Mitte der sechziger Jahre die Burg Petersberg in Tirol. Gabriele Bitterlich, die eine Zeitlang in dem Ort Galtür wohnte, wo ihr Sohn Hansjörg seit 1961 Pfarrer war, übersiedelte dann auf diese „Engelsburg": „Der Fels, auf dem die Burg St. Petersberg steht, reicht bis zum Mittelpunkt der Erde", wird als ihr Ausspruch überliefert. Sie soll gerne in überhöhten Bild-Vergleichen gesprochen haben.
Gabriele Bitterlich wurde von den Mitgliedern des Engelwerks wie eine Heilige verehrt. Zu Weihnachten, Ostern und hohen Festen pilgerte man zu ihr, kniete vor ihr nieder und bekam ein Kreuz auf die Stirn. Es hieß, daß, wenn dann das Lied „Sei gegrüßt, du Gnadenreiche" gesungen wurde, man damit ebenso Mutter Bitterlich wie die Mutter Gottes meinte.
Wenn ihre Schreie durch die Burg Petersberg drangen, dann wußten die Gläubigen, daß sie mit den Dämonen kämpfte; sie witterte das Böse sozusagen überall. Dabei widmete sie sich in großer Nächstenliebe den Armen. Bis in ihre Todeskrankheit hinein soll Mutter Bitterlich fröhlich gewesen sein. Sie starb am 4. April 1978 und wurde an der Burgmauer begraben.
Das Engelwerk, abgekürzt OA (Opus Anglorum), hatte zu diesem Zeitpunkt schon zahlreiche Niederlassungen auf der ganzen Welt. An der Seligsprechung der geistigen Mutter wird von ihren Anhängern her gearbeitet.

Helene Weigel

1900 – 1971

In jeder Lage „Mutter Courage“

Nach außen hin ist das ein großartiges Leben: eine international gefeierte Schauspielerin, eine erfolgreiche Theaterleiterin, schließlich Gefährtin und Muse eines großen Dichters. Helene Weigel war das alles. Aber nichts davon wurde ihr geschenkt, sie mußte alles erkämpfen.

Und bei näherer Betrachtung erscheint auch alles gar nicht mehr so glanzvoll. Denn der Mann, dem sie ihr Leben widmete, der Dichter Bert Brecht, hat Helene Weigel – wie die anderen Frauen seines „Harems“, den er lebenslänglich mit sich herumschleppte – im Grunde nur ausgebeutet. Sie aber hat gelebt, als gäbe es auf Erden nichts Wichtigeres, als für ihn dazusein...

Geboren wurde Helene Weigel am 12. Mai 1900 in Wien. Die Familie stammte aus gutbürgerlichen Verhältnissen, der Vater war Prokurist einer Textilfirma, die Mutter besaß ein Spielwarengeschäft. Nichts deutete darauf hin, daß die Tochter sich politisch so radikal entwickeln sollte, daß sie als eifrige Kommunistin ihren – immer sehr pragmatischen, man kann auch sagen: opportunistischen – Gatten Bert Brecht an Überzeugungseifer und -treue stets übertraf...

Helene Weigel besuchte die berühmte Schwarzwaldschule, und als sie den Entschluß faßte, Schauspielerin zu werden, war es Genia Schwarzwald, die sie dabei unterstützte. Helene Weigels Eltern waren programmgemäß entsetzt, was das junge Mädchen nicht davon abhielt, achtzehnjährig am Deutschen Volkstheater vorzusprechen. Man machte ihr Mut, und nach nur wenigen Monaten Schauspielunterricht erhielt sie ein Engagement in Frankfurt.

In drei Frankfurter Jahren entwickelte sie ihr bemerkenswertes Talent (man sagte ja auch von Bert Brecht immer, er habe Helene Weigel als Schauspielerin grenzenlos bewundert – als Ehefrau weniger).

„Hier ist eine Künstlerin im Werden, die unter guten Händen eine erstaunliche Entwicklung finden könnte", schrieb ein hellsichtiger Kritiker 1921 in Frankfurt.

1922 zog es Helene Weigel in das Theaterzentrum Deutschlands, nach Berlin, dort, wo die großen Regisseure arbeiteten. Sie spielte erst bei Leopold Jessner am Preußischen Staatstheater, dann auch bei Max Reinhardt am Deutschen Theater, schärfte allerdings ihr politisches Bewußtsein an der weniger glänzenden Kehrseite der „goldenen zwanziger Jahre": Man sah sie auch auf Arbeiterversammlungen.

In Frankfurt hatte Helene Weigel in Arnolt Bronnens „Vatermord" gespielt und sich dabei mit dem Dichter angefreundet. In Berlin traf sie ihn wieder, kredenzte ihm Wiener Apfelstrudel und lernte seinen Freund Bert Brecht kennen. Dieser, ein Frauenheld par excellence, kam bei der spröden jungen Wiener Jüdin nicht ganz so schnell zum Ziel, wie er dachte, aber schließlich doch: Stefan, das erste Kind der beiden, kam 1924 zur Welt (eine Tochter, Barbara, sollte 1930 folgen – da waren die beiden dann schon verheiratet).

Taktvoll und unterwürfig, wie Brecht-Biograph Ronald Hayman sie beschreibt, war Helene Weigel die ideale Brecht-Gefährtin: Immer bereit, ihm alle lästigen Anforderungen des Alltags aus dem Weg zu räumen, und, wenn auch schweren Herzens, einsichtig genug, daß er neben ihr immer noch zwei, drei Freundinnen zugleich hatte: Elisabeth Hauptmann, Margarete

Steffin, Ruth Berlau. Sie alle lebten als eine Art von „sexuellem Kollektiv" zusammen, und als Brecht Helene Weigel am 10. April 1929 heiratete, verkündete er (nicht sehr taktvoll), das habe eigentlich nichts zu bedeuten...
Als Schauspielerin konzentrierte sich Helene Weigel nun nicht mehr auf ihre eigene Karriere, sondern auf jene von Bert Brecht. In der Folge war sie hauptsächlich Interpretin seiner Werke, wobei die Titelrolle in seiner Bearbeitung von Maxim Gorkis „Die Mutter" 1933 für sie einen persönlichen Höhepunkt bedeutete. Brecht bewunderte vor allem Helene Weigels quasi sachliche, unemotionale Schauspielkunst, die sicher entscheidend auf seine Art, „Lehrstücke" zu schreiben, in denen etwas demonstrativ gezeigt und nicht mehr vorgespielt wurde, einwirkte.
Als die Nationalsozialisten 1933 in Deutschland die Macht ergriffen, ging die Familie Brecht-Weigel zuerst zu Helenes Verwandten nach Wien, dann nach Zürich, schließlich nach Dänemark. Im allgemeinen Haushalt versorgte Helene Weigel auch die Freundinnen des Gatten – daß sie für ihn solche Kleinigkeiten erledigte wie: Wohnungen finden und einrichten, wegen seiner Stücke verhandeln usw., das nahm er ganz als selbstverständlich hin
In Schweden, der nächsten Station der Emigration, schrieb Brecht dann seine „Mutter Courage", und es hieß, er habe die Titelfigur, auch in ihren unsympathischen Zügen (etwa ihrer Geschäftstüchtigkeit, die er eigentlich verachtete), nach dem Modell Helene Weigels gestaltet. Da aber an Aufführungen im deutschen Sprachraum nicht zu denken war, er seine Gattin als Schauspielerin aber unbedingt in dem Stück haben wollte, gab er Courage eine stumme Tochter, die Katrin, zur Seite: Diese konnte Helene Weigel überall spielen. Später allerdings war sie bis zu ihrem Tod und noch darüber hinaus immer der Inbegriff der „Mutter Courage".
Und sie brauchte jede Menge Courage, den Alltag zu bewältigen, und die Freundinnen Brechts machten es ihr ebensowenig leicht wie der Gatte selbst. Daß eine Frau mit ihrer Persönlichkeit und ihren Führungsqualitäten (die sie erst später unter Beweis stellte), sich all das bis zum bitteren Ende bieten ließ, haben Brechts Biographen immer nur Helene Weigels ungewöhnlicher Fähigkeit zur Hingabe an ein Genie (verbunden mit einem Schuß Masochismus) erklären können...
Die Wege der Emigration führten die Brechts und ihren Troß dann über Finnland nach Amerika, wo sich Brecht besonders unbehaglich fühlte. Als

Helene Weigel als „Mutter Courage“

deutscher Schriftsteller von seiner Muttersprache abgeschnitten und als Kommunist natürlich nicht erwünscht, war es für ihn eine schwierige Zeit – aber auch für Helene Weigel, für die es in all den Jahren nur eine stumme Mini-Rolle in einem Spencer-Tracy-Film gab.

Daß sich ihre Rivalin Ruth Berlau, die von Brecht ein Kind bekommen hatte (das allerdings gestorben war), in Santa Monica als „die heimliche Ehefrau Brechts" bezeichnen ließ, machte die Situation der wirklichen Ehefrau nicht besser.

Nach dem Krieg war es so weit, daß Helene Weigel – nach einer Pause von mehr als einem Jahrzehnt! – wieder auf der Bühne stehen konnte. Nun kreierte sie im Oktober 1948 in Berlin, am Deutschen Theater, die „Mutter Courage", die ihr auf den Leib geschrieben worden war.

Und nun war auch die Zeit gekommen, die Früchte der Standhaftigkeit zu ernten. Für die Ostdeutschen waren Bert Brecht und Helene Weigel als Spitzenkünstler deutscher Sprache ein Aushängeschild ohnegleichen. Man legte ihnen rote Teppiche, gab ihnen freie Hand, und nun bekam Brecht das Theater, von dem er immer geträumt haben mochte: Das „Berliner Ensemble".

Die Frage, wer die Knochenarbeit leistete, die mit der Gründung und Führung eines solchen Betriebs verbunden ist, muß nicht gestellt werden: Es war Helene Weigel, die es Brecht damit ermöglichte, sich wieder seiner Künstlerexistenz zu widmen.

Bert Brecht war übrigens nicht ohne Einsicht. Er selbst sagte: „Das Berliner Ensemble stellt eine riesige Leistung der Weigel dar, die die Mittel beschaffte, ein Bürogebäude mit Probebühne ausbaute, Pässe, Wohnungen und Möbel für die Wohnwagen der Schauspieler besorgte, dazu Sonderessen für das ganze Personal– unbeschreibliche Anstrengungen in der Ruinenstadt."

Am 1. September 1949 begann das Berliner Ensemble mit der Arbeit, Helene Weigel fungierte von Anfang an als Intendantin (und war als Schauspielerin Ensemblemitglied), Brecht vereinte als künstlerischer Leiter die Lorbeeren auf seinem Haupt.

Privat lebte das Ehepaar Brecht in zwar nebeneinanderliegenden, aber getrennten Wohnungen und auch sonst getrennt (sie hatten in ihrer ganzen Ehe nie ein gemeinsames Schlafzimmer gehabt) – sie tat die Arbeit, er zog sich in ein Schweizer Landhaus zurück.

Helene Weigel und Bert Brecht

Als Schauspielerin feierte die alternde und alte Helene Weigel bei Tourneen durch ganz Europa unaufhörliche Truimphe. Sie war Mutter Courage, sie war „die Mutter", und als Brecht 1956 starb, war sie seine Cosima Wagner, die Gralshüterin seines Willens und seiner Inszenierungen – was man ihr vielfach übel genommen hat.
Man nahm ihr auch krumm, daß sie nach Brechts Tod erstmals ihre lebenslang gezeigte Großzügigkeit nicht mehr zu üben bereit war: Er hatte Elisabeth Hauptmann und Ruth Berlau, seinen „altgedienten" Geliebten (einige andere waren schon gestorben), in seinem Testament ebenso Tantiemen hinterlassen wie seinen Freundinnen der letzten Jahre, Käthe Rülicke und Isol Kilian. Helene Weigel focht das Testament an und erbte alles allein, zahlte die anderen Frauen mit kleinen Summen aus und gab nur im Fall von Elisabeth Hauptmann, die in so vielen Fällen Brechts schweigende, unbedankte und meist auch ungenannte Mitarbeiterin gewesen war, ein wenig mehr. Im übrigen besaß sie Bert Brecht nun, als seine Witwe, zum ersten Mal im Leben allein...
Die DDR hat Helene Weigel als Leiterin des Berliner Ensembles unbeeinträchtigt walten lassen, wie sie es für richtig hielt, auch wenn dann ein „Brecht-Museum" daraus wurde, das die „Modell"-Aufführungen seiner Inszenierungen am liebsten der übrigen Welt diktiert hätte.
Aber sie war eine große Theaterleiterin, vielleicht die größte deutscher Sprache seit der Neuberin. Manfred Wekwerth, einer jener bedeutenden Mitarbeiter, die sie dann noch verließen, weil sie ihnen zu einseitig wurde, wußte angesichts von Helene Weigels Tod am 6. Mai 1971 (sie war eben von einem triumphalen Gastspiel aus Paris heimgekehrt) nur Gutes von ihr zu sagen: „In gemeinsamer Arbeit nach dem Tode Brechts war Helli, wie sie sich so gern nennen ließ, Partnerin für uns Jüngere: im praktischen Rat, die Schauspielkunst betreffend, in der Kunst, ein gutes Essen zu bereiten, und in der größten aller Künste: der Kunst zu leben, wie Brecht es nannte. Helli war Politikerin, Köchin, Schauspielerin, Diskussionspartnerin, Streiterin, Gärtnerin, Literaturkritikerin, Kollegin, Kameradin. Zuletzt hatten wir eine andere Meinung, die Weiterführung Brechts betreffend. Aber was ist das gegen nahezu zwanzig Jahre gegenseitiger Produktivität. Salut, Helli!"
Helene Weigel, geboren in Wien, wurde neben ihrem Gatten Bert Brecht auf dem Dorotheenstädtischen Friedhof in Ostberlin begraben.

ALICE HERDAN-ZUCKMAYER

1901 – 1991

„ZUSAMMENBLEIBEN FÜRS GANZE LEBEN!"

Wenige Zeitungen meldeten mehr als die simple Tatsache: Alice Herdan-Zuckmayer war am 11. März 1991, in Visp, Kanton Wallis, gestorben – wenige Tage vor ihrem 90. Geburtstag, der vermutlich auch nur mit wenigen Zeilen vermerkt worden wäre. Hinweis: „Die Witwe des Schriftstellers Carl Zuckmayer..."

Sie war mehr, sie war selbst Schriftstellerin und eine erfolgreiche dazu: Von ihrem Buch „Die Farm in den grünen Bergen" kletterte die Taschenbuchauflage auf nahezu eine halbe Million. So etwas kann man gut und gern einen Bestseller nennen.

Gewiß bestand ihre große Leistung aus ihrem Leben selbst, wie sie es an der Seite von Carl Zuckmayer führte, durch alle „Fährnisse" hindurch (wie man in diesem Fall wohl sagen kann), die das zwanzigste Jahrhundert seinen

Menschen zumindest in Mitteleuropa auferlegte.
„Heiraten“, hatte Carl Zuckmayer nach einer langen Nacht erwogen, als er Alice, die damals noch Frank hieß, den „Fröhlichen Weinberg“ vorgelesen hatte und sie ihm die Genieidee eingab, zwei Akte des Fünfakters zu streichen, eine Nacht, in der sie stundenlang getanzt hatten und dann in sein Turmzimmer hinaufgegangen waren. „Zusammenbleiben fürs ganze Leben! Wir werden die Welt erobern!“
Sie sind zusammengeblieben fürs ganze Leben – und in gewissem Sinn haben sie tatsächlich die Welt erobert. Und es muß eine außergewöhnliche Ehe gewesen sein, wie es nicht nur Elisabeth Neumann-Viertel, mit Alice Zuckmayer seit der Schulzeit befreundet, bestätigt hat.
Alice Herdan-Zuckmayer hat sich mit vier Büchern ein Denkmal gesetzt, vier bemerkenswerte Bücher, aus denen sich einerseits ihre Biographie zusammensetzt, denn sie konnte, wie ihre Freundin Dorothy Thompson wußte, nur „immer wieder eine Selbstbiographie schreiben“. Und dennoch ist sie in jedem ihrer Bücher über sich hinaus gegangen, hat Grundsätzliches erzählt, hat im Erlebten Leben vermittelt.
„Die Farm in den grünen Bergen“, nach dem Krieg als erstes ihrer Werke erschienen, handelt von dem Abenteuer, daß Intellektuelle zur Natur zurückkehrten, wobei die Entscheidung der Zuckmayers, die Emigration nicht zwischen den Filmstudios von Los Angeles und dem Broadway von New York, sondern auf einer Farm in Vermont zu verbringen, gewissermaßen im Salzburgischen begründet lag: Dort hatten der Rheinländer und die Wienerin glückliche Jahre verlebt – bis Hitler kam.
Zuckmayer nannte es die „Henndorfer Pastorale“, und schon daß sie ein Dorf in der Nähe der großen Stadt gewählt hatten, einen Ort „großer und tiefer Stille“ außer zur Festspielzeit, wie Alice Herdan-Zuckmayer schrieb, zeugte davon, daß sie anders als die anderen Erfolgsautoren waren, unter denen sie sich auch bewegten.
„Der mächtige Mühlbach, der unter unseren Fenstern in steilem Fall zur Brücke rauschte und brauste, begleitete diese Stille in einer ihr zugehörigen Harmonie.“
Vielleicht sollte man, der Chronologie zuliebe, ein wenig zurückblenden und erst darstellen, wie dieses Ehepaar Zuckmayer mit zwei Töchtern nach Henndorf kam.

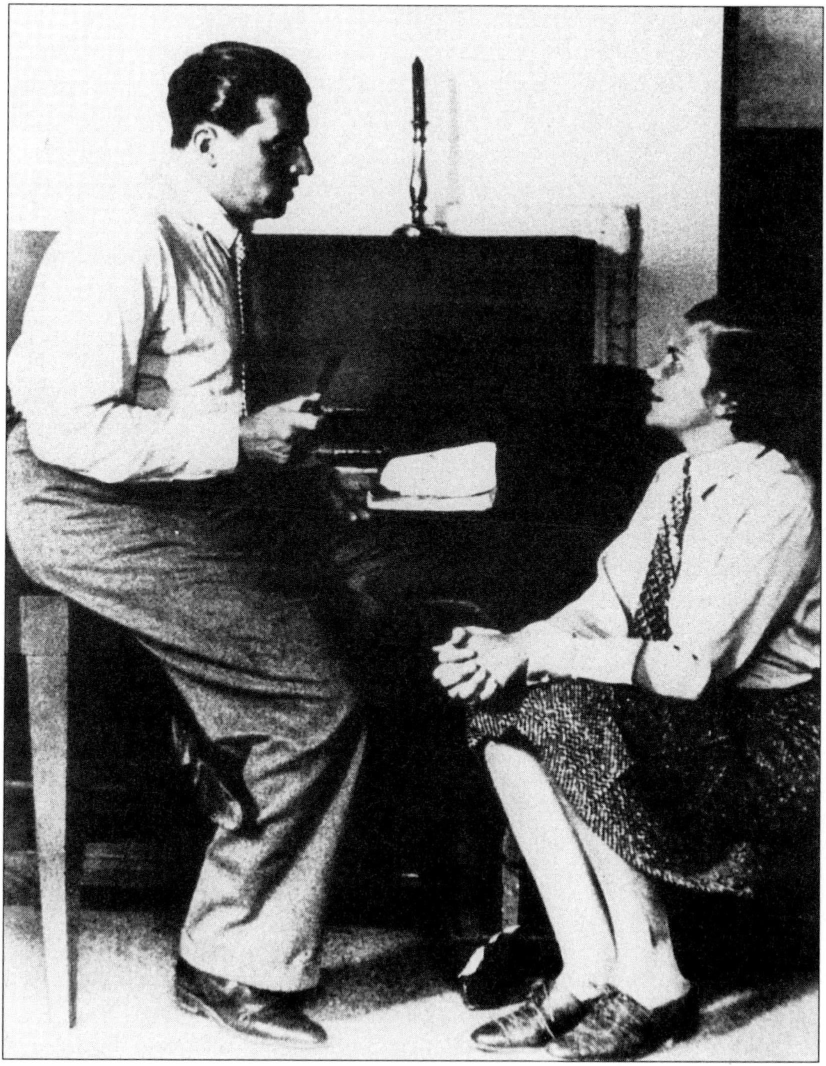

Das junge Ehepaar Zuckmayer

Alice Zuckmayer, geboren im März 1901 mit den pompösen Namen Alice Henriette Alberta Herdan-Harris von Valbonne und Belmont, hatte keinen Vater dazu – er war schon vor der Geburt der Tochter aus dem Leben der Gattin verschwunden. Diese, Claire Liesenberg, aus Norddeutschland stammend, hatte in Wien stolz geheiratet, aber der reiche Mann hatte sich bald als Bankrotteur entpuppt. Claire mußte wieder zum Theater, spielte sogar ein Jahrzehnt am Hofburgtheater.
Die Tochter erlebte an ihrer Seite eine freudlose Kindheit, die Alice Herdan-Zuckmayer in ihrem zweiten Buch, „Das Kästchen" (1962), schilderte: Nicht anklagend, aber schmerzlich genug lesen sich die Erinnerungen an ein kleines Mädchen, das zwar immer von Personal, Gouvernanten und auch „Onkeln" und Verwandten umgeben war, aber nicht aus seiner Einsamkeit fand (und auch von diesem Buch übrigens, das sehr persönlich und sehr anspruchsvoll ist, wurden weit über 100 000 Exemplare verkauft).
Das Leben wurde schöner, reicher, interessanter, als Alice zu „Fraudoktor" in die Schule kam, zu jener legendären Eugenie Schwarzwald, die als erste im Wien der Jahrhundertwende etwas für die profunde Erziehung junger Mädchen tat.
„Genies sind im Lehrplan nicht vorgesehen", sagte ein empörter Beamter, als er hörte, daß der „Oberwildling" Kokoschka in der Mädchenschule unterrichten sollte, und Alice Herdan-Zuckmayer hat diesen Ausspruch, der berühmt-berüchtigt geworden ist, zum Titel ihres letzten Buches gemacht (1979, nach Carl Zuckmayers Tod erschienen).
„Fraudoktor" ist die Hauptperson des Buchs, aber es erzählt auch das Schicksal der Alice Herdan weiter, die – wie ihre Schulkollegin Helene Weigel (später die Gattin von Bert Brecht) – den Schulunterricht bei Egon Wellesz (Musik) und Adolf Loos (Architektur), bei Otto Rommel (Literatur) und besagtem Kokoschka genoß. Die private Anteilnahme, die „Fraudoktor" an ihren Schützlingen nahm, hat nicht nur aus Alice Herdan, einem vereinsamten jungen Mädchen, ein glückliches Geschöpf gemacht.
Und doch war die Beziehung zwischen Lehrerin und Schülerin immer wieder lange Zeit getrübt, denn „Fraudoktor" hat sich bisweilen zu sehr in das Schicksal ihrer Anvertrauten eingemischt. Alice Herdan hätte es mit der stürmischen Liebe zu dem jungen Kommunistenführer Karl Frank vermutlich bewenden lassen (vielleicht sogar trotz der Tochter Michaela, denn kon-

ventionell war sie nie), aber „Fraudoktor" achtete auf die Moral und drängte auf die Heirat.

Später, als Alice Frank dann zum ersten Mal in ihrem Leben wirklich heiraten wollte, nämlich Carl Zuckmayer – „Er ist Schriftsteller, bisher unbekannt und er hat noch weniger Geld als Karl. Aber er wird seinen Weg gehen, und ich will ihn auf diesem Weg begleiten bis ans Lebensende – das ist es, was ich mit ‚Heiraten' meine" –, da mußte sie sich nun erst scheiden lassen.

Aber man war offenbar in gewissen Kreisen wirklich fortschrittlich in diesen zwanziger Jahren: Karl Frank erklärte vor Gericht, er könne seine Frau nicht zurückhalten, wenn sie nicht bei ihm bleiben wolle. Da er immer für persönliche Freiheit eingetreten sei, sei es geradezu unlogisch, wenn er ihr jetzt entgegentreten würde...

Aus Alice Frank wurde Alice Zuckmayer. Mit außerordentlicher Freude hängte sie den Schauspielerinnenberuf an den Nagel, den sie – anders als Liesl Neumann oder Helene Weigel – nie wirklich überzeugt ausgeübt hatte. In ihrer jungen Ehe mit Carl Zuckmayer konnte sie sich sogar ihren großen Wunsch erfüllen: Von 1929 bis 1933 studierte sie fünf Wintersemester lang an der Berliner Universität Medizin.

Carl Zuckmayer, den sie als armen jungen Dichter geheiratet hatte, war mit seinem Stück „Der fröhliche Weinberg" explosionsartig erfolgreich und berühmt geworden, und auch „Der Schinderhannes", „Katharina Knie" und vor allem „Der Hauptmann von Köpenick" (das Stück, das Alice Herdan-Zuckmayer bis zu ihrem Ende am meisten liebte) hatten stürmische Resonanz gefunden.

Daß Alice Herdan-Zuckmayer nur die Wintersemester in Berlin studierte, lag daran, daß die Familie Frühling, Sommer und Herbst seit 1926 in Henndorf verbrachte. Eine Tochter war hinzugekommen und Frau Zuckmayer hatte nichts dagegen, daß ihr Mann seiner Karl-May-Liebe frönte und das Kind „Winnetou" nennen ließ.

Es war nicht schwer, dies einem zögernden preußischen Beamten beizubringen, der meinte: „Winnetu? Nie jehört, kenn ich nich!"

Zuckmayer belehrte ihn mit überlegener Miene: „Was? Sie haben nie von der schottischen Heiligen Winnetou gehört?" Dazu schüttelte er mißbilligend den Kopf.

„Nee“, sagte der Beamte, sichtlich beschämt über seine Unkenntnis: „Ich bin Evangelischer und kenne de Heiligen nich so genau!“
Das Haus Wiesmühl bei Henndorf, 1926 vom Erlös des Fröhlichen Weinbergs gekauft, bot den Zuckmayers auch eine Heimat, als Hitler kam und sie aus Deutschland weggingen. Carl Zuckmayer ist in seinen Erinnerungen „Als wär's ein Stück von mir“ lange bei diesen Henndorfer Jahren verweilt. Auch Alice Herdan-Zuckmayer, die so bemerkenswert unsentimental war, wenn es darum ging, sich an etwas zu erinnern (das muß man vermutlich, wenn man so oft anfangen mußte), hat nur schöne Erinnerungen an Henndorf. Und natürlich war das Dorf ein ganz besonderes – denn man konnte nach Salzburg einkaufen fahren, man sah Festspielaufführungen, man war unter Max Reinhardts Gästen auf Leopoldskron, und der Mann, der auf Besuch kam und mit Indianerschreien auf sich aufmerksam machte, hieß Werner Krauss...
Das wirklich einfache Leben auf der Farm in Vermont, das stand den Zuckmayers durch die Emigration bevor. Hitler kam, sie gingen – mit Kind und Kegel und einem Hund. Alice Herdan-Zuckmayer hat die Geschichte der Flucht in ihrem vielleicht berühmtesten Buch „Das Scheusal“ (1972) erzählt. Das Scheusal hieß Mucki, war von undefinierbarer Rasse und ein Erbstück der Tante, das man hinzunehmen mußte, wenn man Schmuck und Pelze gerne haben wollte. Aber so, wie die Zuckmayers gebaut waren, dürfte ihre Beziehung zu Lebendigem immer viel größer gewesen sein als zu Sachen, welcher Art auch immer. So kam Mucki mit nach Amerika. Und auf der „Farm in den grünen Bergen“ begann dann wirklich das neue Leben.
Es war schwer, und es war gut, daß es schwer war.
„Abends totmüde ins Bett – morgens in aller Frühe an die Arbeit, auf die man alle Gedankenkraft konzentrieren mußte, um sie zu bewältigen, um durchzukommen, um zu überleben – es war das Beste, was man sich in dieser Zeit wünschen konnte“, schrieb Carl Zuckmayer.
Seine Frau wurde – nebst vielem anderen „Spezialistin in Klosettreparatur und führte später noch, besonders während der ersten Nachkriegsjahre in Deutschland, immer ein Werkzeugkästchen in ihrem Gepäck, womit sie an einem Ostersonntag in Hamburgs bestem Hotel, zum Entsetzen des Zimmermädchens, auf der Klobrille stehend, die unablässig rauschende Spülung instandsetzte...“

Sie konnte zugreifen, die Frau Zuckmayer – und sie konnte schreiben.
Die Briefe, die sie an „Zucks" Eltern nach Europa sandte, an die armen alten Leute, die die Hoffnung auf eine Rückkehr der Kinder nicht aufgeben wollten und denen sie einfach Lebenszeichen gab, diese Briefe fielen Erich Kästner in die Hände, der einige von ihnen veröffentlichte.
Es war die Geburtsstunde der Schriftstellerin Alice Herdan-Zuckmayer, denn sie nahm die Ermunterung und Ermutigung auf, selbst zu erzählen. Ihr Gatte hatte wahrlich keine Probleme damit, daß seine Frau auch schrieb und auch erfolgreich war – und das nicht nur, weil sein Ruhm im Nachkriegseuropa, vor allem in Deutschland und Österreich, trotz mancher Kontroversen um „Des Teufels General", so groß war wie in seiner besten Zeit.
Viele konnten nicht verstehen, wie da einer auf einer Farm in Vermont Ziegen gemolken und den Boden gepflügt hatte und dann nachts, am Stehpult, ein Stück über Nazi-Deutschland schrieb, als sei er dabei gewesen – wie gab es das? Nun, Zuckmayer hatte Intuition, er war ein Dichter.
Alice Herdan-Zuckmayer hingegen konnte und wollte nichts erfinden. Sie erzählte, was sie erlebt und erfahren hatte. Viele Menschen wollten es lesen. Es hat ihr einen Platz gesichert, der ein anderer ist als jener der tapferen Ehefrau allein.

Stella Klein-Löw

1904 – 1986

„Ich bin nicht herzig, ich bin die Stella“

Für ihre Zeitgenossen und vor allem für ihre Mitstreiter in der sozialistischen Partei war sie nicht bequem, die Stella Klein-Löw, aber wahrscheinlich haben die richtigen Leute sie gerade deshalb so hoch geschätzt.
Als in Österreich die beschämenden Polit-Skandale zu brodeln begannen und viele meinten, man könne dergleichen unter den Tisch kehren, schrieb sie flammende Artikel über „Politik und Moral“ und erinnerte an den Idealismus ihrer Jugend, aus dem heraus sie einst Sozialistin geworden war.
Sie hätte einst, wenn sie es gewollt hätte, zweifellos eine große politische Karriere machen können, Ministerin werden zum Beispiel, aber daran lag ihr nichts.
„Ich will nichts mit Bürokratie zu tun haben, nur mit Menschen“, sagte Stella Klein-Löw.

Geboren wurde sie als Stella Herzig am 28. Jänner 1904 in Przemysl, aufgewachsen ist sie in Wien, im großbürgerlichen jüdischen Haushalt, wo man nichts daran fand, dem Kind eine katholische Amme zu geben. Die Sommer verbrachte sie auf dem Gut der Großeltern, wo sie Klassenunterschiede kennenlernte, die ihr schon als Kind nicht behagten. Sie wollte nicht, daß die Bauern den Großeltern die Hand küßten, und sie mochte es auch nicht, „Fräulein" genannt zu werden – ein sensibles soziales Bewußtsein sollte den Lebensweg dieser Stella Herzig begleiten.
Sie war ein Kind besonderer Art, das schon in zartem Alter dem Frauenkenner Peter Altenberg ins Auge stach.
Stella Klein-Löw erzählte später, wie sie den Dichter kennengelernt hatte: „Ich hatte ein ekelhaftes Fräulein und eine ekelhafte Klavierlehrerin. Die hatte einen Freund, und da sind wir dann in den Volksgarten gegangen. Ich habe sandgespielt. Da war ein Bettler, der Peter Altenberg. ‚Wie heißt denn die Dame?' hat er mich gefragt. ‚Ich bin keine Dame, ich bin die Stella.' ‚Und wie heißt du noch?' hat er weiter gefragt. ‚Stella Herzig.' ‚Du bist aber herzig.' ‚Ich bin nicht herzig, ich bin die Stella.'"
Literatur und Theater spielten im Leben des aufgeweckten Mädchens, das schon mit neun Jahren Gedichte schrieb, früh eine große Rolle. Der Großvater allerdings machte sich Sorgen und fürchtete, Stellas Verstand werde nicht genügen, um ihr einen Ehemann zu verschaffen – sie war nämlich nicht hübsch und hatte eine Narbe auf der Nase. Durch Schönheit werde sie wohl nicht imponieren, fürchtete der Opa und deponierte für Stella eine beachtliche Mitgift auf der Bank. Und obwohl sie noch ein Kind war, fand Stella das entsetzlich, so sehr, daß sie sozusagen aus Trotz ein häßliches Mädchen sein wollte. Übrigens – sie hatte später zwei Ehemänner, als Großvaters Geld längst in der Inflation zerronnen war…
Als sie 1916, als Zwölfjährige, einen Schulaufsatz mit dem klassischen Thema, was sie einmal werden wollte, schreiben mußte, stand für Stella Herzig schon damals fest: Sie wollte in die Politik. Sie war Schulsprecherin, sie hielt heftige Reden gegen den tobenden Krieg, und es war widersprüchlich und selbstverständlich zugleich, daß sie, die reiche jüdische Tochter, die ein elitäres Gymnasium besuchte, in die Sozialistische Arbeiterjugend eintrat. Als sie Germanistik studierte, trat sie den Sozialistischen Studenten bei, wo sie ihren ersten Mann kennenlernte. Zur Hochzeit schenkte ihr Adolf Loos, in

dessen Kreis sie durch Altenberg gekommen war und den sie ebenso verehrte wie Karl Kraus, eine Lampe...
Stella wandte ihr Interesse der Psychoanalyse zu, arbeitete bei Willi Reich, Karl und Charlotte Bühler und wurde von Anna Freud, der Tochter Sigmund Freuds, in der Idee bestärkt, diesen Beruf zu wählen. Da beging Stellas Gatte Selbstmord, und sie entsagte der Psychoanalyse nicht zuletzt deshalb, weil sie es plötzlich gar nicht mehr so gut fand, zu viel über das Unbewußte im Menschen zu wissen.
Stella wurde Mittelschulprofessorin an einem elitären jüdischen Privatgymnasium, und viele ihrer Schülerinnen dankten ihr lebenslang dafür, daß sie ihnen die Liebe zum Wissen eingepflanzt hatte...
Die politisch so unruhigen zwanziger Jahre waren für überzeugte Sozialisten wie Stella Klein eine schwere Zeit. 1933, als sie eben verwitwet war, übernahmen die Nationalsozialisten die Macht in Deutschland, 1938 kamen sie nach Österreich, und Stella Klein mußte als Jüdin die Verfolgungen und Demütigungen ertragen, die auf ihresgleichen warteten. Mit allem Mut, den sie aufbringen konnte, holte sie, nachdem sie die Auswanderungspapiere beisammen hatte, ihren Bruder mit Glück aus dem Gefängnis der Gestapo...
Stella Klein emigrierte im Jänner 1939 nach England, wo sie, wie viele andere Intellektuelle, anfangs recht froh sein mußte, als weidlich ausgebeutete Haushaltshilfe und Putzfrau ihren Lebensunterhalt verdienen zu dürfen. Aber sie setzte sich auch dort durch.
Am 27. Jänner 1940 heiratete sie den Arzt Moses Löw, ihren getreuen „Mo", den sie später nur um Wochen überlebte. Er war aus Dachau gekommen, schwerkrank, gezeichnet von allem, was er mitgemacht hatte.
Stella Klein-Löw, wie sie sich nun nannte, fand später eine Stellung als Erzieherin für schwererziehbare Buben. Als überzeugte Sozialistin trat sie während ihres England-Aufenthalts der Labour-Party bei.
Anders als viele Juden, die sich nicht mehr zur Heimkehr entschließen konnten, wollten Stella und Moses Löw gleich nach Kriegsende nach Wien zurück, und sie taten es auch, obwohl man sie, wie sie deutlich fühlten, nicht mit großer Freude empfing. Aber sie ließ sich davon nicht abschrecken, wohl in dem richtigen Gefühl, daß in dem neuen, aufzubauenden Österreich viel Arbeit auf sie wartete.

Stella Klein-Löw liest aus ihrem Buch „Menschen um mich"

Und Stella Klein-Löw ließ es nicht dabei bewenden, wieder (diesmal in der Schule in der Rahlgasse) als Lehrerin zu arbeiten, sie wurde auch innerhalb der Sozialistischen Partei vielfältig aktiv. Sie arbeitete in der SPÖ-Bezirksorganisation in der Wiener Leopoldstadt, sie wurde Chefredakteurin der Zeitschrift „Sozialistische Erziehung", und wo immer es um Erziehungs- und Bildungsfragen ging, wandte man sich an sie als kompetente Persönlichkeit. Unermüdlich hielt sie Vorträge bei Schulungskursen, widmete viel Zeit der Arbeit in der Eheberatungsstelle und gehörte von 1959 bis 1970 dem Nationalrat an.

Aktiv für die Kinderfreunde, aktiv als Schriftstellerin, aktiv als Lehrerin, zuletzt als Direktorin der AHS Wien-Floridsdorf, war sie für die Sozialisten ein Vorbild als Genossin der alten Schule, für die Sozialismus nur Verpflichtung und nicht, wie es damals Mode wurde, Anhäufung von Privilegien bedeutete...

Daß sie älter wurde, machte Stella Klein-Löw traurig. Nicht aus Eitelkeit.

Als sie anläßlich ihres 75. Geburtstags in den Spiegel schaute, meinte sie zu ihrem Mann: „Ja, ich bin alt, und es gibt noch so viel zu tun."
1980 veröffentlichte Stella Klein-Löw ihre Erinnerungen unter dem Titel „Erlebtes und Gedachtes", zwei Jahre später schickte sie ihnen den Band „Menschen um mich" nach. Sie hat darin Berühmtheiten geschildert, die ihren Weg kreuzten, von Karl Kraus bis Adolf Loos, von Viktor Adler bis Karl Seitz, von Karl Renner bis Theodor Körner, aber sie schilderte auch Menschen ohne große Namen, die in ihrem Leben eine Rolle spielten.
Moses Löw starb im Mai 1986, und den Tod des Mannes, mit dem sie die letzten 45 Jahre verbracht hatte, konnte Stella Klein-Löw nicht verwinden. Am 7. Juni 1986 erlag sie in ihrer Wiener Wohnung einem Herzschlag.
Es ist charakteristisch, welche Episode sie an das Ende ihres Erinnerungsbuches stellte. Die zehnjährige Stella hatte in der Schule wieder einmal gegen etwas protestiert.
„Du bist aber eine Rebellin", meinte die Klassenlehrerin. „Was ist das?" fragte die neugierige Stella. „Ein Mensch, dem nichts paßt." „Das stimmt", sagte Stella trotzig. „Ich bin sowas. Mir paßt oft was nicht."
Und wenn ihr was nicht paßte, hat sie nach Möglichkeit etwas dagegen getan.

Stella Klein-Löw, kämpferisch im Parlament

Maria Augusta Trapp

1905 – 1987

Ihr habt Gold in den Kehlen!

Im Film trug sie die Züge von Ruth Leuwerik und Julie Andrews und hat, besonders auf den Umwegen von „The Sound of Music", wahrscheinlich mehr für die Popularisierung ihrer österreichischen Heimat in den USA getan als jede andere Frau ihres Jahrhunderts: Die Rede ist von Maria Augusta Baronin von Trapp, die ihr abenteuerliches Schicksal selbst in aller Schlichtheit in zwei Büchern geschildert hat und dann von den Medien so wirksam vermarktet worden ist. Davon hatten sie und ihre Familie übrigens, vom rein pekuniären Aspekt, am wenigsten…

Geboren wurde sie am 26. Jänner 1905 in Wien. Die Umstände ihrer Jugend waren nicht eben glücklich: Sie wuchs im Kaiserhaus auf, kam dann in ein Internat, absolvierte schließlich die Lehrerbildungsanstalt. Aber das fromme Mädchen wollte ins Kloster gehen und trat in den Konvent der Bene-

diktinerinnen im Salzburger Nonnberg ein. Wofür sie dann doch wieder zu lebhaft war.
„Ich war lästig wie die Pest", sagte sie später humorvoll von sich selbst, „also ergriff die Äbtissin die erste Gelegenheit, mich aus dem Haus zu haben."
Es lag ein Ersuchen des verwitweten Baron Georg von Trapp, der im Ersten Weltkrieg ein hochdekorierter U-Boot-Kapitän gewesen war, vor, der eine Lehrerin für seine sieben mutterlosen Kinder suchte. Maria erschrak bei dem Gedanken, das Kloster zu verlassen, aber die „Leihfrist" sollte ja nur 240 Tage dauern. Immerhin – 26 Gouvernanten hatten in den vergangenen vier Jahren seit dem Tod der ersten Baronin Trapp schon vergeblich versucht, die Kinderschar zu bändigen... Kein Wunder, daß Maria sich fürchtete.
An einem Oktobermorgen des Jahres 1926 bestieg die Novizin ein Vehikel, das sie nach Aigen zum Haus des Barons brachte, der sich zumindest nicht, wie von ihr befürchtet, als rauher Seebär herausstellte, sondern als tadellos gekleideter Herr.
Und da waren die Kinder: Rupert, Agathe, Maria, Werner, Hedwig, Johanna und Martina. Und siehe da – dieser schlichten Novizin, die nur mit einem Samtkleid, einer Zahnbürste und ein paar Büchern als einzigen Besitztümern bei ihnen einzog, setzten sie keinerlei Widerstand entgegen.
Wie sich die Dinge entwickelten, erzählt Maria Augusta Trapp in ihrem Erinnerungsbuch. Sie war völlig fassungslos, als sie einmal hörte, wie jemand auf der Straße sagte: „Das ist die Lehrerin bei Trapp. Der Baron ist ganz verliebt in sie."
Was „verliebt" bedeutete, hatte sie bisher nur in Büchern gelesen, „und dort endete die Liebe dann meist mit Blutvergießen und Totschag. Und jetzt war so etwas Gräßliches mir zugestoßen!"
Gar so gräßlich fand sie es dann doch nicht, denn am Samstag vor dem ersten Adventsonntag des Jahres 1927 wurde Maria in der Klosterkirche des Nonnbergs die zweite Frau Trapp. Es war wohl eine Szene wie im Kino (und wurde dort auch entsprechend ausgeschlachtet), als die junge Braut eskortiert von den Nonnen und den sieben Stiefkindern vor den Altar trat... Die beiden älteren Mädchen führten den Vater, die Buben führten Maria, die kleinen Kinder trugen die Schleppe.
„Und in der tiefen Stille, die uns umgab, gelobten wir einander mit einem Ja-

wort vor Gottes Altar die ewige Treue, bis der Tod uns scheidet."
Gläubigkeit und Gottvertrauen waren übrigens in dieser Familie unerschütterliche geistige Besitztümer, und vielleicht sind sie nur damit so sicher durch alle Widrigkeiten gekommen, die das Schicksal noch mit ihnen vorhatte...
Zuerst wurde es jedenfalls eine glückliche Ehe. Maria fügte der Kinderschar noch drei weitere hinzu: Im Winter 1929 kam Rosemarie, es folgten Eleonore und Nesthäkchen Johannes.
In den dreißiger Jahren verarmten viele, auch die Trapps, die dazu übergingen, in der Festspielzeit Zimmer ihrer Villa zu vermieten. Als die Baronin aber die musikalische Kinderschar um sich schloß und einen Familienchor bildete, war es noch ein Hobby, nicht zum Gelderwerb gedacht.
Lotte Lehmann, einmal zu Gast bei der Familie, hörte, wie die Trapps in der Hauskapelle Bach-Motetten sangen. Die Profisängerin erkannte Profiqualitäten und bestand darauf, daß der Chor 1936 beim Chorwettbewerb der Salzburger Festspiele mitwirkte: Sie gewannen.
Am wenigsten beglückt zeigte sich der Familienvater im Publikum, ihm war die ganze Sache nur peinlich. Aber er würde sich daran gewöhnen müssen, Frau und Kinder auf der Bühne zu sehen...
Denn das war eine legitime Möglichkeit, die Geldprobleme zu bekämpfen. Und so gingen die Trapps, die sofort viele Einladungen (darunter von Bundeskanzler Schuschnigg) bekamen, auf Tournee. Und sie konnten sich hören lassen, nicht zuletzt durch den Glücksfall des Monsignore Franz Wasner. Dieser junge, hochmusikalische Priester wurde ihr künstlerischer Mentor, studierte mit ihnen die Werke ein, dirigierte den Chor, war ein Meister auf dem Klavier und auf der Orgel. Er gehörte quasi zur Familie und dem Trapp-Chor, von dem ein Zuhörer einmal andächtig sagte: „Ihr habt Gold in den Kehlen!"
Der „Anschluß" traf so treue Österreicher wie die Trapps schwer. Sofort machten sie durch Widerstand auf sich aufmerksam: Der Baron duldete keine Hakenkreuzfahnen in seinem Haus, die Kinder weigerten sich, in der Schule die Nazilieder mitzusingen.
Dennoch wurde die Trapp-Familie abkommandiert, als Vertreter der „Ostmark" bei Hitlers Geburtstag aufzutreten, und der Baron sollte ein U-Boot der deutschen Kriegsmarine übernehmen. Beides kam für die Familie nicht

in Frage – womit aber, das wußten sie wohl, ihres Bleibens nicht länger war. Offiziell gingen sie auf eine „Kletterpartie nach Südtirol“, tatsächlich packten sie bei Nacht und Nebel ihre Koffer, um nicht mehr wiederzukommen. Sie schlugen sich über Italien nach London durch, von dort nach Amerika. Mit 4 Dollar als Kapital kamen sie in New York an, am 10. Dezember 1938 gaben sie in der Townhall ihr erstes Konzert. Sie müssen rührend anzusehen gewesen sein, mit ihren schwarzen, rot verbrämten Gewändern, eine ernsthafte Schar emigrierter Österreicher, die den Amerikanern europäische Musik und ihre Lieder vorsangen...

Die amerikanische Karriere ließ sich dennoch zähe an, denn für den Geschmack des US-Show-Business waren die Trapps entschieden zu hausbacken.

„Sie können in Amerika nie eine Attraktion werden, Baronin“, sagte ihr ein Manager, „sie haben keinen Sex-Appeal“.

Als er Maria Augusta Trapp jedoch aufforderte, mit Nylonstrümpfen, hochhackigen Schuhen und Make-up aufzutreten, kam er schlecht bei ihr an. In ihrem damals noch recht gebrochenen Englisch begehrte sie auf: „Ich denke – Amerika freies Land. Ich nicht!“

Schließlich schafften es die „Trapp Family Singers“ deshalb, weil sie genauso blieben, wie sie waren: eine schlichte österreichische Familie, bei deren Gesang einem das Herz aufging. Auch die Amerikaner konnten nicht widerstehen. 1948 wurde die aus politischen Gründen geflüchtete Familie in Amerika naturalisiert. 1941 schon hatten sie eine Farm in Stowe, Vermont gekauft, weil die Landschaft sie so sehr an das heimatliche Salzburg erinnerte. 1947 mußten sie ihren Vater, Georg von Trapp, begraben.

Bald nach dem Krieg begann die Trapp-Familie, die als Chor bis 1957 bestehen blieb, ausgedehnte Tourneen zu unternehmen, nicht nur nach Europa, auch in ganz Nord- und Südamerika, Australien, sogar nach Neu-Guinea. Für drei ihrer Kinder wurde das zum entscheidenden Erlebnis, sie wurden Missionare auf der Ferguson-Insel, und die Baronin begleitete sie für eine Zeitlang dorthin.

Rechte Seite Oben: Mutter Trapp im US-Film: Julie Andrews.
Darunter rechts: Das Ehepaar Trapp in der deutschen Verfilmung: Ruth Leuwerik, Hans Holt.
Unten links: Maria Augusta Trapp mit Ruth Leuwerik.

Nach dem Krieg hatte die Baronin dem allgemeinen Drängen nachgegeben und schrieb in mehreren Büchern ihre Lebensgeschichte nieder. Zuerst griffen die Deutschen danach: Das Ehepaar Trapp nahm die Züge der Publikumslieblinge Ruth Leuwerik und Hans Holt an, und 1957 flimmerte die „Trapp-Familie“, 1958 „Die Trapp-Familie in Amerika“ in den Kinos.
Das war aber nichts gegen das Musical „The Sound of Music“ von Rodgers und Hammerstein, das am 16. November 1959 in New York Premiere hatte und es dort auf 1400 Vorstellungen brachte. 1961 und dann nochmals 1983 und wiederum 1992 wurde es in London nachgespielt, und 1965 gab es dann den Film mit Julie Andrews, der auf Deutsch „Meine Lieder, meine Träume“ hieß. Bis heute wird jeder in Amerika „The Sound of Music“ kennen (die AUA wirbt damit für ihre Salzburg-Flüge), und Ronald Reagan bezeichnete das Lied „Edelweiß“ aus dem Musical als seinen Lieblingssong…
Nach der Auflösung des Chores widmete sich die verwitwete Baronin vor allem der Farm, die sie „Cor unum“ nannten, eine Family-Lodge, die als Musik- und Gästehaus weltberühmt wurde. Sohn Johannes ist der Manager des Familienbetriebes, einem in österreichischem Stil gebauten Haus, dem ein Ferienhotel angeschlossen ist, nicht zuletzt für Skifahrer, „denn hier sind die Winter so wie einst zu Hause in Salzburg“. Maria Trapp, die meist die heimatlichen Dindl trug, kümmerte sich im Speisesaal ebenso um alles wie im Souvenirladen, und immer stand sie ihren Gästen für ein Erinnerungsfoto zur Verfügung – quasi als die „echte Julie Andrews alias Baronin Trapp“.
1980 gab es eine Katastrophe großen Ausmaßes, als die Farm bis auf die Grundmauern abbrannte und auch alle Fotos und Erinnerungsstücke in Rauch aufgingen. Aber man erbaute das Anwesen neu und damit noch größer als vorher, und 1985 konnte Maria Trapp ihren 80. Geburtstag im Kreise der acht noch lebenden Kinder, von 29 Enkeln und 6 Urenkeln feiern. Sie, die einst zur „katholischen Mutter des Jahres“ gewählt worden war und auch vom Papst einen Orden erhalten hatte, blieb aktiv, bis zwei Schlaganfälle sie zwangen, sich von der täglichen Arbeit im Hotel zurückzuziehen.
Maria Augusta von Trapp starb 82jährig am 28. März 1987. Sie wurde an der Seite ihres Gatten auf ihrer Farm in Vermont begraben, dort, wo sie eine neue Heimat gesucht hatte, weil es sie so sehr an die alte Heimat erinnerte.

Joy Adamson

1910 – 1980

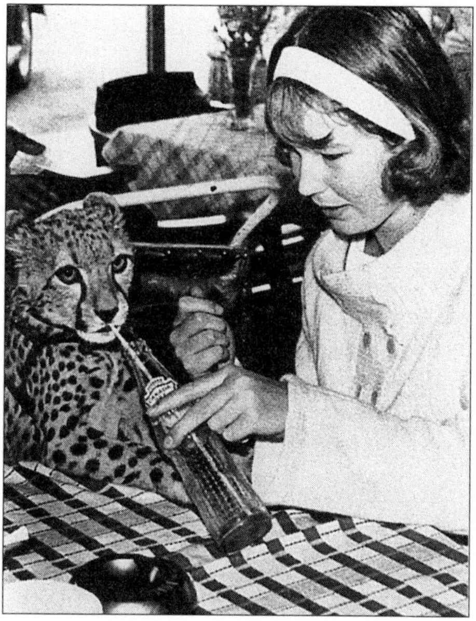

Tiere sind die besseren Menschen

Ihr Leben und mehr noch ihr Tod waren ein Fall für die Weltpresse. Keine Zeitung, die 1980 nicht darüber berichtet hätte, die „Mutter der Löwin Elsa“ sei von Löwen zerfleischt worden. Wenig später stellte sich heraus, daß Joy Adamson von Menschen ermordet worden war – nicht von Tieren. Und neun Jahre später ereilte ihren Gatten George Adamson dasselbe Schicksal: Der passionierte Tier- und Naturschützer stand vielen im Weg, die an der Ausbeutung dieser Natur noch immer viel Geld verdienten. Joy Adamson hatte hingegen die Millionen, die ihr das Buch über die Löwin Elsa eingebracht hatte, nahezu zur Gänze einer Organisation zum Schutz der Tiere Afrikas zufließen lassen...

Diese Joy Adamson stammte aus Österreich. Am 18. Jänner 1910 wurde sie als Tochter des k. u. k. Oberbaurates Viktor Gessner in Troppau geboren, wuchs aber in Wien auf. Ihr Name war Friederike Viktoria, und jeder nannte sie „Fifi". Genau das war dann für ihren dritten Mann, den Briten George Adamson, nicht auszusprechen. So gab er ihr den Namen „Joy", was „Freude" bedeutete. Als „Joy Adamson" erlangte die Fifi Gessner aus Wien Weltruhm – ihre Briefe und Karten an die alten Wiener Freunde, zu denen der Kontakt nie abriß, unterzeichnete sie bis zuletzt mit „Fifi"...

Das Ehepaar Gessner wurde geschieden, Fifi wuchs bei einer Großmutter auf. Sie war vielfach künstlerisch begabt, studierte zuerst an der Musikakademie, entdeckte aber dann, das sie ebenso gern und ebensogut zeichnete und malte. An der Kunstakademie freundete sie sich mit Susanne Schmutzer, der Tochter des berühmten Radierers Ferdinand Schmutzer, an: Sie blieben Freundinnen ein Leben lang.

In erster Ehe heiratete Fifi dann einen entfernten Verwandten von Susanne, die später (als Susanne Peschke-Schmutzer) eine bekannte Bildhauerin wurde.

Schon in ihren Wiener Studienjahren lernte „Fifi" Herbert Tichy kennen – sie zählten zu einer sportlichen Gruppe, die miteinander Skifahren ging.

„Sie war eine auffallende Erscheinung", erinnerte sich Tichy, der selbst ein berühmter Forscher wurde, „Groß, schlank und hübsch, drehten sich die Leute nach ihr um, wenn sie mit ihrem Dackel spazieren ging."

1937 gingen Fifi und ihr erster Mann nach Afrika: Sie wollte in Kenia die Tiere, Menschen und Landschaft zeichnen. Das Ergebnis sind an die viertausend Bilder, von denen viele heute im Museum von Nairobi hängen. Fifi Gessner verfiel Afrika, wie so viele vor ihr, aber sie wollte hier nicht das Leben der „weißen Herrin" führen, sie beschäftigte sich intensiv mit den Eingeborenen. Das Buch „Peoples of Kenya", das sie herausbrachte, etablierte sie als eine der besten Kennerinnen der Materie, wurde zum Standardwerk.

Die erste Ehe scheiterte, aber Fifi blieb in Afrika, wo sie ihren zweiten Mann kennenlernte: Der Schweizer Peter Bally, der aus der berühmten „Schuh-Familie" stammte, war Botaniker und arbeitete hier. Gemeinsam sammelten sie Pflanzen.

Bis George Adamson in ihr Leben trat. Der Brite lebte seit vielen Jahren in Afrika, führte Safaris, sorgte sich aber vor allem um die Tiere, deren Verhalten er mit großem Interesse erforschte. Für George und Joy war es so etwas wie Liebe auf den ersten Blick, aber er wollte eine fremde Ehe nicht stören.

In dem Buch „Safari meines Lebens" schilderte er später, daß er seinem Schicksal nicht entkommen konnte:
„Ich hatte die feste Absicht, in Nairobi um jeden Preis eine Wiederbegegnung mit Joy zu vermeiden. Aber das Schicksal wollte es anders, denn der erste Mensch, den ich traf, als ich aus meinem Wagen stieg, um mir ein Zimmer in einem Hotel zu nehmen, war Joy, und angesichts unserer menschlichen Schwäche bedeutete dies das Ende all meiner guten Vorsätze, so daß ich einfach zu dem Schluß gelangen mußte, ohne sie nicht leben zu können. Es folgte eine Periode großer seelischer Belastungen in unser beider Leben. Wir sehnten uns nach dem Tag, an dem die üblichen peinlichen Formalitäten, die eine Scheidung nun einmal mit sich brachte, endlich erledigt wären und wir der Welt als Mann und Frau gegenüber treten könnten."
Im Jänner 1942 war es dann endlich so weit: In aller Stille wurden die beiden in Nairobi getraut. Zwei Menschen, die den Rest ihrer Leben völlig der Arbeit für die Tiere Afrikas widmen sollten, hatten sich gefunden.
Joy und George Adamson waren bereits zwölf Jahre verheiratet, als 1956 ein Löwenbaby in ihr Leben trat, dessen Mutter erschossen worden war.
„Sieh mal, was wir dir mitgebracht haben", meinte George zu seiner Frau, als er ihr „Elsa" und noch zwei Löwenbabys übergab.
Die drei Jungen wuchsen im Haus der Adamsons in Isiolo heran, bis sie sechs Monate alt waren. Dann erwies es sich als unmöglich, alle drei zu behalten. Schweren Herzens entschlossen sich die Adamsons, die beiden größeren Tiere dem Zoo in Rotterdam zu verkaufen. Elsa, die Jüngste, blieb bei ihnen.
Als sie zwei Jahre alt war, zeigte sie ein waches Interesse an den wild lebenden Raubtieren. Die Adamsons, bei denen Elsa in Freiheit gelebt hatte, wollten ihr nicht zumuten, in einen Zoo gesperrt zu werden. Für sie ergab sich nun die Notwendigkeit, das Tier in die wirkliche Freiheit, in das Leben eines „wilden" Löwen zu entlassen. Sie bekam Gelegenheit, ihr ererbtes Wissen, wie man Tiere jagt, anzuwenden, und sie wurde von den Adamsons so lange von ferne behütet, bis sie imstande war, wie jede wilde Löwin für sich selbst zu sorgen und auch die Kämpfe zu bestehen, die das Leben in der Wildnis mit sich brachte.
Joy Adamson hatte Elsas Schicksal minutiös aufgezeichnet: Als sie das Buch veröffentlichte, wurde es ein Welterfolg. In nicht weniger als 33 Sprachen

übersetzt, machte die Geschichte der Löwin Elsa ihr „Frauchen", die an Elsas Beispiel zudem ein Meisterstück an Verhaltensforschung geliefert hatte (ganz abgesehen von der ungeheuren Liebe, die sie dem Tier entgegenbrachte), zur Millionärin.

Das einzige, was Joy Adamson sich von dem Geld selbst leistete, war die Errichtung des Besitzes „Elsamere": Das Haus und seine berühmte Herrin wurden lange Zeit hindurch Hauptanziehungspunkt für alle Kenya-Besucher. Sie hätte den Rest ihres Lebens damit verbringen können, sich von neugierigen Touristen fotografieren zu lassen. Als es ihr zu mühsam wurde, jeden zu empfangen, der mit dem Hinweis, er habe ihr Buch gelesen, vor ihrer Tür auftauchte, veranstaltete sie Tee-Partys, bei denen man dann einen Blick auf die berühmte Joy Adamson werfen konnte…

Als Elsa 1958 plötzlich bei den Adamsons auftauchte und drei Kinder mitbrachte, konnte Joy über diese ein weiteres Buch schreiben, das gleichfalls zum Welterfolg wurde. Und das ganze Geld strömte in den „Elsa Wild Animal Appeal", eine Tierschutzorganisation. 1964 wurde die Geschichte der Löwin Elsa verfilmt.

Joy Adamson hatte, so urteilte Herbert Tichy, eine geradezu telepathische Fähigkeit, sich mit Tieren zu verständigen. Ihre Liebe zu ihnen ging so weit, daß sie sie den Menschen eindeutig vorzog. Menschen waren in ihren Augen eine „inferiore Spezies", und sie erwartete von allen Menschen, daß sie sich wie Tiere benähmen – nämlich so ideal wie die Löwin Elsa. Das brachte sie vielfach in Konflikt mit ihrer Umwelt.

Außer dem Gatten George, auf den sie nichts kommen ließ, und dem Koch war niemand vor ihrer Mißbilligung sicher. Joys Kratzbürstigkeit wurde berücksichtigt, und viele, die mit ihr zusammenarbeiteten, waren nicht glücklich dabei. „Haraka", „die Eilige", nannten sie die Eingeborenen, weil sie mit so viel Vehemenz durchs Leben lief.

Der Busch war ihre Welt, mehr als alles andere. Im Busch gibt es niemals einen öden Tag", sagte sie. Joy Adamson beobachtete, zeichnete, malte, fotografierte. Insgesamt verfaßte sie elf Bücher, gestaltete Filme und Fernsehsendungen, trat in aller Welt mit ihrer berühmten Energie für das Recht der wilden Tiere ein. Ihre Heimat Österreich war sehr stolz auf sie und verlieh ihr 1977 das „Ehrenkreuz für Wissenschaft und Kunst". Sie nahm es 1977 aus der Hand des österreichischen Botschafters in Kenia entgegen. Die eng-

Joy Adamson und die Gepardin Pippa

lische Königin hatte diese Ehrung erst billigen müssen, denn Joy Adamson war längst keine Fifi Gessner mehr, sie war nun britische Staatsbürgerin.
Was Joy Adamson in ihren letzten Jahren kränkte, waren die Gerüchte, daß es mit der Ehe nicht mehr stimmte. Tatsächlich war sie mit George nicht viel zusammen – er lebte lieber in einem Camp im Busch als in dem komfortablen „Elsamere“, aber auch für Joy war die Arbeit mit den Tieren wichtiger als alles andere.
Nach den Löwen hatte sie die Geparden studiert, und 1976 fand sie ein Leopardenbaby, das sie Penny nannte und dem sie nun ihre Zeit (und das, was sie nicht wissen konnte, den Rest ihres Lebens) widmete. Da Löwen, mit denen George Adamson lebte, und Geparden allerdings nicht zusammen sein können, sah sich das Ehepaar selten: Jeder war bei „seinen“ Tieren.
Nach der Löwin Elsa und der Gepardin Pippa war die Leopardin Penny ihr letztes „Kind“, und sie erklärte einmal: „Pennys Intelligenz überschattet alle meine bisherigen Erfahrungen“.
Kilometerweit kämpfte sich Joy Adamson durch den Dornbusch, die Arme

durch Asbestbinden geschützt (denn wenn Penny ihre Ziehmutter freudig ansprang, war das angesichts ihrer Kraft und Krallen gefährlich), um Penny aufzuspüren und zu beobachten.
An ihre Freundin in Wien, Susanne Peschke-Schmutzer, schrieb sie damals: „Der Leopard ist das schwierigste Raubtier zu studieren, und ich bin bis jetzt die einzige, die Löwen, Geparden und Leoparden vergleichen kann. Dazu sind jetzt die Regenfälle stark, und wir stapfen für drei bis fünf Stunden täglich durch den Schlamm, um Penny zu finden, die sechzehn Kilometer vom Camp auf einer felsigen Hügelkette sich ein ideales Leopardenheim gefunden hat."
Joy Adamson kam nicht mehr dazu, ihre interessanten Vergleiche über das Verhalten der Wildkatzen in einem Buch niederzulegen. Am 4. Jänner 1980 fand man ihre Leiche 250 Meter von ihrem Zeltlager im kenianischen Meru-Nationalpark in einem schrecklich verstümmelten Zustand. Sie war am Abend davor gestorben – von Löwen angefallen und zerrissen, wie es hieß. Es schien, als hätten alle Kritiker von Joy Adamson, die behauptet hatten, man könne einem erwachsenen Raubtier nicht trauen, recht behalten.
Aber Joys Freunde wußten sofort, daß die Meldung nicht stimmen konnte: Joy wußte einfach zu viel von Löwen, es schien ausgeschlossen, daß sie ein Opfer der Tiere geworden war. Und die Obduktion brachte es dann auch zutage, daß Menschen, nicht Tiere, sie so zugerichtet hatten. Drei Männer, die für sie gearbeitet hatten und von ihr entlassen worden waren, wurden schließlich verhaftet, der 23jährige Paul Nakvale Ekai, der mit ihr um eine lächerliche Summe gestritten hatte, angeklagt und verurteilt.
Wenige Trauergäste waren dabei, als Joy Adamson eingeäschert wurde. Herbert Tichy, der Freund aus Wiener Tagen, der damals in Afrika weilte und zu Joys Begräbnis kam, berichtete, welche Worte der Reverend an ihrem Grab fand:
„Sie hat ihr Leben hingegeben und bis zum Ende ihr leidenschaftliches Ziel verfolgt – eine Brücke zu bauen zwischen den Raubtieren und ihren schlimmsten Feinden, den Menschen."
Neun Jahre später gab George Adamson für dasselbe Ideal sein Leben.

Etta Becker-Donner

1911 – 1975

Sie sagte „Südamerika"

Wenn man heute an Etta Becker-Donner denkt, an die Tatsache, daß sie zwei Jahrzehnte lang das Wiener Museum für Völkerkunde leitete zum Beispiel, dann muß man hinzufügen, daß sie diese Stellung in den fünfziger Jahren antrat, als es noch durchaus nicht selbstverständlich war, daß Frauen in der Republik Österreich die höchsten Ämter erklommen. Aber diese Etta Becker-Donner war überhaupt etwas Besonderes, von Anfang an, als sie in einem Alter, wo andere Mädchen tanzen gehen, allein zu einer Forschungsexpedition nach Afrika aufbrach...

Geboren wurde sie als „Violetta" (sie kürzte den Namen auf „Etta" ab, und dabei blieb es) Donner in Wien, am 5. Dezember 1911. Ihr Vater, ein höherer Beamter bei der Bundesbahn, war das uneheliche Kind eines rumänischen Fürsten gewesen – „Wir haben überhaupt eine ganz lustige Familiengeschichte", meinte Franka Lechner, die Tochter von Etta Becker-Donner. Der Vater verschwand, die Eltern ließen sich scheiden, Etta wurde aus der dritten Klasse Mittelschule genommen und mußte mit ihrer Mutter aufs Land nach Goisern ziehen. Dort hielt sie es allerdings nur zwei Jahre aus. Etta Donner war 17, als sie allein nach Wien zurückfuhr und als außerordentliche Hörerin an der Universität inskribierte. Ihr Studium finanzierte sie selbst, so wie sie ihr ganzes Leben lang nie Scheu hatte, jede beliebige Arbeit anzugreifen, wenn sie tägliches Auskommen oder eine Reise bezahlen mußte.

Sie begann als Sprachwissenschaftlerin, die sich zuerst für orientalische Geschichte interessierte, sich dann aber Afrika zuwandte. Während des Studiums holte sie Latein nach und machte die Reifeprüfung, außerdem begann sie schon kleinere Artikel über völkerkundliche Themen in Wiener Zeitungen zu veröffentlichen.

Nachdem sie neun Semester studiert hatte, entschloß sich Violetta Donner zu Beginn des Jahres 1934 (sie war damals 22 Jahre alt), allein nach Westafrika zu fahren. Ihr Vater war mittlerweile wieder in ihr Leben getreten und unterstützte dieses Unternehmen auch finanziell.

„Während der ersten Monate bereiste ich das Gebiet der Gola im westlichen Mittelliberia, wo ich sprachliche und ethnographische Aufahmen machte. Nach Ende der Regenzeit, die ich vorwiegend in Monrovia verbrachte, brach ich nach dem Nordosten Liberias auf, wo ich unter den sehr wenig bekannten Stämmen der Mano, Dan und Kran lebte. Durch Unterstützung des Präsidenten der Republik, der mir große Erleichterungen (besonders in bezug auf Träger) gewährte, konnte ich in die entlegensten Gegenden kommen. Nach 1 1/2 Jahren kehrte ich mit reichem wissenschaftlichem Material und einer großen Sammlung von Eingeborenengegenständen nach Wien zurück."

Was Etta Becker-Donner hier in einem Lebenslauf mit so schlichten Worten beschreibt, war eigentlich eine Sensation und wurde von der Mitwelt auch als solche empfunden: Eine junge Frau, die sich eineinhalb Jahre mutterseelenallein durchs schwärzeste Afrika schlägt, klassische „Feldforschung" betreibt, d. h., mit Eingeborenen lebt, ihren Alltag erforscht, die Gegenstände ihres täglichen Lebens sammelt und sich vor allem mit ihrer Sprache und Geisteswelt auseinandersetzt – das war schon eine außerordentliche Lei-

stung. Wieder in Wien, konnte Etta Donner des Interesses der Mitwelt und auch der Presse sicher sein.
„Später hat es ihr vielleicht sogar ein wenig geschadet, daß sie so oft in der Zeitung stand“, meint Christian F. Feest, einer ihrer Mitarbeiter im Völkerkundemuseum. „Man hielt das für unseriös. Aber sie erregte eben nicht nur durch ihre Leistungen, sondern auch durch die Tatsache, daß sie eine so mutige Frau war, Aufmerksamkeit. Und sie hat auf diesem Umweg auch sehr viel zur Popularisierung der Völkerkunde beigetragen.“
Natürlich erschienen während ihrer folgenden Reisen auch ausgesprochen reißerische Sensationsartikel, etwa großartige Ankündigungen, daß sie im Urwald verschollen sei – während ihr Wiederauftauchen dann nur ganz klein notiert wurde: Es hatte eben bei den Eingeborenen kein Telefon gegeben…
Die Sammlung von Objekten, die Etta Donner aus Afrika mitbrachte, wurde in Wien ausgestellt und vom Berliner Völkerkundemuseum angekauft. Im November 1936 reiste sie wieder nach Liberia und kehrte erst mehr als ein halbes Jahr später, im Sommer 1937, nach Wien zurück. Diesmal hatte sie vor allem Kunstwerke der Eingeborenen mitgebracht, die im Herbst in Wien ausgestellt und vom hiesigen Völkerkundemuseum zur Gänze angekauft wurden.
In der Folge veröffentlichte Etta Donner ihre Forschungen in Aufsätzen, Büchern, aber auch Lichtbild- und Radiovorträgen. Das Museum für Völkerkunde sicherte sich die Mitarbeit der jungen Wissenschaftlerin, die zuerst als Hilfskraft angestellt wurde – niemand ahnte, daß sie es hier einmal zur Direktorin bringen sollte. 1940 vollendete Etta Donner ihre Dissertation über „Die Sprache der Mano“, einem Stamm in Liberia, wofür sie die absolut grundlegende Arbeit geleistet hatte.
Durch den Krieg wurden die Möglichkeiten, auf Forschungsreisen zu gehen, unterbunden. Während Etta Donner in Wien blieb und hier arbeitete, lernte sie Hans Becker kennen, 15 Jahre älter als sie, ein ebenso vielseitig begabter wie interessanter Mann. Er war Architekt und Ingenieur, aber auch Ethnologe und als Maler ein Mitglied des renommierten „Hagenbunds“. Vor allem aber war er in jenen Jahren Widerstandskämpfer im Untergrund, und Etta Donner, die Hans Becker 1941 heiratete, teilte seine Überzeugungen.

1942 und 1944 wurden die beiden Kinder des Paares geboren, die Töchter Angelika und Franka, beide künstlerisch begabt. Hans Becker wurde von den Nationalsozialisten sozusagen in letzer Minute, noch 1945, ins Konzentrationslager Mauthausen geschickt und kam nach der Befreiung in einem schrecklichen Zustand nach Hause zurück.
Die Republik Österreich fand eine Stellung im diplomatischen Dienst für Hans Becker – er fuhr voraus nach Rio, dann nach Buenos Aires und schließlich Santiago de Chile und ließ seine Familie nachkommen. Etta Becker-Donner nahm Kurzurlaub im Museum, packte ihre beiden kleinen Töchter und folgte dem Gatten nach Südamerika, das künftig auch ihre wissenschaftliche Wirkungsstätte sein sollte.
Etta Becker-Donner erwies allerdings auch in dieser Hinsicht die ihr eigene Stärke, denn nicht viele Frauen hätten wieder einen Fuß nach Südamerika gesetzt, nachdem ihr Mann dort ermordet worden war. Genau diese Tragödie ereignete sich am 16. Dezember 1948 in Santiago de Chile, und es wurde nie aufgeklärt, was eigentlich hinter der Tat steckte. Der Jugoslawe, der ihn erschoß, tat dies vielleicht aus Eifersucht (seine Frau war in der Botschaft angestellt und hatte Hans Becker um Schutz gebeten), aber der Verdacht, daß er vielleicht im Auftrag politischer Gruppen handelte, wurde nie ganz ausgeräumt.
Wenn Etta Becker-Donner nicht sofort nach Österreich zurückkehrte, so um ihrer kleinen Kinder willen: In der Heimat war das Leben viel schwerer als in Chile, wo sie fast noch ein Jahr lang blieb.
„Meine Mutter hat nie viel erzählt“, sagt Franka Lechner heute, „aber ich erinnere mich, daß sie die abenteuerlichsten Dinge unternommen hat – so arbeitete sie in einem Zuckerlgeschäft –, um uns Kinder über Wasser zu halten.“
Als sie dann doch heimkehrte, tat sie es mit Bangen, denn im Nachkriegsösterreich herrschte der Mangel. In Wien kehrte sie an das Museum für Völkerkunde zurück, hatte aber das Spezialgebiet gewechselt: Statt Afrika galt ihre Arbeit nun für den Rest ihres Lebens Südamerika.
Wie so viele Frauen mußte auch sie die Spannungen zwischen Beruf und Familie erfahren, sogar in extremem Ausmaß, da ihre Arbeit oft monatelange Trennungen bedingte und sie ja nie sicher sein konnte, auch wieder gesund heimzukehren.

Etta Becker-Donner in Südamerika

Franka Lechner erinnert sich noch heute daran, wie schwer es ihr als Kind und junges Mädchen fiel, die Mutter immer wieder ziehen zu lassen, aber auch die Forscherin forderte ihr Recht. Die Reisen, die Etta Becker-Donner 1954 und 1956 nach Brasilien unternahm, um entlegene Indio-Stämme zu erforschen, brachten wichtige und grundlegende Ergebnisse.

Als 1955 die Stellung eines Direktors des Museums für Völkerkunde frei wurde, war die Berufung von Etta Becker-Donner keine Selbstverständlichkeit (zumal sie mit 44 ja durchaus nicht im Alter für eine solche Position schien) – sie war eine Frau, was damals noch negativ wog, sie war durch und durch keine Beamtin, sie war eine unkonventionelle Persönlichkeit. Sie erhielt die Aufgabe dennoch übertragen und erwies sich auf Anhieb auch hier als so unternehmungslustig und zukunftsorientiert wie immer.

Sie engagierte nicht nur eine Anzahl junger Mitarbeiter, die ihr nur höchstes Lob über die Förderung ausdrücken konnten, die sie ihnen angedeihen ließ, sie setzte auch auf praktische Erweiterungen des Museums, ließ ein chemisches Labor, eine Restaurierwerkstatt, ein Fotoatelier, ein Ton- und Filmstudio, eine Druckerei und eine Tischlerwerkstatt errichten, kümmerte sich um die Erweiterung von Bibliothek und Archiv – und ging dennoch nicht in der Verwaltungsarbeit unter.

Mit ihren Reisen konnte und wollte sie nicht aufhören. Nach einigen Ausflügen in den Osten (1956 nach China, 1959 Rußland und Turkestan) war ihr aber klar, daß sie sich auf die Indianerkulturen konzentrieren wollte. In der Folge bereiste sie Mexiko und Zentralamerika, Guatemala, Peru, Ecuador, Columbien, Panama und Honduras, nicht, ohne jedesmal für das von ihr geleitete Museum kostbare Bestände für die Sammlungen mitzubringen. „Sie sagte ‚Südamerika' zu einem Zeitpunkt, als in der Völkerkunde jedermann nur von Asien sprach", meint Franka Lechner, die Tochter der Forscherin.

Und Etta Becker-Donner hat der Liebe zu „ihren Indianern" auch immer höchst tatkräftig Ausdruck gegeben. Sie war an zahlreichen Entwicklungshilfe-Projekten beteiligt, und 1965 zählte sie zu den Gründern des Österreichischen Lateinamerika-Instituts, das sie bis zu ihrem Tod leitete.

Etta Becker-Donner starb am 24. September 1975. Zu Anfang dieses Jahres hatte sich die Krankheit bemerkbar gemacht, zerstörte Lungen, die ihr keine Aktivität mehr erlaubten: Es war nach Überzeugung ihrer Tochter eine Spätfolge der Entbehrungen in den Kriegsjahren.

Die Forscherin hinterließ ein geordnetes Haus: Hans Manndorff, lange Zeit schon ihr Assistent, betont, daß er das Museum für Völkerkunde als Nachfolger von Etta Becker-Donner in ihrem Sinn und Stil weiterführt.

Sie hat viel publiziert, aber ihre Erinnerungen nicht mehr geschrieben: Das hat sie sich wohl für den Ruhestand vorgenommen, den sie nicht mehr erleben sollte. Vielleicht wird ihre Tochter Franka Lechner einmal den Nachlaß ordnen und publizieren und ihrer Mutter so das verdiente Denkmal in Buchform setzen.

Hilde Spiel

1911 – 1990

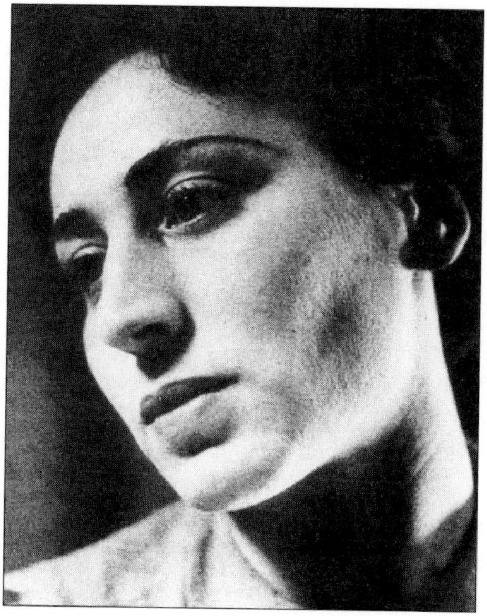

Ein erfülltes Leben

Bedenkt man beispielsweise das Geschick einer amerikanischen Kollegin, Mary McCarthy, die starb, ohne ihre Memoiren vollenden zu können, so war das Schicksal mit Hilde Spiel gnädiger: Sie hat noch beide Bände ihrer Lebenserinnerungen herausbringen können und die überwältigende, so gut wie ausschließlich positive Resonanz darauf erlebt, bevor sie ihrem schweren Krebsleiden am 30. November 1990 erlegen ist.

Wenn sie gewiß auch noch Pläne hatte – ihr Lebenswerk war geleistet, und gerade in den letzten Jahren war Hilde Spiel in ihrer Heimat Österreich so umworben und geehrt, wie sie es sich nur wünschen konnte.

Sie war die „Grande Dame" der österreichischen Literatur, und sie verband die elegante Würde, die sich an den Begriff knüpft, immer mit einer ausgesprochen kritischen Haltung allen Mißständen gegenüber – Hilde Spiel war nie bereit, Konsensbereitschaft zu zeigen, wenn es ihren Überzeugungen widersprach. Gerade in einem Land wie Österreich, das den Kompromiß zur hohen Kunst erhoben hat, wurde ihr das nicht leicht gemacht. Kein Wunder, daß ein anderer „Unbequemer", nämlich Thomas Bernhard, gerade ihre Gesellschaft suchte. Hilde Spiel hätte noch beliebter, noch geehrter sein können, wenn sie es nicht auf sich genommen hätte, immer das „Gewissen" Österreichs zu verkörpern... Lieber lehnte sie 1988 die Ehre ab, die Eröffnungsrede bei den Salzburger Festspielen zu halten, als daß sie es in Anwesenheit von Bundespräsident Waldheim getan hätte.

Sie stammte aus jenen intellektuellen Großbürgerkreisen Wiens, die so oft jüdisch waren – auch im Fall der am 19. Oktober 1911 geborenen Tochter des Naturwissenschaftlers Dr. Hugo F. Spiel. Hilde Maria Eva, die später nicht mehr religiös sein konnte, weil sie zu skeptisch war, Unbeweisbares zu glauben, wurde allerdings getauft und katholisch erzogen. Daß sich ihr Judentum restriktiv für ihr Leben auswirken könnte, wurde ihr erst später klar.

Hilde Spiel war es schon als Kind möglich, wie sie im ersten Teil ihrer Memoiren („Die hellen und die finsteren Zeiten", 1911 bis 1946 umfassend) schrieb, all ihre kulturellen Interessen auszuleben – Musik, Theater. Sie schwärmte für den romantischen Schauspieler Alexander Moissi und erlebte in einer Loge des Onkels die Operettenfolge der „Silbernen Ära". Man betrieb Sport – Eislaufen, Schwimmen – und las sich, junge Mädchen untereinander, am Telefon Schnitzlers verpönten „Reigen" vor.

Die zwanziger Jahre, in denen Hilde Spiel ein Kind, und die dreißiger Jahre, in denen sie jung war, zeigten das Leben voll von Versprechungen. Und in der Schule von Genia Schwarzwald, die beste, die ein junges Mädchen in Wien damals besuchen konnte, wurde der Grundstein für jene phänomenale Bildung gelegt, auf der Hilde Spiel ihr Leben lang aufbauen konnte.

Hilde Spiel hatte auch keine Hemmungen, in ihren Memoiren offen darüber zu sprechen, wie leicht man damals die Liebe nahm, wie sehr wie in Schnitzlers „Reigen" der stete Partnerwechsel damals Selbstverständlichkeit war (und sie mitten drin): Bevor er der bekannte Hans Habe wurde, hatte ein junger Mann – noch unter seinem Geburtsnamen Bekessy – eine heftige Affäre mit Hilde, die damals, wie ihre Jugendfotos zeigen, auf dunkle Art, mit intellektuellem Touch, den man ihr ansah, sehr attraktiv war...

Nach der Matura begann Hilde Spiel 1930 ihr Studium an der Universität Wien, wobei der Philosoph Moritz Schlick und der Psychologe Karl Bühler jene Lehrer waren, die sie am tiefsten beeindruckten. Hier lernte sie, den Dingen auf den Grund zu gehen, was sie später auch zur Wissenschaftlerin prädestinierte – und was ihrer Tätigkeit als Journalistin einen höheren Rang verlieh.

Aber ihr wahres Streben ging zweifellos dahin, Schriftstellerin zu sein. Zu Beginn der dreißiger Jahre schrieb sie während ihres Studiums zwei Romane: „Kati auf der Brücke" und „Verwirrung am Wolfgangsee" (wobei das Salzkammergut ihr Leben lang als Landschaft wie als „seelischer Ort" eine

Hilde Spiel vor ihrem Haus im Wienerwald

besondere Rolle für sie spielte). Hilde Spiel hat später immer bedauert, daß diese ihre Bücher (in der englischen Emigration verfaßte sie auf dieser Linie noch „Flöte und Trommeln") nicht die Anerkennung gefunden hatten, die sie sich wünschte – und es zählte zur großen Freude ihrer späten Jahre, daß die Romane dann neu herausgebracht wurden.

Kultur bedeutete für Hilde Spiel nie einen Elfenbeinturm – in ihren Studienjahren betrachtete sie wachen Auges die politische Entwicklung, und was einst Pessimismus scheinen mochte, hat sich später als Hellsichtigkeit erwiesen: Niemand hat Österreich so früh verlassen wie sie und ihr Gatte Peter de Mendelssohn. Hilde Spiel, damals schon weitgereist, polyglott, offen für verschiedene Kulturen, schloß 1936 ihr Studium in Wien ab, heiratete (nachdem sie in Italien eine kurze Romanze mit Alberto Moravia hinter sich gebracht hatte) und war die treibende Kraft für den Entschluß, nach England zu gehen.

Das Ehepaar Mendelssohn begann dort in bescheidenen Verhältnissen, beide schreibende Menschen, die gewillt waren, sich so ihren Lebensunterhalt zu verdienen. Unendlich viel lesend, lernten sie die englische Sprache, bis sie sich perfekt darin ausdrücken konnten. Hilde Spiel arbeitete als Journalistin, und im Lauf der Zeit entwickelte sie ihre Meisterschaft als Essayistin. 1939 kam ihre Tochter Christine zur Welt, 1944 der Sohn Anthony Felix.

Die Kriegsjahre in London waren schwer, auch wenn den Mendelssohns das Schicksal der Zwangsemigration erspart geblieben war. Haushalt, Kinder, Schreiben – dazu Luftangriffe, Angst, Entbehrungen: Hilde Spiel mußte es durchstehen, wie alle andern auch. Und sie liebte England als zweite Heimat, so sehr, daß sie später nie wußte, wohin sie eigentlich wirklich gehörte – hierher oder doch nach Österreich, das Land ihrer Geburt und gelegentlich auch ihrer Sehnsucht...

Hilde Spiel hat in ihren Memoiren geschildert, mit welcher Sehnsucht sie den Augenblick erwartete, als sie nach dem Krieg wieder nach Wien zurückkehren konnte, als Korrespondentin der englischen Wochenzeitschrift „New Statesman", für die sie seit längerer Zeit tätig war. Nach diesem deprimierenden Wiedersehen allerdings folgte sie ihrem Gatten nach Berlin, wo er als politischer Berichterstatter tätig war, während Hilde Spiel sich ihren Ruf als eine der wichtigsten Theaterkritikerinnen des deutschen Sprachraums aufbaute.

Hilde Spiel bei einem TV-Interview

Hier in Berlin allerdings erlebte sie in voller Schärfe, wie sie dann schon im zweiten Teil ihrer Erinnerungen („Welche Welt ist meine Welt?“ 1946–1989) schilderte, den Ausbruch des sogenannten „Kalten Krieges“, und angebliche Sympathien für die Kommunisten („links“ waren jüdische Intellektuelle ja meistens) haben ihr später viele Angriffe, vor allem von seiten Friedrich Torbergs, eingetragen.
Als Hilde Spiel dann nach England zurückkehrte (die Ehe mit Peter de Mendelssohn ging zu Ende), war sie als Berichterstatterin für führende deutsche Zeitungen und Zeitschriften tätig. Fünfzehn lange Jahre verbrachte sie von 1948 bis 1963, wohnhaft in Wimbledon bei London, Jahre, die ihr oft ereignislos schienen, während sie sie erlebte, die im Rückblick allerdings wie die Quintessenz positiver englischer Lebensform auf sie wirkten.
In dieser Zeit schrieb Hilde Spiel neben ihrer journalistischen Tätigkeit auch wieder Bücher – den bedeutenden Roman „Lisas Zimmer“ beispielsweise, Essaybände und ihr Hauptwerk, eine Biographie der Berliner Jüdin Fanny von Arnstein, die im Wien rund um 1800 eine so bedeutende Rolle spielte.

Auch Marcel Reich-Ranicki hat dieses Buch als das Meisterwerk der Hilde Spiel bezeichnet, die doch viel lieber eine große Romanschriftstellerin als eine große Sachbuchautorin gewesen wäre...

Schon von 1955 an, als sie sich für die Sommermonate einen Zweitwohnsitz am Wolfgangsee kaufte, hatte Hilde Spiel wieder einen Fuß in ihre ehemalige Heimat Österreich gesetzt, und 1963 kehrte sie endgültig heim, als hochgeschätzte Kulturkorrespondentin für die angesehene „Frankfurter Allgemeine Zeitung". Sie hat ihre „Rückkehr nach Wien" später in Tagebuchform unter diesem Titel veröffentlicht.

Die Wiener Jahre waren produktiv für Hilde Spiel: Sie brachte die Romane „Mirco und Franca" und (schon früher entstanden) „Früchte des Wohlstands" heraus, Essaybände, Sammelbände, sie erwarb sich beträchtliche Reputation als hervorragende Übersetzerin aus dem Englischen (der Erfolg der Stücke von Jones Sanders und Tom Stoppard im deutschen Sprachraum ist gewiß nicht zuletzt auf die brillante, geschliffene Form zurückzuführen, die Hilde Spiel ihnen sprachlich verlieh).

Dennoch verkündete sie immer wieder Unzufriedenheit damit, zu viel Zeit für den journalistischen Alltag zu vergeuden, für Theaterberichte, die ihr dann der Mühe nicht wert schienen, für die Wiener Kulturquerelen. Als sie für die FAZ als Kulturkorrespondentin nach London zurückging, wo ihre Tochter lebte, hat man ihr das in Wien einigermaßen übel genommen.

Hilde Spiel kehrte wieder. Sie heiratete ein zweites Mal, und sie hat im zweiten Teil ihrer Memoiren ziemlich offen und schonungslos geschildert, daß die Ehe mit dem Schriftsteller Hans Flesch-Brunningen äußerst schwierig und vielfach unbefriedigend war.

Beruflich hingegen verlief vieles gut und glücklich, vor allem, als sich der Wunsch erfüllte, ihr Stück „Anna und Anna" doch noch auf einer Bühne zu erleben: Dieses Werk, in dem Hilde Spiel die Geschichte der Emigration geschildert hat, sich und ihre Gefühle im gespaltenen Ich der beiden Annas darstellend, wurde mit großem Erfolg von Claus Peymann herausgebracht, vom Fernsehen aufgezeichnet (und anläßlich ihres Todes wieder gezeigt).

1989 kam der erste, 1990 der zweite Band ihrer Memoiren heraus. Als Hilde Spiel ihre letzten Ehrungen entgegennahm, war sie schon von ihrer schweren Krankheit gezeichnet. Aber sie hat ihr Lebenswerk vollenden können.

Gina von Liechtenstein

1921 – 1989

Eine echte Landesmutter

Für eine regierende Fürstin, die von allen Königshäusern Europas als ebenbürtig erachtet wurde, machte sie wenig Aufhebens um sich. Wenn ihr roter Passat, von ihr selbst gesteuert, morgens vom Schloß in Vaduz zum Rheinufer brauste, dann wußten die Liechtensteiner, daß ihre Fürstin Gina wieder ihrem leidenschaftlichsten Hobby nachfuhr, dem Angeln. Und so gut wie jeden Sommer war sie regelmäßig auf Burg Liechtenstein bei Wien zu Gast, wenn Elfriede Ott dort ihre Nestroy-Spiele eröffnete. Wenig entfernt von Burg Liechtenstein liegt übrigens Burg Kreutzenstein – und gehörte erstere der Familie ihres Gatten, so zählt letztere zum Besitz von Fürstin Ginas Familie.
Sie war eine echte Österreicherin, Tochter des Gafen Dr. Ferdinand Wilczek und seiner sehr berühmten Frau: jener Gräfin Nora Kinsky aus dem böhmi-

schen Hochadel, die während des Ersten Weltkrieges als „Engel von Sibirien" den Kriegsgefangenen Trost brachte, als sie im Auftrag des Roten Kreuzes unter den schlimmsten Bedingungen in Kriegsgebieten herumreiste. Das Engagement für das Rote Kreuz sollte ihre Tochter Georgine, genannt Gina, die am 24. Oktober 1921 in Graz geboren wurde, erben.
Gina war das erste und einzige Kind dieser Ehe, und sie hatte nicht viel von der Mutter: Sie war eineinhalb Jahre alt, als Nora Kinsky-Wilczek 35jährig an Erschöpfung, den Folgen ihrer Kriegserlebnisse, starb.
Die junge Gina erhielt die beste Erziehung, die man für junge Mädchen aus hohen und höchsten Kreisen bereit hatte: In Wien besuchte sie das Sacre Coeur. Dann wurde sie nach Rom geschickt, wo sie ein von den Englischen Fräulein geleitetes Pensionat besuchte. Nach Wien zurückgekehrt, studierte sie Sprachen und legte in Englisch, Französisch und Italienisch die Dolmetscherprüfung ab.
Der Herr, der sich damals sehr standesgemäß in sie verliebte, war zwar 15 Jahre älter als sie (was beide nie gestört hat), stellte aber eine der besten Partien in Europa dar: Der 1906 geborene Franz Joseph II. war seit 1938 regierender Fürst von Liechtenstein und hatte sich um das Land, das seit 1696 im Besitz seiner Familie war, mehr verdient gemacht als alle seine Vorfahren zuvor, wie es hieß. Nicht nur, weil er der erste der regierenden Liechtensteiner war, der auch daheim lebte, sondern weil es ihm 1938 durch besonderes diplomatisches Geschick gelungen war, Adolf Hitler von der Annexion des Landes abzuhalten. Gewiß hätten die 600 Soldaten, die Hitler in Bewegung gesetzt hatte, reichlich genügt, das nur 157 Quadratkilometer große Fürstentum mit seinen rund 25 000 Einwohnern „einzuatmen". Franz Joseph II. war jedoch nach Berlin aufgebrochen, hatte Herrn Hitler mit aller Höflichkeit behandelt – und erreicht, daß sein Land, ebenso wie die Schweiz, von den Schrecken des Zweiten Weltkrieges unberührt blieb.
Diesen Franz Joseph II., der übrigens ein halber Habsburger war (seine Mutter war die kaiserliche Hoheit Erzherzogin Elisabeth Amalie) und als

Rechte Seite oben: Fürstin Gina als Landesmutter und Protektorin des „Roten Kreuzes" auf Liechtensteinischen Briefmarken.
Darunter: Fürstin Gina und Fürst Franz Joseph von Liechtenstein

1985
120
FÜRSTENTUM LIECHTENSTEIN
CORNELIA EBERLE
1985
COURVOISIER

dessen Taufpate 1906 noch Kaiser Franz Joseph persönlich fungiert hatte, heiratete Gräfin Gina von Wilczek im März 1943 in der Pfarrkirche von Vaduz. Es wurde eine überaus glückliche Ehe, wobei die Fürstin nach außen hin immer die Form wahrte und ihren Mann in der Öffentlichkeit „mein Fürst" nannte, während es durchaus passieren konnte, daß er sie vor allen Leuten „Ginerl" rief...

Fürstin Gina ließ sich mit ihren dynastischen Pflichten keine Zeit: Am 14. Februar 1945 abends um sieben Uhr läuteten alle Kirchen des kleinen Landes Liechtenstein, und Böllerschüsse kündeten die frohe Botschaft, daß Fürstin Gina in einem Züricher Spital einen Stammhalter geboren hatte, der die Namen Hans Adam Pius erhielt, Hans Adam nach dem Begründer des Fürstentums Liechtenstein, Pius nach seinem erlauchten Taufpaten, dem Papst Pius XII.

Fürstin Gina gönnte sich keine Pause: Im Jahr darauf, 1946, kam Prinz Philipp Erasmus zur Welt, 1947 erfreute sie ihre Untertanen mit einem weiteren Sohn, Nikolaus Ferdinand, 1950 gesellte sich dann endlich eine Tochter dazu, die Prinzessin Nora Elisabeth. Knapp 20 Jahre nach ihrer Eheschließung, 1962, kam noch ein Nachzügler: Prinz Franz Josef Wenzel. Da war es dann schon nicht mehr weit bis zur Hochzeit des Erbprinzen...

Die Familie lebte ein sehr häusliches Leben im Schloß von Vaduz, wenngleich man Fürstin Gina auch nachsagte, daß sie viel mehr Spaß an Gesellschaft und Empfängen hatte als ihr Gatte. Keinesfalls gab sich die naturverbundene Fürstin nur ihren Vergnügungen, dem Skifahren und Angeln, hin. Seit Liechtenstein 1945 der Genfer Konvention beigetreten war, figurierte sie unendlich rührig als Präsidentin des Liechtensteinischen Roten Kreuzes – eine Funktion, die sie erst spät an ihre Schwiegertochter, die Gattin Hans Adams, weitergab. Nach außen hin repräsentierte sie an der Seite des Gatten bei Staatsbesuchen im Ausland, und selbstverständlich wurde das streng katholische Fürstenpaar vom Papst zur Privataudienz empfangen.

Die Familie Liechtenstein ist reich, sehr reich, auch nachdem sie nach dem Krieg ihre riesigen Besitzungen in Böhmen eingebüßt hat. Die fürstliche Gemäldesammlung, im Privatbesitz, hat einige einmalige Stücke von Rubens, van Dyck, Breughel, Cranach, Rembrandt und Velasquez (von dem Fürst Franz Joseph II. behauptete, mit ihm verwandt zu sein) aufzuweisen. Zu den rund 1500 Ölgemälden aus vielen Epochen, die die Familie seit 15

Generationen zusammengetragen hat, kommen noch tausende Aquarelle und Zeichnungen, Bronzeskulpturen, Teppiche, Porzellan und, wie es heißt, eine der schönsten Waffensammlungen der Welt.
In den späten sechziger Jahren haben sich der Fürst und Fürstin Gina allerdings von zwei Meisterwerken getrennt: Als ein Leonardo da Vinci an die Nationalgalerie Washington und ein Frans Hals (zum Preis von rund 85 Millionen Schilling, wie gemunkelt wurde) an die Münchner Pinakothek ging, richtete das Fürstenpaar dafür die fürstlichen Hochzeiten zweier Söhne aus.
1967 heiratete Erbprinz Hans Adam die Gräfin Marie Aglae Kinsky, die aus derselben böhmischen Hochadelsfamilie stammte wie ihre künftige Schwiegermutter, und ein paar Jahre später reichte Prinz Nikolaus (der heute Botschafter seines Landes in der Schweiz ist und in Bern lebt) der Prinzessin Margaretha von Luxemburg die Hand zum Bund. Beide Paare haben mittlerweile je drei Kinder.
An fürstlichen Festen herrschte in Liechtenstein kein Mangel, und wie einst in Österreich „Kaisers Geburtstag" wurde alljährlich der Geburtstag des Fürsten vom ganzen Volk gefeiert. Als Hans Adam 1967 heiratete, war die Eurovision dabei und mit Ausnahme des englischen Königshauses ganz Europa anwesend, von der damals noch „aktiven" Griechenkönigin Annemarie bis zur Exkaiserin Zita, die sich den Liechtensteinern eng verbunden fühlte, war doch ihre Tochter Elisabeth mit einem Liechtensteinischen Prinzen verheiratet.
1978 nahmen die Liechtensteiner den Anlaß wahr, das 40jährige Regierungsjubiläum ihres geschätzten Fürsten, der ihr Land so reich gemacht hat (tatsächlich ist dieses Steuerparadies und Paradies für Steuerflüchtlinge das reichste Land der Welt, wenn man vom Einkommen des einzelnen Staatsbürgers ausgeht), mit einem riesigen Volksfest zu begehen. Damals hat Fürstin Gina viele Stunden lang die Hände ihrer Untertanen geschüttelt...
In all den Jahren war die Fürstin unermüdlich tätig, nicht nur für das Rote Kreuz. Für sie waren karitative Funktionen nicht nur Ämter und Titel, mit denen man sich schmückte, sondern Aufgaben, für die man sich einsetzte: Auf ihre Initiative gingen Gründungen wie eine heilpädagogische Tagesstätte in Schaan, eine Liechtensteinische Stiftung für das Alter oder die Martin-Tietz-Stiftung für Erziehung und Familienberatung zurück.

Am längsten kämpfte die Fürstin wohl für das Frauenstimmrecht in ihrem Land, was sie erst 1984 auf Landes- und 1986 auf Gemeindeebene erreichte: Dann bedeutete es für sie allerdings einen großen Triumph.
Die letzte Freude von Fürstin Gina war es vielleicht, als sie die Nachricht erhielt, daß Schwiegertochter Margaretha von Luxemburg ihrem Gatten Nikolaus von Liechtenstein am 7. Mai 1989 nach den beiden Töchtern Maria Anunciata und Marie Astrid den ersten Sohn, genannt Joseph-Emanuel, geboren hatte. Im September mußte die Fürstin durch ihre Krebserkrankung bedingt in das Spital von Grabs im schweizerischen Kanton St. Gallen eingeliefert werden. Sie hat es nicht mehr verlassen und starb am 18. Oktober 1989.
In Liechtenstein herrschte Staatstrauer. Die Regierungsmitglieder des Landes gedachten ihrer aus Österreich stammenden Fürstin als einer „außergewöhnlichen Persönlichkeit“, die vor allem durch ihr soziales Bewußtsein geprägt gewesen sei. Man richtete ihr ein Staatsbegräbnis aus, das am 24. Oktober, dem Tag ihres 68. Geburtstages, stattfand.
Ihr Gatte hat ihren Tod nicht lange überlebt: Wenige Wochen später trug Liechtenstein wieder Trauer: Fürst Franz Joseph II. starb am 13. November 1989.

Inhalt

Bildnachweis

Hemma Katalog, Verlag Carinthia (S. 7); Deutschordenshaus Friesach (S. 9); Bischöfliches Ordinariat Klagenfurt (S. 11); Stift Heiligenkreuz (S. 13); Stiftsbibliothek Klosterneuburg (S. 15, 18); Stiftsmuseum Klosterneuburg (S. 17); Österreichische Nationalbibliothek (S. 19, 21); Tiroler Landesmuseum Ferdinandeum (S. 23); Archiv ÖSD (S. 24, 27, 28, 30); Bibliotheque National Paris (S. 33); Schloß Ambras (S. 35); Archiv ÖSD (S. 37, 39, 41); Prado Madrid (S. 42, 43); Kunsthistorisches Museum Wien (S. 43, 46, 49); The Royal Collection London (S. 53); Österreichische Nationalbibliothek (S. 54); Historisches Museum der Stadt Wien (S. 57); Archiv ÖSD (S. 60, 63, 65, 67, 69); Burgtheater Wien (S. 73); Freies Deutsches Hochstift/Goethe Museum Frankfurt (S. 74, 76, 77, 79); Archiv ÖSD (S. 80); Ullstein Bilderdienst (S. 82); Österreichische Nationalbibliothek (S. 83); Archiv ÖSD (S. 85, 87, 89, 92, 95, 96, 97, 99, 101); Burgtheater Wien (S. 102); Hebbel-Sammlung der Stadt Kiel (S. 105); Archiv der ÖSD (S. 108, 109, 111, 113, 115, 118, 120, 121, 127, 129, 133, 135); Wiener Stadtbibliothek (S. 123); Österreichische Galerie Wien (S. 137); Archiv Wiener Zeitung (S. 139, 141, 143, 145, 147, 149); Archiv ÖSD (S. 151, 153, 157, 159, 160, 162, 163, 165); Historisches Museum der Stadt Wien (S. 167); Ullstein Verlag (S. 169, 171, 173); Sammlung Liechtenstein (S. 175, 177, 179); Archiv Volkstheater (S. 181, 183); ORF Bilderdienst (S. 185); Ausstellungskatalog London (S. 187, 189, 193); Das Engelwerk von Heiner Boberski, Otto Müller Verlag Salzburg 1990 (S. 194); Archiv Wiener Zeitung (S. 198, 201, 203); S-Fischer Verlag Frankfurt (S. 205, 207, 211); Jugend & Volk Verlag Wien (S. 212, 215, 216); Kurier Archiv Wien (S. 217); Archiv Wiener Zeitung (S. 221); Verlag Hoffmann & Campe Köln (S. 223, 227); Museum für Völkerkunde Wien (S. 229, 233); List Verlag München (S. 235, 237); ORF- Fotodienst (S. 239); Sammlung Liechtenstein (S. 241, 243).